国家社会科学基金“十一五”规划2010年度教育学一般课题
“区域职业教育发展模式创新的案例研究”(BJA100088)成果

区域职业教育发展模式创新的案例研究

庄西真　著

苏 州 大 学 出 版 社

图书在版编目(CIP)数据

区域职业教育发展模式创新的案例研究/庄西真著
.—苏州:苏州大学出版社,2013.12
ISBN 978-7-5672-0758-5

Ⅰ.①区… Ⅱ.①庄… Ⅲ.①地方教育—职业教育—发展模式—案例—中国 Ⅳ.①G719.2

中国版本图书馆CIP数据核字(2013)第320312号

书　　名:区域职业教育发展模式创新的案例研究
著　　者:庄西真
责任编辑:刘诗能

出版发行:苏州大学出版社
社　　址:苏州市十梓街1号　邮编:215006
网　　址:http://www.sudapress.com
印　　刷:宜兴市盛世文化印刷有限公司
开　　本:700 mm×1 000 mm　1/16
印　　张:16
字　　数:314千
版　　次:2013年12月第1版
印　　次:2013年12月第1次印刷
书　　号:ISBN 978-7-5672-0758-5
定　　价:42.00元

苏州大学出版社营销部　电话:0512-65225020

总序

庄西真

工业革命从本质上改变了生产力与生产关系,改变了人们的生产和生活方式。工业革命带来的机器大生产需要受过一定技术教育的生产者,由此产生了以科学技术为内容、以应用性为特征、以培养掌握生产技能的劳动者为目的的现代教育。职业教育因应工业革命的要求而产生并不断发展,是为大工业生产规模化地培养初、中等技能型人才的教育,也是助力社会大众获得一技之长谋求职业赖以生存的一类教育。根据教育经济学的理论,教育主要是通过对人力资本的投入、提高劳动生产率、促进科技进步等方式来发挥其推动经济社会发展的作用的。在这方面,职业教育具有其他类型教育(比如基础教育)所不具备的优势,即职业教育可把具有普通文化素质的劳动者培养成为掌握某一行业岗位技能的专门人才。换言之,职业教育可向经济社会提供能掌握和运用先进生产技术的高素质的技能人才,进而推动经济社会的快速发展。

当今世界,一个国家产业竞争力的高低,不仅取决于是否拥有先进的技术装备,还取决于是否拥有能够熟练操作和使用先进技术装备的高素质劳动者。职业教育能够通过提高劳动力的平均职业技能水平促进劳动生产率的提升,因为以生产率为导向的经济增长模式才是可持续的增长模式。职业教育能够通过提高劳动者运用新技术、新工艺、新设备的能力,促进劳动力的技术革新与生产创新;通过培养劳动者的安全意识、设备保养与维护能力,减少生产事故,降低生产工具和设备的损坏率;通过塑造劳动者正确的政治观念、职业道德、专业思想、劳动态度,间接影响劳动生产率。近代以来,英、美、德、日、澳等国家重视发展职业教育,形成了多层次、多类型的适应本国经济社会实际的职业教育体系,培养了大量高素质、高技能、高水平的技术人才,让他们在工业、农业、军工、服务等若干个领域里施展才华,发挥了积极作用,促进了经济的腾飞,使这些国家迅速发展成为世界经济强国。比如我们的东邻日本,职业教育的迅速发展为其培养了大批工农业发展所需要的中、初级人才,大大提高了劳动者的素质和社会生产率。正如日本文部省编辑的《日本的经济发展和教育》一书所指出的:“在激烈的国际竞争中,科学的创见、技术的熟练、生产者的才能等重要因素,对于经济发展所起的作用,不亚于增加资本和劳动力的数量。”曾经担任东京帝国大学总长(相当于校长)的滨尾新这样概括日本教育发展的特点,他说:“在我们国家,不是工业和工厂首先发展,然后接着建立学校,而是首先建立技术学校以培养毕业生,他们的工作就是发展工业和开办工厂。”回过头去看,中国改革开放以来三十多年的经济高速增长,也与各级各类职业教育为之输送了千千万万具有一定知识和技能的劳动者密切相关。

对于各个国家来说,发展职业教育的原因是相同的,但是职业教育的发展模式却各有不同。发展是硬道理,不管是已经发展起来的国家,还是正在快速发展的国家,要发展现代化的工农业,都必须把职业教育当作一件大事来抓,通过发展职业教育培养经济发展需要的、能够在生产过程中应用科学技术并且具备二次开发能力的人才。但是,因为国情各异,在长期的实践过程中,每个国家基于本国国情形成了各具特色的职业教育发展模式,这一点在发达国家就体现得非常清楚。同样是经济发达的国家,同样是在经济发展过程中得益于职业教育对技能型人才的培养,但是,发达国家对经济发展需要的技术技能型人才的培养方式却各有千秋,正可谓“天下同归而殊途,一致而百虑”(《周易·系辞下》),略述如下以说明之:

在法国,职业教育与普通高中教育是贯通的,通过证书考试,将中等职业教育与高中教育融为一体。法国的职业中学分职业中学和技术中学两类。职业中学主要培养各种职业所需人才,学生用两年时间可以拿到职业技能证书。就读技术中学的学生,学习3年后考试合格获得“技术员文凭”,持有这种文凭便可申请进入大学深造。而普通的国立中学同样重视对学生进行职业教育,在国立中学就读的学生,高中3年每年都有一项考试,第一年考试合格获技术职业证书,第二年考试合格获技术毕业证书,第三年考试合格获高中毕业证书,具备升大学的资格。它开设的课程中必须选择的选修课有实用工艺、工业技术、医学、社会学、实验室科技等,任意选修课有艺术、科技、现代外语、打字等。

在加拿大,职业教育以能力培养为本位。以能力培养为本位的职业教育产生于二战后，现在被广泛应用于加拿大的职业教育中。其主要特点是：首先由职业院校聘请行业中一批具有代表性的专家组成专业委员会，按照岗位群的需要，层层分析，确定从事这一职业所应具备的能力，明确培养目标。其次，再由职业院校组织相关教学人员，按照教学规律，将相同、相近的各项能力进行总结、归纳，构成教学模块，制定教学大纲，依此施教。其科学性体现在它打破了以传统的公共课、基础课为主导的教学模式，强调培养岗位群所需的职业能力，保证了对学生职业能力的培养。

在北欧的瑞典，把学校开放给社会，把职业教育与普通教育糅合在一起，是其最大特色。该国综合制高中是2至4年制的学校，分为人文社会、经济、理科3组，每组都有2至4年制的课程，任何一种课程都是在扎实的基础教育之上实施职业教育。同时，学生经过任何一组课程的学习毕业之后，都能进入相应的高等院校。

在瑞士，职业教育备受政府的重视，其教育模式及类型呈多元化和与经济社会需求密不可分的特色。瑞士职业教育除了满足本国经济发展需要之外，还瞄准欧盟乃至国际劳动力市场，提供职业技术类、行政管理和商业职业类、酒店管理和旅游职业类、健康和护理职业类、社会工作职业类、新闻媒体及通讯和信息职业类以及工艺美术职业类等职业教育和专业培训。在这七大类职业中，除了健康和护理类、社会工作类和工艺美术类专业由职业教育培训外，其他四类专业普通高等教育也可以提供培训。瑞士高等职业教育作为大学教育的一个重要组成部分，除了同样具有严格的入学条件和标准规定之外，还要经过严格、系统的3至4年不等时间的学习和训练，并通过职业资格考试之后方能获得毕业证书。瑞士的职业考试一般以专业知识考试为主，只有通过职业考试，方能参加高级专业考试。

在澳大利亚，职业教育实际上是一种新型的现代学徒制度，承担此类职业教育的主要载体是TAFE(Technical And Further Education)学院。TAFE虽然是学院，但实际上学员80%的时间是在工作现场进行的工作本位学习，只有20%的时间是在学校学习。现代学徒制有以下特点：一是同就业有着更密切的联系，学生"为未来工作而学习"的目的非常明确，就业前景明朗，大部分学徒工毕业后能被原企业录用。二是实训内容由社会合伙人共同制定，适应企业的需要，突出对学徒工实践操作能力的培养。学生在企业真实的生产环境中操作最先进的设施设备，这样能更早地接近新技术、新工艺、新设备、新材料。三是学生在企业接受培训期间不缴纳学费，还享受学徒工资，一般为技术工人工资的一半，以后按比例逐年增长。近些年来，有许多已取得大学入学资格的普通教育毕业生也从头接受现代学徒制培训，力求在进入大学之前获得一定的职业经历和经验。

在英国，整合职业教育与普通教育一直是其职业教育改革与发展的重要目标，他们用“职业教育与普通教育的等值体系”来真正提升职业教育的地位。英国的职业教育主要分为三种类型：专门的职业教育、职业技术培训和普通教育中渗透的职业教育。专门的职业教育以政府投入为主，在继续教育机构里进行；职业技术培训以企业投入为主，在企业里进行。

在德国，职业教育的方式之一是“双元制”，它是一种国家立法支持、校企合作共建的办学制度。其核心是一种学校与企业共同承担教学任务，共同开展教学实践的人才培养模式。所谓“双元制”（Dual system），一般认为，是一种青少年在企业里接受职业技能培训和部分时间在职业学校接受专业理论和普通文化知识的教育形式。它将企业与学校、理论知识与实践技能紧密结合起来，是一种主要以专业技术工人为培养目标的职业教育制度。① 其中，一元是指职业学校，其主要职能是传授与职业有关的专业知识；另一元是在企业或公共事业单位等校外实训场所，学生在其中接受职业技能方面的专业培训。60%是专业课程，40%是普通教育课程。这种相互交叉、有机结合的方式有利于在教学过程中贯彻理论联系实际的原则，有利于培养出既懂理论知识，又有动手能力的生产和管理人员。所以，每年全德国都有近3/4的初中毕业生进入企业的培训机构接受职业技术培训，同时进入各类相应的职业学校学习理论知识。正是依靠这一独具特色的职业教育制度，德国才得以在二战之后迅速恢复国民经济，并成长为世界上科技和经济最发达的国家之一。

以上这些都是各国根据自己国家的具体情况，经过长期的摸索而形成的各具特色的职业教育模式。职业教育在各国形成的不同发展模式表明，每个国家都在寻找一种反映职业教育与自己国家社会特征以及经济发展阶段相适应的最佳模式，这既充分体现了职业教育与现代经济发展的内在联系性，又体现出职业教育与具体国家政治制度、社会结构、文化传统的关联性。找到“最适合的职业教育制度”是各个国家职业教育发展孜孜以求的目标，为此各国都在相互借鉴的基础上，结合本国经济社会实际状况进行着职业教育的实践。一些国家已经找到了适合自己国家国情的职业教育模式，比如上面讲到的法、英、澳等国家；还有一些国家正在摸索当中，中国就是这样的国家。中国的初始资源禀赋条件（人口、资源等）、文化传统、所处经济发展阶段以及今后一个阶段经济社会发展须要解决的问题均不同于上面提到（也包括行文中没提到）的那些国家。我讲这些，不是来证明中国无须发展职业教育，而是想说明中国须要发展适合中国国情的职业教育。过去我们认为只要照搬别国成功的职业教育模式就万事大吉

---

① 王前新：《高等职业教育人才培养模式的构建》，汕头大学出版社，2003年，第240－241页。

了,事实证明这种想法是有问题的,一味地模仿和照搬别的国家或地区的职业教育模式使我们吃过不少苦头。

在未来相当长的时期内,我国社会经济发展需要职业教育培养三种人才:一是劳动密集型产业中具有一定技术、技能的劳动者,无此,难以解决劳动力密集地区的劳动者就业问题;二是走新型工业化道路需要的具有一定创新能力的劳动者,无此,难以使我国经济再上一个新台阶;三是某些高新技术产业中从事辅助工作的中、初级人才,无此,难以推动科技的产业化和我国经济的可持续发展。在中国产业和经济发展方式的艰巨转型中,在“中国制造”向“中国创造”跨越的征程中,产业工人发挥着不可替代的重要作用。目前,中国工业产品的平均合格率只有 70%,每年因不良产品造成的经济损失高达 2 000 亿元。另一方面,中国机械工业劳动生产率约相当于美国的 1/12、日本的 1/11,劳动生产率每增加或减少 1% 都会影响产值上百亿元,影响工资成本 10 多亿元。① 产业工人中的技能型人才不仅是企业产品的生产者和制造者,直接决定着企业的核心竞争力,更是一个国家软实力的重要组成部分。产业工人是制造业的重要生产资源,在目前越来越大的市场竞争压力下,谁有一支稳定的高素质员工队伍,谁就可能占据行业的主动。在中国“调结构、转方式”的过程中,高技能产业工人无论从知识、技能、对社会的贡献、社会对他们的需求度方面,还是收入水平和消费水平方面来说,均不应该比白领差,甚至还要高于白领。在现代的制造业中,最为典型的如电子、汽车、通讯以及 IT 等产业,高级技师所需的既动手又动脑的复合程度,远远超过了传统制造业中的相同角色。而作为制造业大国的中国,最紧缺的恰恰是具有高学历同时又有很强动手能力的技术工人。好多人都喜欢购买德国、日本等国的产品,认为这些产品质量有保障,是高品质的代名词,原因就在于德国、日本有高素质的产业工人队伍。人力资源公司万宝盛华 2013 年调查了全球 42 个国家的 38 000 个公司,对人才缺口进行了分析。被调查的中国企业中,35% 的企业认为招聘合格员工存在很大的难度,最紧缺的前十类人才为技术员、销售代表、高管人员、销售经理、生产作业操作工、工程师、工人、研发人员、设计师、行政助理。其中过半数是由传统的职业教育培养的初、中等技能人才,其他近半数则是职场上的技术技能型人才,其实,这些也应该由职业教育来培养。

因此,当务之急就是探索适合中国国情的职业教育发展模式,为我国经济社会“又好又快”发展培养各级各类技能型人才。但这件事只靠政府决策部门出台文件或领导人讲讲话效果不大,单有职业教育研究者的鼓与呼也收效不彰,只有充分调动和发挥来自基层和一线职业院校的积极性和创造性,把几方面的力

---

① 郭奎涛:《中国产业工人需升级》,《工程机械周刊》,2010 年第 6 期,第 25 页。

量联合起来，共同努力方能奏效。这方面的实践已有几年了，但实践往往是碎片化的，需要将之拼接起来，形诸文字，提炼升华。

我主编的"职业教育发展路径探索丛书"就是在这种背景下编辑出版的，从这六本书的名字中不难看出我们的心思，它以分析中国基层和职业院校的育人实践为切入点，以总结中国特色的职业教育发展经验为旨归。丛书由《区域职业教育发展模式创新的案例研究》《文化引领　跨越发展——以浙江农业商贸职业学院为例》《地方性人才的造就——昆山花桥国际商务城中等专业学校的实践》《行业性人才的造就——江苏省常州建设高等职业技术学校的实践》《社会转型背景下的职业技能培训研究——以吴江为例》《德才至尚　祈通农商——浙江农业商贸职业学院特色办学的实践》等六本书组成。六本书的作者既有专门从事职业教育研究的学者，也有在职业院校和培训机构主政多年的管理者，他们都立足自己的职业，将各自多年的思考和做法融汇到了这套丛书中。大家从每本书的名字中就很容易猜想到书的内容，在此我就不一一赘述了。

目录

第一章

导 言

一、研究背景

1. 世界上没有两个国家或地区有相同的职业教育发展模式,不同国家和地区的职业教育发展模式之间都有着或大或小的差异,这是由国情、历史传统、经济发展阶段等因素决定的。从静态的角度看,与一个国家或地区的文化传统、政治制度、社会结构、经济发展水平有关,这个国家或地区在某一时段里面都有打上自己国家和地区烙印的、相对稳定的职业教育发展模式,这种模式影响甚至决定着这个国家或地区职业教育发展的速度、质量、规模和效益。回顾职业教育发展史,我们不难发现,一个国家或地区在某一时段特定的职业教育发展模式都有其存在的合理性和必然性,比如中国改革开放前的以政府计划为主导、以行业(企业)为办学主体、统招统配的职业教育发展模式和改革开放后的以政府为办学主体、市场主导、行业企业参与的职业教育发展模式,都有其基于时代背景的合理性,虽然现在看它们都存在一定的问题。从动态的角度看,一个国家或地区的职业教育发展模式总是处在变动不居的状态,当一种职业教育发展模式所依托的外部环境和客观形势发生了变化,当它不再适应新形势的要求和需要的时候,那就要变革。我们经常说的一个国家或地区的职业教育改革,其实就是它们的职业教育发展模式的转变。所谓职业教育发展模式,就是一个国家或地区的教育理念、教育发展途径、教育要素组合、教育资源配置的措施、内容和方法的集合。看上去中国采取的好像是绝对中央集权的职业教育管理体制,政府教育主管部门从怎么招生、招什么样的学生、用什么教材、如何开展教学一直到学生就业,事无巨细样样都管。实际上中国采取的是中央集权和地方分权相结合的混合型职业教育管理体制,有些教育事务由中央政府管理,更多的教育发展的责任由地方政府承担。比如省、自治区和直辖市级政府负责发展高等职业教育,中等职业教育的发展则由市、县级政府负责。虽然国家也鼓励跨行政区域的职业教育合作(包括对口支援),但在中国教育财政以行政区划为基准的现实当中,几乎不存在跨行政区划的教育协调机制和教育发展行为,随父母跨区流动的农民工子女义务教育阶段在城市里上学无门的情况说明,行政区划之间的教育壁垒依然森严,当然也说明了不同区域之间教育发展水平的差异。所以,研究分析我国区域职业教育发展模式的重要性丝毫不输于研究全国的职业教育发展模式,甚至还能收到“窥一斑而知全豹”的效果。本书涉及的区域职业教育发展模式,主要是指地方政府行政区划内的职业教育发展模式,比如说江苏省、重庆市、新疆维吾尔自治区等省级行政区内职业教育的发展模式,深圳市、无锡市等地(市)级行政区划内的职业教育发展模式,以及浦东新区、江阴市等县(市)级行政区划内的职业教育发展模式,等等。回顾新中国成立以来,特别是改革开放以来中国职业教育发展的策略、方法、路径,不难看出,地方政府主导的区域职业教育发展,是支撑中国职业教育发展的主要力量。换言之,中国职业教育发展过程中之所以取得阶段性的成绩(比如普职在校生多年保持1∶1),皆源于地方政府推动的区域职业教育发展模式的转变。因此,继续发挥地方政府发展职业教育的积极性,是促进我国职业教育改革和发展的主要途径,这一点已经充分反映在2010年7月份颁布的《国家中长期教育改革和发展规划纲要(2010—2020年)》,以及随后印发的《关于开展国家教育体制改革试点的通知》(国办发〔2010〕48号)的精神之中。这也与《中华人民共和国地方各级人民代表大会和地方各级人民政府组织法》中,地方政府应该为本地区提供公共服务(包括各级各类教育)职能之规定相吻合。

2. 经过30多年的改革开放,不同地区在经济社会发展方面都取得长足进步的同时,也存在发展阶段、发展水平上的差异,这成为区域职业教育发展模式创新的背景。职业教育是与经济社会发展联系最为密切的教育类型,我国职业教育发展模式创新,必须面对经济社会由农业社会向工业社会转变、工业社会向信息社会转变并存背景下区域差异显著的现实环境。比如,中国的地区发展差距较大,在产业结构、人口分布结构、市场经济体制的发育程度等方面呈现出典型的区域间差异的特点,这一点仅从地区之间工业化水平和人均GDP的差距就可看出。

虽然总体上我国进入到了工业化中期的后半阶段,但各地区工业化水平参差不齐、差异明显。其中,长三角、珠三角、环渤海地区已经进入工业化中后期,东北地区处于工业化中期,而中部、西部地区还处于工业化初期。从省级区域看,到2005年,上海和北京已经实现了工业化,进入后工业化社会,其经济总量占全国8.3%、人口占全国2.6%、土地面积占全国0.2%,也就是说我国已经有2.6%的人口实现了工业化。天津和广东则进入工业化后期的后半阶段,而浙江、江苏和山东都进入到工业化后期的前半阶段,这5个地区经济总量约占全国

40%、人口约占全国25%、土地面积约占全国4.7%，意味着我国大约有25%的人口已经步入工业化后期。而辽宁和福建两个地区处于工业化中期的后半阶段，山西、吉林、内蒙古、湖北、河北、黑龙江、宁夏、重庆等8个地区处于工业化中期的前半阶段，这10个省市经济总量占全国27%、人口占全国28%、土地面积占全国13.5%，表明我国大体上有28%的人口处于工业化中期。陕西、青海、湖南、河南、新疆、安徽、江西、四川、甘肃、云南、广西、海南等12个地区，处于工业化初期的后半阶段，贵州还处于工业化初期的前半阶段，这13个省区经济总量占全国25%、人口占全国44%、土地面积占全国68%，说明到2005年，我国将近一半的人口还处于工业化的初期阶段。西藏仍处于前工业化阶段。可以说，从地区工业化进程看，到2005年这一个时间截面，我国大陆版图内包括了工业化进程的所有阶段，地区工业化进程的落差巨大，不仅有处于后工业化阶段的上海、北京，还有处于前工业化阶段的西藏。① 如果在一年内人们有机会从西部到东部游历中国各个地区，就可以体验到区域之间冰火几重天的工业化水平差异。

再看人均GDP的地区差距。根据世界银行报告提供的数据，2011年，以人均GDP水平，可以把全国31个省、市、自治区分为四类地区：第一类地区，人均GDP超过12 400美元，有天津、上海、北京3个地区，全部在东部；第二类地区人均GDP为6 000美元（高于全国平均水平5 432美元）至9 500美元，有江苏、浙江、辽宁、广东、山东、福建、内蒙古、吉林8个地区；第三类地区人均GDP在4 000美元至5 300美元之间，有湖北、黑龙江、山西、湖南、河南、江西、重庆、陕西、宁夏、新疆、青海、四川、河北、海南14个地区；第四类地区人均GDP不足4 000美元，有6个地区，除中部地区的安徽外，其余为西部地区的广西、西藏、甘肃、云南、贵州。按照世界银行2011年对不同经济体人均国民总收入的分组标准，12 476美元及以上为高收入经济体，4 036～12 475美元为中上等经济体，1 026～4 035美元为中下等经济体，1 025美元及以下为低收入经济体。② 这是省与省之间的差异，就是在一个省内不同地区之间差异也很明显，比如江苏省的苏南和苏北、山东省的胶东半岛和鲁西南之间都有着和省与省之间一样大的经济社会发展差距。这就构成了区域职业教育发展模式创新的背景，不同经济发展阶段和水平要求有不同的职业教育发展模式与之匹配。

3. 区域转变经济社会发展方式需要创新与其对应的职业教育发展模式。当前，各区域传统的依靠加工贸易和基础建设投资推动经济发展的方式已经难以为继，必须转变经济发展方式、优化产业结构。经济发展方式转变有两层含

---

① 陈佳贵、黄群慧、钟宏武：《对我国工业化进程的基本认识》，中国共产党新闻网——人民网。http://theory.people.com.cn/GB/49154/49155/6955194.html.2008－03－04.

② 王尔德：《中国未来五年潜在经济增速在8%～9%之间》，《21世纪经济报道》，2012年9月26日。

义:第一层次是表层的、具体的转型。从产业结构角度看,就是从传统产业向新兴产业转型,从低端产业向高端产业转型,主要是指第三产业所占比重、战略性新兴产业的布局和发展程度等;第二层次是深层的、抽象的、实质性的转型,即经济发展方式、手段、过程的转变,主要包括人的行为方式以及行为方式所依托的物质条件的变化,生产和服务过程中使用的工具和设备的变化,生产投入中由体力劳动投入向知识、科技和管理创新投入的转变等。

中国各地区经济发展水平不同,转变经济发展方式的目标、路径也就不同。经过 30 多年改革开放,东部地区已经在低技术附加值的制造业方面获得了全球领先的地位,为中国赢得了“世界工厂”的称号。东部地区转变经济发展方式应全面实现由数量向质量、由速度向效益、由高资源消耗向低资源消耗、由低技术含量向高技术含量、由技术引进向自主创新转变,使东部地区经济发展质量达到更高的层次;而西部经济发展方式转变则应着眼于数量到质量的转变。由于西部还处在建设与发展并存的阶段,这就要求其在经济发展方式转变过程中不应过分强调质量本身层次的提升,而应注重数量和质量并重、速度与效益统一、技术引进与自主创新结合,逐步实现由数量到质量的转变。不管东部地区全面实现由数量向质量转变,还是西部地区的数量和质量并重,都需要大量技术技能人才。然而,目前的情况是全国普遍缺乏高素质的技术工人。据深圳市职业服务中心相关负责人介绍,深圳市长期存在技能人才短缺、结构不合理问题。截至 2011 年底,全市技能人才总量为 234 万人,高级工以上为 40.6 万人。2011 年深圳技能人才状况调查显示:技能人才总量缺口 83 万人,高技能人才缺口 30 万人;55% 的抽样企业普遍存在技能人才缺口,尤其是高技能人才紧缺;18% 的企业表示缺口很大。为缓解技能人才短缺问题,深圳力争 5 年内培养 30 万名高技能人才。① 西部的重庆也是如此,以江津区为例,据预测到 2015 年全区工业将达到 2 000 亿元至 2 500 亿元规模,聚集 30 万产业工人,其中一般技术工人约为 11 万人,高级技工约为 4 万人。但是在 2009 年,江津区仅有高级技工 3 200 人,差距还是很大的。② 处于不同自然环境和发展阶段的各地区,面对的经济社会发展目标不同,但是缺乏各种类型的技能人才这一事实却是相同的。技能型人才的培养别无他途,只有大力发展职业教育一端。德国经济成功的原因之一就是他们的职业教育,职业教育不但为特定行业提供了受过良好训练的技能人才,而且还造就了一大批能迅速学会新技能且具有灵活性的工人,为德国在此次“欧债危机”中屹立不倒做出了巨大贡献。区域职业教育发展模式创新,恰恰是

---

① 《深圳技能人才紧缺　月薪过万还要去“挖墙脚”》,深圳广电集团网站。http://www.s1979.com/shenzhen/201206/2040717520.shtml.2012-06-20.

② 《光明日报》,2011 年 3 月 1 日,第 16 版。

为适应不同区域经济发展的不同阶段和水平而开展的阶段性地规划和配置不同人口的职业教育资源的有益尝试。

4. 职业教育对地方经济的强依赖使空间尺度较小的省(直辖市、自治区)市(省辖市)县(市区)行政区域,成为我国职业教育活动最基本的组织单元。在中国这样一个"超大规模"国家里,国家层面的职业教育发展模式建设(其他教育事务也是如此),必须得到地方政府的积极响应和参与才能顺利进行,国家层面的职业教育改革与发展模式创新任务,必须通过项目分解落实到地方政府的职责中才能够完成。前已述及中国是一个大国,东西之间、南北之间经济发展水平、所处的发展阶段、产业布局、行业特色等各不相同,而职业教育是一种与区域经济社会发展密切相关的教育,经济社会发展的区域性特点决定了受其影响的职业教育模式的区域性特点,就像同处在欧洲的北欧和西欧的职业教育发展模式不同一样。这就要求职业教育发展模式创新要以区域为单位展开。区域职业教育,特别是以行政区为单位的地方职业教育发展模式创新,已经成为我国职业教育发展实践的重要组成部分,也成为中国职业教育发展的推动力量。根据《国家中长期教育改革与发展规划纲要(2010—2020)》以及《关于开展国家教育体制改革试点的通知》,改革目标明确、政策措施具体的包括职业教育在内的教育改革十大试点任务与改革实验专项,在全国相关省域全面展开。这标志着在"先行先试"的改革创新思想指导下,"先是区域职业教育发展模式创新试点,再在全国推广"模式已经在政策实践领域,成为国家职业教育改革与发展的"新常态",也成为我国当前发展区域职业教育的实践策略,乃至整个国家教育发展模式转变的突出特点。

创新职业教育发展模式是国家教育规划纲要提出的我国职业教育发展的总体目标之一。职业教育资源在地方,服务重点在地方,受益主体在地方,创新活力也在地方,创新现代职业教育发展模式,必须发挥地方积极性。教育规划纲要颁布实施以来,国家确定了北京、上海、广东、辽宁等省区和宁波、长春、青岛等城市共 26 个职业教育综合改革试点地区,这些地区已经就贯彻落实《教育部关于推进中等和高等职业教育协调发展的指导意见》编制了实施方案。例如上海提出完善中高职衔接的职业教育人才培养机制,优化职业教育层次结构,形成中等、高等职业教育布局合理、优势互补、协调发展的职业教育格局;湖南省株洲市提出选择对接株洲支柱产业的重点专业试办四年制高职,并开展与湖南工业大学对口培养高端应用型、技能型人才试点,探索在应用型本科大学内试点培养高端技能型人才专业硕士制度;宁波市提出"到 2015 年基本建立有中职、高职、本科相互衔接的职业教育培养体系,高素质高技能人才培养规模与质量明显提高"的改革目标,并承诺两年内将市属高职院校生均经费拨款标准提高到本科同类专业标准，对参与中高职一体化试点的中职专业，试点期内生均拨款标准按普通高中的3倍执行。前文已经提及，截至2011年10月，全国31个省区市中有24个在制定当地教育规划纲要时，将创新职业教育发展模式确定为职业教育发展战略目标，其他7个省、自治区、直辖市也将这一工作作为职业教育改革发展的主要任务。

总起来看，中国区域经济社会发展水平的差异性，以及国家教育管理体制的分权特点，再加上职业教育服务对象和内容的在地性，凡此种种，都促使我们开展对区域职业教育发展模式创新的分析与研究。笔者认为对区域职业教育发展的分析是认识中国职业教育发展的过去经验、现实状况与未来走向的切入点。

二、相关研究述评

本书的研究对象是区域职业教育发展模式创新，尤其是20世纪80年代以来，随着中国经济社会改革和发展而发展的职业教育发展模式创新，学科视角是社会学，研究路径主要是案例分析。本研究旨在通过对区域职业教育发展模式创新典型个案的社会学分析，透视中国职业教育发展模式创新的条件、逻辑及效能，反思中国职业教育发展模式创新的取向、思路及策略，以对中国职业教育今后的发展提供更有效的借鉴。以此考量，就课题组查阅有关文献情况来看，迄今关于我国区域职业教育发展模式创新的研究并不多见，严格意义上的与本课题同类的、规范的、高质量的案例研究几乎没有。

研究一个国家和地区职业教育发展规模和质量的文献不少，并且已有对中国职业教育发展的研究文献大都有一个不证自明的前设，就是中国应该发展职业教育，不独国家要发展，地方也要发展。但是，总体来看，未见有国外学者关于中国区域职业教育发展模式创新的研究，即使有也是简单地介绍性质的，谈不上是研究。由于中国职业教育发展模式创新对国内学者而言是“本土的问题”，因而这方面的研究在数量上自然远多于国外学者。这些研究总体上看也有两个特点：一是比较大，即经常就整个中国职业教育发展模式改革问题高谈阔论，即便研究对象只是职业教育某一个领域的内容（比如师资、教学），往往也只是进行总体性论述，而较少涉及具体问题；二是比较虚，即多半只是进行一些框架性勾勒与议论性言说，而很少从一些具体个案、具体过程入手来进行解剖性的考察与揭示性的分析。

此外，不论是国内学者还是国外学者的研究，尚未见到通过对具体案例较为深入的分析，来呈现区域职业教育发展模式改革与创新的过程、机制、动力，并对其正反两方面的经验予以事实证明和理论概括的成果。由于缺少踏实的案例研究，使得不少职业教育研究流于空疏，大大减弱了其决策参考与理论重构的价值。

注重多个典型案例的分析，重视社会学、经济学视角的运用，总体与具体相贯通，反思与建构相联结，是本书追求的一种重要研究取向。

三、研究的目的、意义和本书框架

在某种程度上可以说，自20世纪80年代初以来的中国职业教育发展历程，就是一个持续改革与创新的过程。不管是在“国家层面”上或“全国范围”内，还是在各类地区、职业院校层面，发展模式（或方式）的“改革与创新”，也是中国职业教育在最近四分之一个世纪中不断出现的一个主题词，职业教育系统几乎所有领域都进行过或正在进行着“颠覆性”的改革。实事求是地看，职业教育的这些创新和改革有的是有成效的，有的却未必成功，有的虽然总体上有成效，但代价很大、成本太高。从现状和趋势来看，中国职业教育的改革历程远未结束，肯定还要继续进行下去，近一两年连续、密集地出台各种职业教育改革发展政策，说明中国职业教育又进入改革的高潮。因而很有必要通过对迄今不同区域职业教育发展模式改革的反思，为今后的改革与创新提供“来自自身的”启示；也通过对区域职业教育发展模式创新的分析，管窥中国职业教育发展模式改革的进程和机理，这也是本书的首要目的。本研究将对区域职业教育发展模式创新和改革，进行具体细致的案例分析与实事求是的科学诊断，并以实现“职教富民、职教安民和职教乐民”为旨归，对我国职业教育今后发展方式改革的取向、思路及策略提出负责任的建议。与此同时，本研究通过分析区域职业教育发展模式改革创新的具体案例，对职业教育发展模式改革的意涵、内在逻辑等理论问题做出有深度的探讨，以期为建立和丰富“中国特色职业教育理论”做出贡献。

职业教育既是整个教育体系的一部分，也是整个社会系统的一个子系统，区域职业教育的发展，离不开区域社会经济发展所提供的条件和提出的基本要求。区域性职业教育的发展，不仅要认真贯彻全国职业教育发展的方针和政策，还要研究如何适应区域经济社会发展的特殊背景。同时，区域职业教育的发展、区域人口素质的提升，对促进区域经济社会发展有着直接和间接的支持和帮助。因此，在区域综合发展的过程中，加强对本区域职业教育发展模式的研究，整合区域职业教育发展的有利因素，探索有利于促进区域经济社会良性发展的区域职业教育发展模式，因地制宜地贯彻落实国家的职业教育方针和政策，对区域的整体发展具有重大的现实意义。

本书共分七章。第一章主要介绍研究的背景、已有研究述评和研究的目的及其意义。第二章主要分析区域职业教育发展模式创新的有关概念。第三章探讨区域职业教育发展模式创新研究方法论,介绍案例研究的内涵、程序、资料搜集的方法。第四章认为区域职业教育发展的最核心问题是模式创新,也就是说模式创新是区域职业教育发展的主要内容。第五章是区域职业教育发展模式创新的分析框架,介绍了分析框架的组成部分。第六章介绍具体的案例。第七章分析了区域职业教育发展模式创新的路径,着重谈政府在区域职业教育发展模式创新中的行为,尝试进行理论概括。

第二章

相关概念辨证

一、区域概念的界定

“区域”是地区的泛称，指地球表面上一定的地域空间。区域是一个客观存在但又是抽象的空间概念，它往往没有严格的范畴和边界以及确切的方位。区域是客观存在的。美国区域经济学家贝恩认为，区域客观存在的基础表现在三个方面：1）人类的生产与生活都要占据一定的空间；2）资源、生产和消费等经济活动是不均衡分布和完全滚动的，而且随时间变化；3）存在资源的空间配置和增长的结果问题。但区域又是一个抽象的空间概念，这是因为，对于区域的界限无法做绝对的界定，有的区域界限十分明显，而有的区域界限则并无显著的标志，因而在地球表面上难于确定。从这个意义上说，地球表面上的任何一部分，一个地区，一个乃至几个国家均可称为一个区域。区域一词使用领域很多，不同的学科对它有不同的解释，即便是经济学科中也有不同所指，这就使区域概念有时候看起来很模糊、不一致，具有可争议性。以下是部分学科对于区域概念的界定。

（一）地理学对于区域概念的界定

地理学把区域定义为地球表面的地域单元，一般按其自然地理特征即内部组成物质的连续性、均质性特征划分。区域原本是地理学中的概念，然而地理学对于区域概念的界定却并不统一。例如，“一个区域是指一个连续的地段，其中心具有一定程度的共性，却又缺少明确的界线”，“区域是地球表面的一个部分，它以一种或多种标志区别于邻近部分”，“区域是指地球表面某一特定范围”，“区域是空间，是物质存在的形式之一”。① 北京大学已故地理学家陈传康认为，区域概念可以通过特定的指标来划分。因其具有综合性，所以也是最通用的区

① 崔功豪：《区域分析与规划》，高等教育出版社，1999 年，第 24 页。

域定义:“区域是用某个或几个特定指标划分出来的一个连续而不分离的空间,这个空间是指地球表层的一定范围,它的界限是由这些指标来确定的。这些指标可以是均质共性(如气候区、植被地带等);也可以是辐射吸引力(如运输枢纽、流域、贸易区等);也可以是一定的管理权(如行政区、教区等);还可以是起着一定职能作用的功能分区(如城市规划中的功能分区)。”①

(二) 经济学对于区域概念的界定

要使复杂的经济学对区域的概念形成一个统一的界定,恐怕还有相当长的一段路要走。区域经济学家 H·理查森明确表示,“精确地定义区域是如此困难,以至于大多数区域经济学家宁可回避这项工作”②。传统经济学在研究经济现象时,往往会涉及无限空间和有限空间这两个概念。以运输成本为例,运输成本是由于生产区和市场区的空间分离而产生的,但是一般经济学将其视为一种生产成本,并认为降低这种成本的主要途径为运输技术的改进和发展,这样就规避了比较棘手的空间因素这一变量。这里的区域就是指一种无限空间,不包含范围,只是简单地用点、线、面表示;而有限空间则相反,人们平时讨论的生产要素的跨界流动、区际经济发展差距、区际劳动分工与贸易等所涉及的区域都是这种有限空间。尽管传统经济学和新兴经济学对于区域的理解存在差异,但是在考察实际经济问题时,还是要把无限空间和有限空间这两个概念联系起来。在此基础上,基本可以形成以下对区域的理解:“区域是地球表面上被某种特征(特别是具有社会经济学意义的特征)所固定的空间系统。”

经济区域是按人类经济活动的空间分布规律划分的,具有均质性和集聚性,经济结构基本完整,是在国民经济体系中发挥特定作用的地域单元。③

(三) 政治学对于区域概念的界定

政治学把区域看成是国家管理的行政单元,主要是按行政权力覆盖面而划分。我们通常所说的行政区划又称行政区域,是国家为了便于行政管理而分级划分的区域。《中华人民共和国宪法》对于目前中国的行政区划有明确的规定:“第三十条　中华人民共和国的行政区域划分如下:(一)全国分为省、自治区、直辖市;(二)省、自治区分为自治州、县、自治县、市;(三)县、自治县分为乡、民族乡、镇。直辖市和较大的市分为区、县。自治州分为县、自治县、市。自治区、自治州、自治县都是民族自治地方。”“第三十一条　国家在必要时得设立特

① 张敦福:《区域发展模式的社会学分析》,天津人民出版社,2002 年,第 30 页。

② 《区域、经济区域与区域经济学的发展轨迹》。http://www.studa.net/Place/080625/10535746.html,2008-06-25.

③ 《区域、经济区域与区域经济学的发展轨迹》。http://www.studa.net/Place/080625/10535746.html,2008-06-25.

别行政区。在特别行政区内实行的制度按照具体情况由全国人民代表大会以法律规定”。①

截至2011年底，全国共有34个省级行政区(其中:4个直辖市、23个省、5个自治区、2个特别行政区),333个地级行政区划单位(其中:286个地级市、15个地区、30个自治州、3个盟),2 853个县级行政区划单位(其中:857个市辖区、370个县级市、1 455个县、117自治县、49个旗、3个自治旗、4个特区、1个林区),40 466个乡级行政区划单位(其中:2个区公所、7 194个街道、19 683个镇、13 587个乡、1 085个民族乡、106个苏木、1个民族苏木)。(省以下行政区划单位统计不包括港澳台。)

(四) 社会学对于区域概念的界定

社会学对于区域的理解有其独到之处。在社会学者的眼中,区域是具有人类某种相同社会特征(语言、宗教信仰、民族、文化)的人类社会聚落。正因为如此,社会学者们很少注意自然环境和空间格局,而从经济、文化等人文的角度寻求不同区域之间的统一性。

著名社会学家费孝通对区域概念的认识就很具有代表性。在其1983年开始的苏南模式的研究中,费孝通将位于江北的南通划归到了苏南经济区,将其与苏南的苏州、无锡和常州并立,是基于这四者间相似的发展背景和发展路径。因此,尽管苏南研究有意无意地顺着行政区域的层次进行,但对于特定行政区域内的经济和社会现象的观察和研究,使他看到了超越行政区域的一种经济区域发展的事实: 1) 社会学的区域概念有别于地理学的区域概念,也可能超出行政区域的界限,更多的是功能论的取向; 2) 同一个区域的各个组成部分,其划分的依据并非相似的地理环境或者相同的行政隶属关系,而在于相近的整合程度; 3) 可以从城市和乡村两个方面,去研究社会经济区域发展中出现的许多新问题。

区域科学的创始人瓦尔特·艾萨德认为:“一个区域并不是随意勾画出来的地区,而是一个与我们想要考察和帮助解决的一个或若干个问题有关的区域,因而是一个有意义的地区。”因此概括来说,区域是按一定标准划分的有限空间范围,是具有自然、经济、政治、社会或文化等特征的某一方面或几个方面的同质性的地域单元。

需要指出的是,本书涉及的区域主要是指各级行政区域,比如省、市、县、镇等。②

---

① http://baike. baidu. com/link? url = 0cwODpHwtIpYPP9v1mqnGQrtIfuWwUqhjl5xlXxcwKwRzDtttobGdcy-HOgmgneVy.

② http://baike. baidu. com/link? url = 0cwODpHwtIpYPP9v1mqnGQrtIfuWwUqhjl5xlXxcwKwRzDtttobGdcy-HOgmgneVy.

二、职业教育转型：从“增长”到“发展”

（一）概念辨析

由于对职业教育起源、发展、表现、影响或作用范围等问题的认识存在差异，关于“职业教育”的定义也自然就会出现不同角度的理解。根据实现职业教育人才培养目标手段的不同，可以将职业教育分为社会职业教育和学校职业教育两大类。其中，社会职业教育以社会各级各类培训鉴定机构为载体，以非学历教育为主，主要从事职业技能培训和职业资格鉴定工作，使接受培训的人们获得从事相关工作的职业技能和职业资格证书，从而实现人才培养目标。学校职业教育则以特定的教育组织——各级各类职业学校为载体，以学历教育为主，通过初等职业学校、中等职业学校、高等职业院校，使人们获得相关的职业技能、职业知识与职业道德，从而实现人才培养目标。

“增长”是经济学永恒的主题。亚当·斯密的《国富论》更是探讨经济增长源泉的不朽之作。斯密认为，经济增长就是人均产出数量的提高，或者是劳动产品（社会纯收入）的增加，即某一单位（通常指一个国家）以相对于居民人数的国民生产总值（即在考虑到贬值的情况下一定时期内产出商品和服务的总量）来表示的规模的扩大。① 经济学家通常用 GDP（国内生产总值，是指在一定时期内［一个季度或一年］，一个国家或地区的经济中所生产出的全部最终产品和劳务的价值）数量在一定时间内的变化来说明一个国家或地区经济的增长或衰退。

“发展”是比增长含义更为复杂的概念，它是指与社会经济结构和政治体制的变革相适应的增长。因此，在这个意义上，发展不仅仅表示人均产出的提高或者劳动产品的增加，还包括经济、政治和社会条件的变化，以及与之相关的产出和收入结构的变革。依据世界银行的观点，“发展是改善人民的生活质量，就是提高他们构建自己的未来的能力”②。

由此可见，增长和发展本身就是一对相互联系的概念。人们对于发展的探讨首先是从可以看得见、摸得着，因而可以测量的增长概念开始的。一般说来，持续、稳定和合理的经济增长，必定会引起经济社会各个方面向好的方向转变，具体体现在产出与收入的结构优化、生活水平提升、教育卫生状况转好，等等。因此，过去一般的经济学讨论经济增长和经济发展这两个概念时，往往将其视同为一个概念而不加以区别。然而，出于多方面的原因，例如经济基础与上层建筑不适应，从而造成经济非持续、稳定而合理地增长时，就有可能导致经济增长与经济发展不相一致。发展经济学家们在对发展中国家发展情况的研究中发现，

---

① 张敦福：《区域发展模式的社会学分析》，天津人民出版社，2002 年，第 37 页。

② 李小云主编：《发展经济学》，人民教育出版社，2002 年，第 5 页。

在发展中国家的经济发展实践中，既存在"有增长而无发展"，如一个国家存在贪污受贿，就会有增长而无发展；又存在"无增长而有发展"，如长期搞动乱，不抓生产，坐吃山空，推行"大锅饭"。正因为如此，许多发展经济学家严格区分了"增长"和"发展"两个概念，经济增长被认为是一个简单的量的增加的过程，指的是同一事物的增多；经济发展则是一个结构变迁的过程，它蕴含更多不同的事物。总而言之，增长与发展是一对辩证的概念，增长是发展的前提、基础、手段和首要条件，发展是增长的结果和目的。

（二）职业教育从增长到发展的历程

增长和发展原本是经济学中的两个普通概念，然而两者之间的辩证关系，却反映了唯物辩证法中的肯定否定规律。个中道理，除了适用于经济领域的发展与增长问题，同样适用于非经济领域。我国自改革开放以来的职业教育发展历程，恰恰就是一个从改革到增长，再到发展的历程。

以社会发展阶段划分为依据，并结合职业教育的发展状况，可以将改革开放以来的职业教育分为调整变革、量的积累以及转型发展三个阶段。不同的阶段，职业教育的工作重心也各有侧重。

1. 调整变革期：十一届三中全会至20世纪80年代中期。这一阶段职业教育工作的重心放在调整中等教育结构和初步发展高等职业教育上。

对于中等教育，主要工作是恢复和发展中等职业教育，改变中等教育单一化的状况。1980年10月，国务院批转教育部、国家劳动总局《关于中等教育结构改革的报告》，该报告指出："中等教育结构单一化，与国民经济的发展需要严重脱节，中等教育改革势在必行，主要是改革高中阶段的教育结构，应当实行普通教育与职业教育并举，全日制学校与半工半读学校、业余学校并举，国家办学与业务部门、厂矿企业办学并举的方针。在普通高中逐步增设职业技术课程，将部分普通高中改办为职业技术学校。"①到1981年底，全国普通高中的学校数和学生数大大减少，职业学校迅速发展。据统计全国城市职业中学（班）、职业学校在校学生达到21.3万人，农业中学在校生达到26.8万人，占高级中学在校生总数的23.8%。同时，中共中央、国务院在《关于加强和改革农村学校教育若干问题的通知》中指出："改革农村中等教育结构，发展职业技术教育，是振兴农村经济、加速农业现代化建设的一项战略措施"，要求"除在普通高中增设职业技术课，开办职业技术班，把一部分普通高中改办为农业中学或其他职业学校外，还要根据可能，新办一些各类职业学校"。② 自此，城市部分普通高中改办为职业高中，农村部分普通高中改办为农业中学，形成了中等职业教育由中等专业学

① 转引自孙琳：《转型时期中国职业教育的改革与发展》，高等教育出版社，2007年，第8页。
② 转引自孙琳：《转型时期中国职业教育的改革与发展》，高等教育出版社，2007年，第11页。

校、技工学校、职业高中三类学校为主体的格局。

至于高等职业教育,其规模扩张起始于 1980 年,主要以职工大学、技术专科学校为主。这类学校属于专科层次,学制 2 ~ 3 年,学生实行走读,还收学习者学费且毕业后不包分配,在高等教育中可谓独树一帜。截止到 2013 年 6 月 21 日,全国共有高职高专院校 1 321 所,高等职业教育的发展成绩斐然。

这一时期国家在政治、经济、社会等方面的发展可谓几经波澜,职业教育事业也因社会大环境的变化以及一系列客观因素的存在而在不断摸索中前进。这一时期职业教育发展最为明显的特征在于对职业教育体系的调整与改革,在一定程度量变的基础上进行质变的积累,以"渐进式"改革完成职业教育的"转轨"与"适应"。

2. 量的积累期:20 世纪 80 年代中后期至 90 年代中期。这一阶段的职业教育在完善政策建设、制定发展目标任务、建立职业教育体系方面取得了重大成就,是我国职业教育空前发展的辉煌时期。

(1) 政策建设方面,这一时期国家制定了一系列保障职业教育发展的政策法规,是我国职业教育政策法规出台最多,法治制度建设推进最快的时期,为职业教育的发展和改革提供了有力的法律保障,营造了大力发展职业教育的良好政策环境。

这一时期国家制定的职业教育政策法规主要有:1985 年 5 月,全国教育工作会议发布了《中共中央关于教育体制改革的决定》这一具有重要历史意义的文件;1991 年 10 月,全国职业教育工作会议审议通过了《国务院关于大力发展职业技术教育的决定》;1993 年 2 月,中共中央、国务院印发《中国教育改革和发展纲要》;1996 年 5 月,《中华人民共和国职业教育法》颁布,并于 9 月 1 日正式实施,这是我国职业教育发展史上具有里程碑意义的大事,标志着我国职业教育发展步入了法制化时代。这些国家层面的法律法规,形成了比较系统的职业教育发展的法律制度。此外 1986 年、1991 年、1996 年分别召开了三次全国职业教育工作会议,直接推动了职业教育的改革与发展。

(2) 目标任务方面,1985 年《中共中央关于教育体制改革的决定》中指出:"社会主义现代化建设不但需要高级科学技术专家,而且迫切需要千百万受过良好职业培训的城乡劳动者。没有这样一支劳动大军,先进科学技术和先进设备就不能成为现实社会生产力。但是,职业教育恰恰是我国整个教育事业的薄弱环节。一定要采取有效的措施改变这一状况,力争职业教育有一个大的发展。"①1991 年《国务院关于大力发展职业技术教育的决定》进一步提出:"职业

① 转引自孙琳:《转型时期中国职业教育的改革与发展》,高等教育出版社,2007 年,第 8 页。

技术教育的规模和水平影响着产品质量、经济效益和发展速度,必须高度重视和大力发展职业技术教育。"①1996 年颁布的《中华人民共和国职业教育法》明确规定:"职业教育是促进经济、社会发展和劳动就业的重要途径,要建立、健全适应社会主义市场经济和社会进步需要的职业教育制度。"同时,2003 年发布的《中国教育改革和发展纲要实施意见》明确提出了我国职业教育发展规模与速度的数量目标,到"2000 年各类中等职业学校年招生数和在校生数占高中阶段学生数的比例,全国平均保持在 60% 左右;普及高中阶段教育的城市可达 70%"。

早在 1978 年时,全国中等教育结构就出现明显不合理状况,高中阶段在校生的普职比为 82.4∶7.6,职业学校在校生的比例不足 10%。而到了 1998 年,全国中等职业学校数为 17 090 所,在校生数达到 1 430 万人,中等职业学校招生数和在校生数占高中阶段教育招生数和在校生数额比例分别是 54.05% 和 54.91%,高中阶段教育普职比例达到 5∶5。全国已建成了约 2 000 所重点中等职业学校。

(3) 体系建设方面,主要是逐步建立起一个纵向衔接合理,横向沟通顺畅的包含学校教育和职业培训两大块的职业教育体系。

1985 年《中共中央关于教育体制改革的决定》提出:"发展职业技术教育要以中等职业技术教育为重点……逐步建立起一个从初级到高级、行业配套、结构合理又能与普通教育相沟通的职业技术教育体系。"1996 年《中华人民共和国职业教育法》中,进一步要求"实施以初中后为重点的不同阶段的教育分流,建立、健全职业学校教育与职业培训并举,并与其他教育相互沟通、协调发展的职业教育体系"。

遵循以上思路,到 20 世纪 90 年代末,在职业学校教育内部,形成了初中高等职业学校教育;同时与普通教育相沟通,在普通教育阶段引进职教因素,开设职教课程;通过小学后、初中后、高中后三级分流,逐步形成初等、中等、高等普通教育和职业教育共同发展、相互衔接、比例合理的教育体系。

可以看出,这一时期的职业教育已经进入了"法制化"、"规模化"、"丰富化"的发展轨道,在质和量上均有了大幅提升。而职业学校招生数量以及办学数量的爆炸式增长,更是这一时期职业规模扩张的真实写照。这种"量级"扩张带来了职业教育体系的不断健全与内容的充实,但是在管理、资源配置等方面也带来了不小的困难和问题。

3. 转型发展期:20 世纪 90 年代末至今。这一阶段的职业教育面对经济社

① 转引自孙琳:《转型时期中国职业教育的改革与发展》,高等教育出版社,2007 年,第 9 页。

会发展的新形势，重心落在明确地位、改革创新、规范管理上。

明确地位方面，这一时期，党和政府对职业教育高度重视，明确了职业教育在整个教育体系中的重要地位。1999 年 6 月，全国教育工作会议召开，中共中央、国务院发布《关于深化教育改革全面推进素质教育的决定》。在这次大会上，时任中共中央总书记的江泽民同志指出："对于不能进入高等教育行列进行学习的城乡学生和其他群众，应通过大办各级各类职业技术学校，广泛吸收他们学习和掌握一门或几门生产技术与管理、服务方面的技能"。"如果能学到一门或几门实用的专业技能回去，就拓宽了他们的立业创业之路，对农村和城市的发展与稳定将起到重要的推动作用。因此，努力办好各级各类职业技术教育，是一篇大文章。中等职业技术教育虽然已经有了发展，但总体来说，还刚刚开始做，各地各部门要狠狠抓它十年、二十年，必会大见成效"①。

改革创新方面，2002 年，《国务院关于大力推进职业教育改革与发展的决定》颁发，确定了新世纪职教发展大政方针，明确 21 世纪我国职业教育的任务是发展与创新，包括职业教育体系建设、管理体制和办学体制创新、职业教育社会功能的扩大与适应、职业资格证书制度与劳动就业制度等机制创新与保障体制完善等，这些都是新世纪职业教育面临的改革任务。

规范管理方面，一是调整职业教育的宏观管理职能，组建职业教育与成人教育司，主管全国普通及成人中等职业学历教育、成人文化技术教育事业和农村、城市及企业教育综合改革工作。二是调整职业学校类型，规范职业学校名称。中等职业教育由职业高中、中等专业学校、技工学校、成人中等专业学校四类学校组成。高等职业教育、高等专科教育和成人高等教育简称为高职高专教育，实施高中阶段学历教育的各类职业学校统一规范为"××职业技术学校"，高等专科学校和成人高等学校要逐步统一规范为"××职业技术学院"。

这一时期，中等职教招生连续几年下滑的情况开始扭转。全国中等职业学校招生 455 万人，比 2001 年增加近 60 万人，增长 15%；在校生 1 160 多万人。有省级以上骨干示范学校 3 000 多所，其中有 2 000 多所学校校均规模在 2 000 人以上，骨干示范学校的在校生占中职在校生的 40% 左右。高等职教增长很快。独立设置的高等职业技术大学和学院招生 76.3 万人，在校生 161 万人。招生数和在校生数比 2001 年分别增长 23% 和 20%。此外加上高等专科学校、成人高等学校、民办高等学校、普通高校中的职业技术学院、五年一贯制高职的中专学校等六类校有 400 多所，在校生规模几百万人。各种形式的培训逐年增长，比如仅农村技术培训学校培训的劳动力就达到 8 200 多万人次。②

---

① 邢晖：《职业教育发展论纲——透视北京职教》，高等教育出版社，2004 年，第 40、43 页。
② 邢晖：《职业教育发展论纲——透视北京职教》，高等教育出版社，2004 年，第 40－43 页。

总的来说,经历了职业学校"规模式"扩张后,由此带来的反作用也促使着教育行政部门调整职业教育的发展方向和理念,由"粗放式增长"逐步开始向"质量型提升"转变。这里包括对职业院校体系的调整、职业院校办学的创新、职业院校品牌的创建、职业院校定位的重新审视等。由"量"向"质"的过渡反映的不仅仅是政策上的调整,更是思想理念上的提升。

三、职业教育发展研究

(一)发展研究

"发展研究"是20世纪60年代初发源于欧洲和美国的一个新的跨学科领域。该学科领域的研究一开始只局限于经济学和经济史学界,后来迅速扩展到哲学、社会学、政治学以至地理学、生态学等科学领域,从而形成了发展经济学、发展政治学、发展社会学、新发展哲学、未来学等科学领域,与之相关的各种发展理论、发展模式、发展战略、发展预测等也竞相问世,涉及这些学科理论的大量名词术语更是层出不穷。

按其理论观点,发展学派大致可以分为"现代化理论"学派和"依附论"学派。"现代化理论"学派兴盛于50年代至60年代间。以现代化经济社会发展问题为研究对象,从工业社会以来的过程和经验中,总结出了带有普遍性的原则和诸多思想理论成果。它又可以细分为结构学派、过程学派、行为学派、实证学派、综合学派和未来学派等六大学派,代表人物有帕森斯、布莱克和亨廷顿等。① "依附论"学派则在70年代独占鳌头。依附论又称"外围—中心论",是一种研究发展中国家与发达国家间相互关系的理论学说。主要代表人物有劳尔·普雷维什、萨米尔·阿明、A. G. 弗兰克和 I. 沃勒斯坦等。依附论的学者们都采用一种流通论的方法,并且都认为外部力量制约着不发达国家的社会和经济发展。②

我国对于发展问题的研究是从90年代开始的,自此,关于发展问题的研究专著和论文发表的数量不断增多。这些专著和论文,说明国人已经开始关注发展问题的研究。其原因是显而易见的:第一,我国作为社会主义国家,同时也是发展中国家,研究发展问题,有利于把握特殊性。我国是新兴经济体,所实践的发展模式不同于先工业化国家和发达国家,研究我国的发展问题,是建立在我国社会主义初级阶段的国情、改革开放时期国家的发展历程和中国特色社会主义建设经验的基础上,对其他新兴经济体、发展中国家,乃至发达国家都有借鉴意义。第二,对于发展问题的研究,来自于实践又指导实践,因

---

① 程家明:《发展哲学与哲学发展》,载《江汉论坛》,1991年第7期,第31－35页。

② 《依附理论》。http://wenku.baidu.com/link? url=4aI0zs_zG_P3,2010－10－07.

而也可以满足我国建设发展的普遍性要求,具有深刻的政治、经济、社会和人文意义。

(二)职业教育发展研究

我国职业教育的发展研究起步较晚,多是从国外丰富的实践经验和研究成果中汲取养分。从已有的文献资料来看,罕有国外的学者对我国的职业教育进行发展研究,为数不多的涉及我国职业教育发展的文献资料,也只是简单的介绍性质,并未进行深入的研究。因此可以说,我国的职业教育发展研究,是一项本土性质的研究。本书以国家社科基金项目数据库和中国知网这两大权威数据库为平台,输入"职业教育"关键字,搜索自20世纪90年代以来的课题立项和论文发表情况,从数量和内容两个方面窥测出我国职业教育发展研究的情况。

1. 数量研究。表2-1是从国家社科基金项目数据库的立项查询中,以"职业教育"为关键字,搜索整理得出的结果。

表2-1　我国20世纪90年代以来职业教育发展研究课题立项情况(单位:项)

年份(项目数)	项目名称
2012(7)	职业教育国家专业教学标准开发基础理论与技术规范研究
	政府有效介入下的职业教育校企合作长效机制研究
	职业教育教师培养培训一体化的研究
	面向农村的职业教育定位与功能定向——基于陕西县域农村职教发展模式的反思
	利益相关者参与职业教育办学的长效机制研究
	我国职业教育学术课程与职业课程的整合研究
	连片特困民族地区职业教育定向培养模式研究
2011(4)	我国现代职业教育体系研究
	城市化进程中农村职业教育办学模式改革与发展对策研究
	区域职业教育合作发展的机制与政策研究
	农民工职业教育评估研究
2010(7)	职业教育校企联合办学的实证研究
	普通教育和职业教育收益率实证比较研究
	20世纪90年代以来中德中等职业教育课程改革比较研究
	区域职业教育发展模式创新的案例研究
	新疆农村少数民族职业教育发展模式研究
	职业教育的国家制度与国家政策比较研究
	中部地区动漫游戏产业的发展趋势和职业教育研究

续表

年份（项目数）	项目名称
2009(4)	高等职业教育市场型课程项目化、模块化改革研究
	劳动力回流与农村职业教育功能调整问题研究
	职业技能大赛对职业教育发展的影响力研究
	印度 IT 职业教育发展经验研究
2008(3)	职教集团主导下的跨区域职业教育办学模式研究:以江苏省为例
	基于工作任务的中等职业教育模块式课程研究
	中等职业教育与普通高中教育成本效益比较研究
2007(2)	跨区域职业教育办学模式研究
	外国职业教育史
2006(8)	职业教育有效发展研究(1)
	职业教育有效发展研究(2)
	“十一五”期间我国义务教育与职业教育公共经费需求研究
	以就业为导向的职业教育教学理论与实践研究
	新农村建设中校企合作的职业教育发展机制与策略
	建设社会主义新农村背景下的中等职业教育体制与农村人力资源开发研究
	中观研究——突破高等职业教育发展的第三个瓶颈
	工学结合培养模式下职业教育教学改革的理论与实践研究
2003	职业教育集团化办学的理论与改革实践研究
2002(6)	当前职业教育热点问题研究
	关于职业教育几个基本问题的研究
	现代远程职业教育的理论与实践研究
	农村社区职业教育发展研究与实验
	新阶段中国农民职业教育战略研究
	职业教育与劳动准入制度互动性研究
1997(3)	经济发达地区职业教育多元办学体制问题研究
	21 世纪我国中部地区农村职业教育发展理论和模式的研究与实验
	三类残疾儿童学校的劳动技术教育与职业教育研究
1992	黄炎培职业教育思想研究与实验

表2-2是从中国知网的文献检索中，输入“职业教育”为关键字，选取自20世纪90年代以来硕博士论文，期刊、会议和报纸发表的论文所做的整理。

表2-2　我国20世纪90年代以来职业教育发展研究论文发表情况(单位：篇)

年份	文献			
	硕博士论文	期刊	会议报告	报纸
2012	22 985	65 141	1 120	4 970
2011	15 946	84 601	1 624	7 618
2010	12 754	80 331	2 011	8 290
2009	10 105	72 879	2 361	7 393
2008	9 945	65 174	1 813	7 115
2007	9 092	57 002	1 579	8 272
2006	7 845	46 422	1 733	7 842
2005	5 448	36 590	1 535	4 118
2004	3 760	31 390	1 225	2 472
2003	2 334	26 348	797	1 970
2002	1 333	21 322	524	1 562
2001	588	17 350	385	1 170
2000	253	14 640	292	556
1999	20	13 311	99	
1998	13	11 241	75	
1997	11	10 559	71	
1996		8 888	105	
1995	3	7 185	15	
1994	2	6 515	14	
1993		3 242	33	
1992		2 862	21	
1991	2	2 773	8	
1990		2 655	17	

以上两个表中的数据，可以直观地反映出我国自20世纪90年代以来职业教育发展研究的一些情况：

（1）职业教育发展研究的课题立项和论文发表数量基本上呈上升趋势。从以上两表所列的数据中，可以大致看出我国自20世纪90年代以来，在职业教育发展研究方面的文献数量呈现不断上升的趋势。当然因为各种原因，会出现数据缺失和波动的情况，因而在进行分析时，应加以排除。由于表2-1中仅包含46项课题，数据太少，因而以表2-2中数据最全的期刊论文发表数量为例。可以看到，1990年我国在期刊上发表的职业教育发展研究的论文为2 655篇，到2011年已猛增至84 601篇，22年间翻了31倍还多，除了个别年份有波动外，平均以每年一千余篇的数量增长。其他论文发表情况也呈现出相同的态势。仅就文献数量的增长情况而言，可以看出我国对于职业教育发展研究的重视程度是越来越高的，这与职业教育对于我国经济社会发展的重要作用是密不可分的。

（2）我国的职业教育发展研究受国家政策和经济社会发展情况影响较大。首先，两表都直观地反映出，2000年是一个分界点。2000年以前的课题立项数量和论文发表数量都寥寥无几，2000年出现了飞跃式的增长，之后逐年稳步上升。表2-2中的报纸论文发表数量就是一个典型的例子，整个20世纪90年代的职业教育发展研究论文发表数量为零，新世纪开始后则以556篇为起点，不断向上攀升；其次，1996年、1997年、2002年、2006年和2010年也是几个特殊的分界点。在这几个年度上，原本上升趋势平稳的课题立项数量和论文发表数量会突然呈现一个迅猛的增幅。如表2-1中，1997年、2002年、2006年、2010年的职业教育课题立项数量分别为3项、6项、8项和7项，与其他年度的立项数量相比有明显的跨越。

出现上述现象的原因在于，2000年和2006年分别是国家“十五”规划和“十一五”规划的承接和起始点，而1996年和2002年则分别召开了第三次和第四次全国职业教育工作会议。从中可以看出，我国在制定经济社会发展的规划和职业教育发展的相关政策制度时，会对我国职业教育发展研究产生间接或直接的显著影响。这是由我国职业教育的社会性、实践性等特性所决定的。

2. 内容研究。由于检索得到的关于职业教育发展研究的论文数量太过庞大，且分布于硕博士论文、期刊、报纸、会议报告等领域，可研究性不强。因此在对我国职业教育发展研究的情况进行内容分析时，倾向于从数量较少，但更具权威性和代表性的课题立项情况着手。具体内容如表2-1所示。课题名称可以从一定程度上反映出作者的研究兴趣和研究倾向，因而通过分析表2-1中所列示的20世纪90年代以来立项的职业教育发展研究课题名称，可以大致窥测出我国在进行职业教育发展研究时的一些情况：

（1）我国的职业教育发展研究中实践研究较多。综观表2-1中所列的全部46项课题，纯理论研究仅有9项，如石伟平的《职业教育的国家制度与国家政策比较研究》、贺国庆的《外国职业教育史》等。在其他的课题项目名称中，“农村”、“农民工”、“区域”、“民族地区”、“城市化进程”、“以……为导向”、“以……为例”、“基于……”等实践气息浓厚的字眼随处可见，如刘显泽的《基于工作任务的中等职业教育模块式课程研究》、梁金贵的《新疆农村少数民族职业教育发展模式研究》等。可见，我国对于职业教育的发展研究充分发挥了职业教育的实践性特征，注重从实践中总结经验，从而以理论指导实践。

（2）我国职业教育发展研究的实证研究并未落到“实”处。尽管从数量上看，我国职业教育发展研究的实证研究占了绝对优势，然而具体分析这些课题研究时，可以发现，相当一部分的研究并没有真正地脚踏实地。如张利庠的《新农村建设中校企合作的职业教育发展机制与策略》，虽然涉及了校企合作教育模式这一职业教育中的具体问题，但是其所研究的发展机制与策略只是从整体上进行了论述，并没有结合具体的实例进行分析。又如屈孝初的《高等职业教育市场型课程项目化、模块化改革研究》，是就整个中国的高等职业教育的课程问题进行讨论，当其研究结果应用到具体的区域中时，其针对性和指导意义就大大削弱了。真正符合将实践研究落到实处这一要求的，似乎只有张旭翔的《职教集团主导下的跨区域职业教育办学模式研究：以江苏省为例》。这样的比例多少可以揭示出我国职业教育发展研究中存在的问题。

通过从数量和内容两个方面研究我国职业教育发展研究的课题项目和论文发表情况，可以窥测出，数量的增长是喜人的，也确实关注到了职业教育的实践性特征，但是也存在一些问题。这也从一个侧面说明了我国的职业教育发展要经历从增长到发展的不断上升的过程。

四、“模式”和“区域职业教育发展模式”

（一）模式

“模式”是近些年来被不同学科经常用到的一个词。它来源于发展经济学的术语，后被移植到社会学研究。其英文原义是“模型”、“典型”、“模范”、“样式”等。它表示用实物或符号形式将原物、活动、理论等仿制、再现出来。美国两位著名比较政治学者比尔和哈德格雷夫对一般模式所下的定义有三个要点：第一，模式是现实的再现，是对现实的抽象概括，来源于现实，并不是凭空捏造的；第二，模式是理论性的，它是一种理论的表达，代表着一种理论内容，不是简单的某种方法；第三，模式是理论的简化形式，是最简洁明了的表达。[①] 比尔和哈德格雷夫的模式定义是比较有影响和广为接受的。

---

① 周明星、张柏青：《创新教育模式全书·第1卷》，北京教育出版社，1999年，第6页。

“模式”表达了一种标准，一种规范，一个系统或者一个结构。同时还可以认为模式是一种结构性的事物，指各个组成部分（比如一些个人、组织与约束其行为的制度）之间比较固定的排列、搭配组合关系。它可以是一个实际的、看得见的表现形式——一个模型；也可以是一幅图表或者流程图。模式大体包括三个方面的内涵：一是指事物的存在状态，事物的类型；二是指事物的发展道路和运行方式；三是指对事物的分析和思维方式。可见，模式既是一种客观存在，也是人们认识和把握事物发展规律、特征的一种分析方式。在经济学、社会学、传播学、政治学等学科的研究过程中，模式研究经常见到。

“发展模式”是在某种理念基础上设计出的一整套使各种组织、团体和个人自觉加以遵守的具体制度安排和组织规范。

“教育模式”是以一种有目的、有计划、有组织地向受教育者施加影响，促使受教育者的身心得到发展的社会实践活动为研究对象，以探讨受教育者的身心如何在投入最少而获得最佳发展效果的规律为目标的教育科学研究方法系统。对这种教育模式最常见的理解是教学模式，这是因为把“模式”一词介绍并引入教育领域时，就与教学联系在一起，它是指在一定的教学思想指导下，围绕着教学活动中的某一主题，形成相对稳定的、系统化和理论化的教学范畴。对教育模式的另一种理解是教育体制或教育体系。当今所讲的“应试教育”模式实质上就是这种理解。①

“区域职业教育”是指一定经济区域内的职业教育，它是建立在区域经济基础上，随着职业教育发展而形成的各具特色并以密切联系为基础的为区域经济发展培养适用人才或劳动者为目标的区域职业教育的综合体。区域职业教育是介于宏观职业教育与微观职业教育实体之间的职业教育。它的外延包括区域职教系统及其子系统（省、市、县职业教育和职业教育办学实体）；它的内涵包括系统的目标、组织、结构、运行等，以及系统与外部的各种联系。

“职业教育发展模式”就是在某种理念引导下，在一定时间内形成的职业教育各种要素固定的行为方式。包括三个方面的内容：一是有关职业教育发展的制度设计。二是相关组织（比如教育行政机构、职业学校、培训中心等）的设置。职业教育发展模式就是上述各成分之间的一种相互关系的组合形式。三是上述各种组织机构之间在特定制度约束下的相互关系。

（二）区域职业教育发展模式

顾名思义，区域职业教育发展模式是“区域”与“职业教育发展模式”两个概念的整合，因而在这里，结合上文对相关概念的界定，可以将“区域职业教育发

① 周明星、张柏青：《创新教育模式全书·第1卷》，北京教育出版社，1999年，第6页。

展模式”理解为:在一定的连续而不分离的、共性特征突出的、具有相对独立性的空间内,适应区域经济社会发展需求,充分利用本区域资源和环境优势,凸显区域特色的职业教育相关各方固定的行为方式。

随着全球化步伐的进一步加快和现代科技的迅速发展,使得世界各个国家和地区联系越来越紧密。从这个意义上说,美国、英国、澳大利亚、德国等职业教育发展较为成熟的国家,其根据自身的情况所建立起来的职业教育模式,可以看作是区域职业教育发展的典型,其成功的经验和丰富多彩的实践创新,为我国探索区域职业教育跨越式发展提供了有价值的参考。下面我们就对此作简单的介绍。

1. 北美的 CBE 模式。CBE 是实际能力教育或称基于能力的教育(Competency-Based Education)的缩写。它吸收了当代职业教育的一些改革成果,反映了一种新的教育观念,深受企业界的欢迎。CBE 是一个完整的教育系统,由职业目标分析、模块大纲制定、个性化学习和科学管理四个部分组成。

在分析职业目标时,CBE 模式注重以生产、管理一线有经验的专家完成的职业目标分析为基础,最后完成的职业目标分析表一般一个专业由 8 ~ 12 个职责组成,一个职责由 6 ~ 30 个专项能力组成。每个专项能力都有行为化的具体描述,同时还评定其难度系数和在实际工作中出现的额度,以此作为制订教学计划、大纲的依据。CBE 的模块式大纲也称为“学习包”,包含五个内容:一是该专项能力是什么,其在职业工作中的意义;二是与之相关的专项能力;三是完成该项能力的学习活动;四是学习效果的评价标准;五是学习的各种参考资料索引。① 在此基础上 CBE 模式强调了学生在学习过程中的主体地位,以学生自学为主教师指导为辅,学生可以自订学习计划。CBE 模式的采用给学校办学提供了更加广阔的发展前景,它增强了学校与工商界、社会各界的合作,更明确了学校的社会责任。它使学校能接受入学水平相差更大的学生,使职业教育更有可能做到小批量、多品种、高质量,同时也能更有利于调动教师的积极性和提高教学设施的利用率。

2. 英国的 BTEC 模式。英国的商业与技术委员会(Business & Technology Education Council)的建立,其标志是 1986 年引进的“国家职业资格(NVQ)”与 1992 年实施的“普通国家职业资格(GNVQ)”。但 20 世纪 80 年代早期英国政府发布的教育和科学部白皮书,就已经为在英国实行能力本位的职业培训政策定下了基调。这些文件都强调能力应该是职业培训的必要结果。强调更加灵活的培训方案,强调职业证书应根据学院所掌握的实际操作能力而非学

① 钱民辉:《职业教育与社会发展研究》,黑龙江教育出版社,1999 年,第 86 - 89 页。

习的年限来颁发。主张通过单元课程的方式来使年轻人获得所需的职业教育与培训。

BTEC 将跨职业的、可变的、有助于终身学习的、可发展独立性的通用能力作为其证书课程的核心课程,强调学生的自主学习,重视学生的个性发展和个人潜能的开发。在教学实施过程中,采用课堂讨论、实践实习等多种多样的教学方法,并创造性地采取"3 个 1/3"的教学组织形式。BTEC 对师资素质的要求非常高,授课教师必须要有一定的教学经验和实际工作经验。其考核评估的目的是考核学生解决实际问题的能力,以学生平时的课业作为考核的主要形式,突出课业的重要地位。而对教学质量的审核也非常完备,采取内部和外部审核相结合的方式。BTEC 的课程具有统一标准,注重市场需求分析,以职业活动为线索来组织自己的课程内容,使得 BTEC 课程在更大程度上满足职业的现实需求,学生能满足行业企业的实际需求。

3. 澳大利亚的 TAFE 模式。TAFE 即技术与继续教育(Technical and Further Education)的英文缩写,是澳大利亚职业教育与培训体系 VET(Vocational Education and Training)的教育实施系统,由政府主持、行业主导、学院实施。澳大利亚的 TAFE 的产生和推广,自始至终得到了联邦政府、各州和区政府、产业界和工会的大力支持。之所以如此,是因为这种新的培训体系顺应了澳大利亚在职业教育和培训方面的社会需要:1)全国在职业培训管理与职业资格证书方面协调、统一的需要;2)保证培训使学员获得相应职业能力的需要;3)面向社会提供更丰富的系统培训机会的需要;4)认可通过非正式的教育与培训而获得的技能的需要;5)使职业与工作世界紧密结合的需要。

从 1988 年开始,澳大利亚政府和州政府就颁布了一系列政策和法律保障 TAFE 模式的成立和实施,并且建立了澳大利亚职业资格框架、培训包和职业资格认证框架。在专业设置上,行业组织采用职业分析法,建立培训包,学院可以选择培训包中的一组课程进行教授。TAFE 模式的培养目标的确定,是以国家职业资格认可的标准为依据的。它将职业能力分为关键能力和专业能力。教学上采用融理论、实践为一体的项目教学法。在对学生的学习成果进行评价时,采用统一的标准,采取观测、口试和操作结合的考核方式。TAFE 模式确立后,原来的学徒制和学校培训制都并入到这种新的体系中来,从而可以更大程度地让更多的青年获得适宜于他们需要的培训机会,取得相应的资格证书。

4. 德国的"双元制"模式。德国的"双元制"职业教育被誉为德国经济腾飞的秘密武器。其主要特点是:专业设置以职业分析为导向,培养目标以职业能力为本位,课程设置以职业活动为核心,课程编制以宽基础为基点,教学实施以双元合作为基础,教学方法以受教育者为主体,考试考核以职业资格为标准。

“双元制”的双元特性主要体现在以下几个方面①:实施职业教育要调动两个积极性——政府(通过学校)和经济界(通过企业);职业教育具有双重的法律基础——既有《联邦教育法》的要求,又有《企业章程法》《手工业条例》等企业法的保证;职业教育具有两个教学地点——学校,主要指主体中学和实科中学,以及企业或能提供生产或技能培训的单位,包括企业(工厂)和培训中心两类;职业教育具有双重的教学文件——既有规范学校的教学计划,又有联邦职教所制定的用来规范企业的企业培训条例;具有双重的教学内容——在学校学习理论知识,包括基础知识和专业知识,在企业学习专业技能,进行职业实践,两者比例约为3∶7;实施职业教育有两类教师——拥有本科学历并具有教育学、心理学培训资格的学校教师和具有本行业职业技能证书的企业培训教师;学生角色具有双重性——在学校里是学生,在企业或培训中心则是签订了合同的学徒工;职业教育使用两种教材——理论教材和实训教材;采取两种考试——理论考试和实践考试;实施两种证书制度——学校的毕业证和全国统一印制的企业培训证或行会发给的技术证。

综观这四种国际知名的职业教育发展模式,我们可以发现它们都体现了以服务为宗旨的发展理念——服务社会、服务经济、服务职业、服务人;以就业和市场为导向的发展方向——就业市场、生源市场;以学生为中心的中心思想;以能力为本位——基本发展能力、生存能力;以产学结合为基本途径;以培养生产、管理、服务一线高素质、高技能应用型人才为目标的特点,这些职业教育发展模式的共同特点,在我国探索适合自身区域特色的职业教育发展模式时,具有重大的参考意义。

五、模式创新

“创新”这一概念最早源自于经济学领域,当时有一位美籍奥地利经济学家名为熊彼特,他著有《经济发展理论》(Theory of Economic Development)一书,书中对创新做出了一些介绍,并最终形成了“创新理论”。这一理论主要观点认为“创新是一种内在因素要求的结果,经济发展是这种来自内部的、自身创造性的对于经济生活的一种变革,创新是在新的体系里引入的“新的组合”,创新是“生产函数的变动”。函数中任何要素的变化都会引起生产要素和生产条件的重新组合,从而作为经济发展的动力。这种组合与变动具体包括以下五个方面的内容:1)引入一种新产品或提供一种产品的新质量(产品创新);2)采用一种新的生产方法(工艺创新);3)开辟一个新市场(市场创新);4)获得一种原材料

① 邢晖:《职业教育发展论纲——透视北京职教》,高等教育出版社,2004年,第369-370页。

或制成品的新供给来源(资源开发利用创新);5)实行一种新的组织形式,如建立一种垄断地位或打破一种垄断地位(体制和管理创新)。①

从以上熊彼特关于创新的阐释,他没有明确具体地描述创新的内涵,是基于一种理论的视角来表明自己的立场,因此,在这一理论基础上,许多经济学家都对创新进行了定义,提出了自己的见解。1974年,英国经济学家克里斯托弗·弗里曼将创新定义为"在经济意义上,只有包括新产品、新工艺、新系统或新装置在内的第一次商业性应用时才能说完成了一项创新",随着认识的逐步加深,他于1982年进一步将创新定义为"包括与新产品(或改良产品)的销售或新工艺(改良工艺)或设备的第一次商业性应用有关的技术、设计、制造、管理以及商业活动"。② 创新的范围以及内容不断扩大与升华。另一位经济学家库兹涅茨认为创新指的是"为达到一个有用的目的而采取的一种新的方法,是导致新产品的销售和新技术工艺与设备的商业化使用的技术上和商业上的进展"③。经济学家们对创新的解释都是以追求利润为目标,而且认识到了这一过程的复杂性。这一过程所涉及的活动以技术类为主,只有经历技术创造性的过程并最终能获取利润的活动才可称为创新。然而,管理学家们从管理学的视角也纷纷对创新进行定义,注重的是通过管理手段的创新来获得利益。正如美国企业管理学家彼德·F.德鲁克所言,"创新的行动就是赋予资源以创造财富的新能力"。他认为创新并非在技术方面,凡是能改变已有资源的财富创造潜力的行为都是创新,如体现在管理、市场营销和组织体制等方面的新能力、新行为,即属于管理创新、市场创新和组织创新。④

"区域职业教育发展模式创新"就是在一个区域内引进甚至是创造一种新的职业教育发展模式以完善或代替旧的发展模式。这种创新可以是制度的变迁,即地方政府修订了职业教育发展的某种规则、条例、制度或者引进了一种新的制度;也可以是相关组织的变革,即执行职业教育功能的组织在结构、目标上的变化或者组织的增加、裁撤等;还可以是二者同时变化。

我国职业教育在借鉴国外经典的职业教育发展模式的基础上,结合我国国情以及职业教育发展现状,在探索区域职业教育发展模式的过程中也有一定的创新。这些创新的职业教育发展模式,也都体现出与国外经典模式相似的特点,即都是围绕市场的需求来设立培养目标和后续的人才培养方案,都非常强调实

① 曲然:《区域创新系统内创新资源配置研究》,吉林大学学位论文,2005年。

② Rothwell, Roy & Legveld, Walter. *Reindustrialization and Technology*. London: Longman Group Limited, 1985:47.

③ 王春法:《技术创新政策:理论基础与工具选择——美国和日本的比较研究》,经济科学出版社,1998年,第20-21页。

④ 彼德·F.德鲁克:《创新与企业家精神》,张炜译,上海人民出版社,2002年,第36页。

践的重要性，都努力实现让企业参与人才培养的全过程。根据职业教育人才培养方式和办学主体的不同，可以把我国职业教育模式分为若干类型。

（一）从职业教育人才培养模式划分

1. “订单式”人才培养模式。“订单式”人才培养模式，是指职业院校与企业签订用人订单和人才培养协议，共同制订人才培养计划，共同组织教学，学生毕业后直接到企业就业的一种人才培养模式。“订单式”人才培养模式的特点是直接面向用人单位培养实用型人才，避免了人才培养的盲目性，具有较强的针对性；学生的学习目标明确，学习主动性和积极性高，有利于学生职业素养的形成，缩短了学生进入企业的适应期；彰显了“校企合作、工学结合”的人才培养特点，能够实现学校、企业和学生“三赢”的效果；培养的毕业生不仅具备扎实的专业知识和较强的实践能力，而且还具备了良好的职业素养，深受用人单位的重用。其实施途径是：确定“订单”合作企业，签订“订单”协议，组织和实施“订单”人才培养。

2. “工学交替”人才培养模式。“工学交替”人才培养模式中，职业院校的教学延伸到企业，企业不仅仅是学生工作的场所，还是学习的场所。学生在企业边学习边顶岗工作，用理论指导实践，用实践检验理论，理论知识的学习与参加企业实践交替进行。“工学交替”是职业学校一种新培养模式，主要采用固定学制下的工学交替、弹性学制下的工学交替、学分制下的工学交替三种模式。工学交替、半工半读是我国职业教育改革的重要方向，是我国职业教育发展的重要举措。对学生职业能力、动手能力和就业能力的培养作用突出，对优化教育资源、促进学生与企业岗位零距离接触，培养大学生自立、自强意识具有极强的引导作用。

3. “教学工厂”人才培养模式。“教学工厂”人才培养模式，其核心是在校、企、人才培养三者间找到共同的利益点，主动与区域社会经济发展相适应，以满足职业院校毕业生尽快适应实际工作岗位的需要。“教学工厂”人才培养模式是一种先进的综合教学模式，它将真实的产品、生产过程、企业人员、管理流程与要求等企业环境元素引入学校，通过整合校企资源与运作方式，融合了学校、企业、学生三方的利益共同点，有效地强化了企业生产、学校教学与学生学习的关系，从而在一个完全真实的、有效互动、良性发展的工学结合教育教学平台上，有机地实现了学生岗位体验、技能养成与素质培养的良好效果。“教学工厂”模式的特点，一是直接针对企业培养急需人才，二是可从根本上改善高职院校“关门办学”的人才培养方式，三是受益主体多元化，可谓是“一举多得”的高职教育人才培养模式。

（二）从职业教育办学主体模式划分

1. 政府办学。完全政府型职业教育模式，是指政府主导办学的职业教育模式，这类院校又称为公办职业院校，是经教育主管部门批准成立，由国家政府出资兴办的职业院校，是我国职业教育的主要部分。公办职业院校办学经费来源政府，属于上级教育部门主管，职业院校发挥办学主体的自主作用。目前，我国的公办院校主要采取政绩融合模式，即职业院校的发展计划与当地的本届政府任期目标融合，建设目标与政府 GDP 目标融合，发展规模目标与政府社会事业发展目标融合。公办职业院校对于完善经济布局结构和功能，解决技术型和技能型人才培养问题，协助企业解决生产中的技术问题，丰富地方文化生活，提升当地人民平均受教育年限等都有积极作用。

2. 行业办学。行业型职业教育模式，是以行业为主导进行办学的职业教育模式。从职业教育本质属性而言，行业办学应是其特色所在。行业办职业教育是符合我国国情的一种职业教育办学模式，具有许多优势，例如行业职业教育所培养的人才在专业性、国际通用性以及行业用于培养人才的设备在充足性、先进性等方面均有十分强大的优势。所以行业办职业教育具有不可替代性。职业院校的办学主体有相当部分是行业，在办学指导思想中将行业资源优势作为办好职业院校的价值取向而予以确立，并在办学过程中逐步形成品牌模式。我国典型的行业型职业教育模式是医学类职业技术院校和航空类职业技术院校。

3. 企业办学。完全企业型职业教育模式，是指完全由（大型）企业投资创办的职业教育，主要目的是培养适应本企业生产技术岗位的技能型人才，其最大的优势是以企业为依托，拥有大批具有丰富生产经验的实践指导老师，具有优良的实习实训条件。但是和公办院校相比，专业建设相对单一，大多为定向培养。依靠大型企业集团或者行业组织发展职业教育，将成为新时期进行技术应用人才培养的重要方式。企业办学具有“校企一体，产学研结合”的显著特色。其强化实践、激励创新、重在应用的办学理念，有效地促进了高职教育教学改革的深化和人才培养质量的提高。

4. 校企结合。校企结合职业教育模式，是指职业院校和相关企业或行业在共同育人方面，遵循平等互利的原则，进行优势互补的结合。是一种将职业院校的教育资源和企业的各种资源整合，职业院校把课堂设置到企业，让学生在企业生产经营过程中进行学习；企业把学生视为正式员工使用，按企业要求进行管理和考核，以培养适合企业或行业需要的应用型人才为主要目标的教育模式。校企结合的模式主要有三种：一是教育集团结合，即以职业院校为龙头，由职业院校和相关企业自愿组成产教研联合体。二是职业院校与企业“契约式”的结合，即签订结合协议，实行订单结合、资金结合、教学结合、研发结合及产业结合等多种形式的校企结合。三是校企结合进行技能人才培养的新机制,实行根据企业用人“订单”进行教育与培训的新模式、校企联办的模式等。

5. 外资混合、股份混合型。职业教育股份制,是由多个投资人以股份形式联合出资设立职业院校,目标是建立市场化导向的多元职业教育投资体制。股份制办学的最大优点是可以迅速集中大量资金,加快中国高等职业教育发展的步伐。股份混合型职业教育模式,主要有三种形式:一是多个投资人以股份形式联合出资设立职业院校。二是以原公立学校的资产及转制后的过渡性投入作为国家投资,与国有企事业单位或民间投资共同作为股本金。三是校企股份结合模式。都实行董事会领导下的院(校)长负责制,由院(校)长负责具体办学。外资混合型职业教育模式,则分为国外(境外)团体、个人独资办学和中外合作办学两种。

6. 私人办学。私立型职业教育模式,是公民个人利用非国家财政性职业教育经费,面向社会举办职业教育活动的模式。从现实情况来看,私立型职业院校的举办者主要有公民个人、私营企业和个体工商户等。私立型职业院校的举办人是个人而非国家机构。其经费解决方法主要以社会融资、个人集资、学生学费相结合。面向社会举办职业院校,也就是面向社会招收学生和学员,服务于不特定的群体和公民个人,而不是只招收某个团体、企业、行业、系统和特定群体的人为学生或学员。在教师队伍建设上,私立职业院校自己吸纳一批稳定的教师队伍,同时又高薪聘用一些名校的专家、教授,优中选优,以提高职业院校的教学质量和知名度。

虽然根据人才培养模式和办学主体的不同,可以将我国的职业教育模式分为数个大类,但是这些办学模式的类型并不是截然分立,互无联系,而是逐渐呈现相互合作、相互融合的趋势。

第三章

区域职业教育发展模式创新研究的方法论

职业教育对于社会主义现代化建设以及构建社会主义和谐社会的重要性不言而喻,但是不可忽视的是我国职业教育的发展水平存在较大的区域差异。中国幅员辽阔,区域经济发展的不平衡,在职业教育发展上也有明显的反映,而如何依托区域经济来发展职业教育,推动区域职业教育的创新性发展则是这一背景之下具有重大现实意义的问题。而要做到区域职业教育的创新性发展首先应清晰地认识某些已经取得区域职业教育发展模式创新成果的职业院校所采用的发展思路、发展策略、发展路径,从而参考、借鉴、学习。本书就是通过对“区域职业教育发展模式”相关关键词进行文献资料的搜集、分析,并对迄今为止不同区域职业教育发展模式的创新之举进行研究归纳,从中总结出中国职业教育发展模式改革的进程和机理,对区域职业教育发展模式创新和改革进行具体细致的案例分析与实事求是的科学诊断,从而对于我国今后职业教育发展模式创新的取向、思路及策略提出一些针对性建议。

本书着重强调对案例的分析,重视运用社会学、经济学的理论与方法开展研究。总体与具体相贯通,反思与建构相连接,是本课题研究的一个重要取向。前面提到,所谓“区域职业教育发展模式创新”就是在一个区域内引进甚至是创造一种新的职业教育发展模式以完善或代替旧的发展模式。这种创新可以是制度的变迁,即地方政府修订了职业教育发展的某种规则、条例、制度或者引进了一种新的制度;也可以是相关组织的变革,即执行职业教育功能的组织在结构、目标上的变化或者组织的增加、裁撤等;还可以是二者同时变化。而对于别的地区创新的职业教育发展模式,如何学习、借鉴并成功迁移,还须要通过对具体案例的深入分析来呈现职业教育发展模式改革与创新的过程、机制、动力,并对于其发展路径与过程进行事实证明和理论概括,从而为新的区域职业教育发展模式的推广提出建议。

一、区域职业教育发展模式创新研究的方法论

我国目前通过案例分析的方式研究区域职业教育发展模式创新的成果也有一些，但是既有的研究在案例研究之前都未能清晰界定“区域职业教育发展模式创新”的概念，只是对于案例进行铺陈性的描述性研究，如果有深入的研究也只是将国内外的区域职业教育发展模式，或者是国内某些区域的职业教育发展模式进行罗列式的比较，而未着墨于我国区域职业教育发展模式的创新之处，未通过对具体案例的较为深入的分析来呈现区域职业教育发展模式改革与创新的过程、机制、动力，并对其正反两方面的经验予以事实证明和理论概括，在研究过程中未体现出区域特色与基于区域特色的职业教育发展模式的创新特色。

在此，笔者想首先通过对国内区域职业教育发展模式创新研究所使用的研究方法进行列举，描述一下国内区域职业教育发展模式的研究方法的使用情况，在此基础上对国内区域职业教育发展模式的研究方法及研究思路进行简要评价。表3-1列举了国内已出现的关于中国区域职业教育发展模式研究的部分案例。这些案例主要的选择标准有二：第一，案例必须是职业教育相关领域的创新；第二，创新案例必须是区域范围内的，既可以是省一级，也可以是市一级的。案例有的来自于中国知网上的论文，也有的来自已出版的相关书籍。总之，案例主要来源于中国大陆地区的资料。

表3-1　关于中国区域职业教育发展模式研究的部分案例

研究名称	研究对象	笔者解读出的研究方法	是否交代研究方法	是否进行概念界定	备注
区域职业教育发展模式创新的案例研究（张晓松　《济南职业学院学报》）	江苏城市职业学院武进学院	案例研究 比较研究	没有	没有	
长三角地区职业教育合作发展机制探析（胡秀锦　《职教论坛》）	长江三角洲地区	描述性研究 文献研究	没有	没有	
依托区域支柱产业，办好区域职教集团，发展地方职业教育——以安康区域职业教育发展为例（雷兴辉　《城市建设理论研究》（电子版））	陕西安康市	描述性研究	没有	没有	
无锡地区区域性高等职业教育科学发展机制探索（章永刚　《职业教育研究》）	无锡市	描述性研究	没有	没有	

续表

研究名称	研究对象	笔者解读出的研究方法	是否交代研究方法	是否进行概念界定	备注
中国职业教育宝安模式（“宝安模式”课题组　人民出版社）	深圳市宝安区	描述性研究	没有	没有	
中俄典型地区职业教育调查与比较分析（徐长发　教育科学出版社）	中俄典型地区	案例研究 调查研究 比较研究 文献研究	有	没有	
苏南与温州区域职业教育异同点比较（黄明光　《理工高教研究》）	苏南地区、温州市	比较研究 描述性研究	没有	没有	
经济强县与中西部跨区域职教合作的形式与经验——以江苏省张家港市跨区域职业教育合作为例（冯胜清　《江苏教育（职业教育版）》）	张家港市	描述性研究	没有	没有	
济南市职业教育浅析（齐守泉　《中国职业教育》）	济南市	描述性研究 调查研究	没有	没有	
对重庆职教城职业教育的调查与反思（丁华　《职业教育研究》）	重庆市	描述性研究	没有	没有	
奉贤区域职业教育发展的实践与思考（褚继平、彭玉林《中国农村教育》）	上海奉贤区	描述性研究	没有	没有	
中国第四种职业教育发展模式研究（李杰、张云　《科教论坛》）	重庆永川区	描述性研究	没有	没有	

从表3-1我们可以看出国内关于区域职业教育发展模式的个案研究绝大多数是描述性研究，相当数量的职业发展模式研究的文献只是着墨于对案例的描述，而没有交代如何研究、资料是如何收集的。而国外的学者在做区域职业教育发展模式的研究中，绝大多数都会在文章中说明所采用的研究方法。虽然说阐述研究方法不是硬性的要求，也不是说没有阐述清楚研究方法的文章就是不合格的文章。但是在进行区域职业教育发展模式创新的研究过程中很容易造成这样的后果，即呈现在读者面前的是某种模式的历史、现状、发展状况、成因等，却没有告诉读者作者是怎么发现这些历史、现状的，怎么总结出模式成因以及特征的，又如何使读者确信作者所描述的模式现状和历史都是真实可靠的，所得出的

特征和成因都是符合科学逻辑的。如果不交代清楚研究方法,就很难说服读者接受作者描述事情的发展历史及现状,以及在此基础上得出的观点、推论及发现,所给出的建议也将是无根之萍。所以,在做区域职业教育发展模式创新的案例研究之前,我们应该强调所用研究方法,这不仅仅是给自己的研究提供一条研究思路,同时也是向读者说明文章内容的可靠性,让读者认识到这个研究的价值。

教育研究方法有很多分类方式,温忠麟教授在《教育研究方法基础》一书中给出了如下的分类框架:1)实证研究(可称为描述研究),含历史研究、调查研究、经验研究(含实验研究、行动研究、经验总结)。这种实证研究是“学者”、“研究者”的基本追求。2)理论研究(可称之为逻辑研究),主要是批判研究。这是“思想者”、“思想家”的基本追求。①

在此我们借鉴某一具体的区域职业教育发展模式的案例来说明描述性研究的样式是如何操作的。以下呈现的是《中国职业教育宝安模式》一书的目录:

第一章 “宝安模式”概述

第一节 “宝安模式”的形成

第二节 “宝安模式”的基本内容

第三节 “宝安模式”的理论基础

第四节 “宝安模式”的三大文化内涵

第二章 工学结合“六层推进”人才培养模式

第一节 工学结合“六层推进”人才培养模式的理论基础

第二节 工学结合“六层推进”人才培养模式的内涵

第三节 工学结合“六层推进”人才培养模式运作机制

第四节 工学结合“六层推进”人才培养模式的实践

第三章 “校企合作”的办学模式

第一节 校企合作是职业教育发展的必然趋势

第二节 校企合作的政策支持

第三节 企业校区的发展历程

第四节 企业校区的运作

第四章 “校部两级”管理模式

第一节 “校部两级”管理模式的产生

第二节 “校部两级”管理模式的主要内容

---

① 温忠麟:《教育研究方法基础》,高等教育出版社,2010 年。

第三节　“校部两级”管理模式的成效

第五章　“三个鲜明”的德育模式

第一节　“三个鲜明”的德育模式

第二节　“三个鲜明”的德育模式的主要内容和实现途径

第三节　德育创新的实践成效

第六章　“工学结合”的课程模式

第一节　“工学结合”的课程模式的探索与实践

第二节　“工学结合”的课程模式的主要内容

第三节　“工学结合”的课程模式的实施

第七章　“宝安模式”的成效及价值

第一节　“宝安模式”的成效

第二节　“宝安模式”的价值

第三节　“宝安模式”的十个经典案例

附录　媒体对“宝安模式”的报道

从这个目录体系我们可以看出，描述性研究(descriptive research)是对社会现象的状况、过程和特征进行客观、准确的描述，即描述社会现象是什么，它是如何发展的，它的特点和性质是什么，简而言之就是描述社会事实(social reality)。描述性研究和解释性研究是社会科学研究的两个主要类型。[①] 在描述事实的时候，可能采用“数据统计”的方式来描述一个事件，我们一般称之为定量研究；也可以采用“叙事”的方式来描述一个事件，我们一般称之为质的研究。实证主义的研究哲学是研究者以一个客观分析家的身份，对收集的数据不加任何价值判断地进行分析，重点强调量化和结构性方法，以便研究能够反复进行。通常实证主义的研究路线是：先界定研究问题，然后是研究回顾，在此基础上，建立相应的理论研究模型，并通过理论分析，采用演绎方法推导出研究的假设，然后对这些假设中所涉及的概念进行操作化处理，采用抽样的方法，收集数据，并通过数据对假设进行验证，最后看到底哪些假设通过检验，哪些假设不能通过检验，并给出理论上的解释。所以通常情况下，实证主义的研究路线会采用演绎方法、量化的研究方法，会有研究假设，并通过抽样收集数据，以验证相应的假设。实证主义是要对所建立的理论与假设进行检验。

本书的研究对象为区域职业教育发展模式，这是一个非常复杂的社会系统，受到很多因素的影响，对于这一现象的研究，既可能采用实证主义的研究方法，

---

① 张敦福：《区域发展模式的社会学分析》，天津人民出版社，2001年，第98页。

也可以采取阐释主义的研究方法。本研究的目的主要是对区域发展模式的特色、形成机制、发展趋势等进行比较，并从部分角度进行评价，因此阐释主义的研究哲学将成为本研究的主体方法。

阐释主义的研究哲学认为社会系统是一个复杂的系统，受到诸多因素的影响，要想建立理论，必须深入到事物的深层，对事物的各个方面、各种关系进行深入的调研，在此基础上形成对事物的全面的理解与把握。理论研究不可能是完全客观的，必然会加入研究者主观的解释。阐释主义的研究哲学的目的是建立理论，是通过对事物的全面深入的调研，加上研究者的主观理解，以建构相应的理论。所以阐释主义的研究方法，通常是定性研究、案例式研究，采用归纳法，有研究者主观因素的加入，最终目的是形成相应的理论，或者是形成对某种事物的看法。

二、案例研究法

从表 3-1 中我们也能看出大多数的区域职业教育发展模式的研究方法是采用案例研究，但是从资料的整理与分析我们可以发现，许多案例研究存在如下的问题：在案例选择方面，选择单一案例进行研究的居多，缺少多个案例的交叉分析和比较分析，从而限制了研究的广度和深度；在数据搜集方面，满足于对表层数据、公开数据的搜集，缺乏深入细致的调查，因而往往未能了解到案例事件背后的动因和机制；在数据分析方面，多是依赖直觉和判断对数据进行主观的和就事论事的分析，缺乏客观的、结构性的分析；在研究结论方面，停留在对案例本身现象的分析，或只得出经验性的、零散的观点，缺乏对内在规律的挖掘和升华，难以形成系统的理论；在报告写作方面，格式随意性较大，往往根据作者的主观需要选取素材的片段，未能全面和客观地陈述事实。① 事实与结论也缺少清晰的区分和紧密的逻辑联系，现有案例研究存在的这些问题影响了研究的质量。所以在进行区域职业教育发展模式创新的研究之前，我们先要明白案例研究法的概念是什么？如何利用案例研究法进行研究？使用案例研究法给研究带来什么样的效果？

案例研究方法与实验、问卷调研等并列为主要的社会科学研究方法。实验法的基本原理是控制环境条件，通过引起自变量的变化来观察因变量的变化，从而建立变量间的关系。问卷研究法是让被调查者就某些有限定的问题做出回答，主要反映的是被调查者的看法。问卷研究法偏重对事件发生的频率、程度的测量，或在某一时间截面构建变量间的量化关系。问卷法的逻辑是所调查的样本对总体的代表性。案例研究法是对现实中某一复杂的和具体的现象进行深入

---

① 张梦中、马克·霍哲：《案例研究方法论》，《中国行政管理》，2002 年第 1 期，第 43 – 46 页。

和全面的实地考察,是一种经验性的研究方法。案例研究法与实验法的最大区别是对所研究现象的背景不予控制,也不干预现象的变化进程。案例研究法是指以一个或多个个案为研究对象,通过具体分析解剖,促使人们进入特定的研究过程,获得真正的研究信息,并寻求解决问题的答案的一种定性研究方法。

另外,案例研究法通过所选择的一个或几个案例来说明问题,用收集到的资料分析事件间的逻辑关系。因此,案例研究法所得出的结论不依赖于抽样原理。根据 Robert、Yin 和其他案例研究法的资深学者的观点,案例研究适合回答"怎么回事"和"为什么"的问题。① 案例研究作为经验性的研究,通过搜集事物的客观资料并用归纳或解释的方式得到知识,研究的结果很大程度上依赖于研究者本身的能力。根据研究的目的可以将案例研究分为描述性、解释性、评价性和探索性的研究。描述性案例研究主要是对人、事件或情景的概况做出准确的描述,教学案例主要是描述性的案例。② 解释性案例研究的目的在于对现象或研究的发现进行归纳,并最终做出结论。解释性案例研究适于对相关性或因果性的问题进行考察。在评价性案例研究中,研究者对研究的案例提出自己的意见和看法。探索性案例研究尝试寻找对事物的新洞察,或尝试用新的观点去评价现象。③

综合起来看,案例研究是社会科学以及其他科学研究中的一种独立的研究方法,是定性研究的一个重要组成部分,这种研究方法综合运用多种收集数据和资料的技术与手段,通过对特定社会单元(个人、团体组织、社区等)中发生的重要事件或行为的背景、过程的深入挖掘和细致描述,呈现事物的真实面貌和丰富背景,从而在此基础上进行分析、解释、判断、评价或者预测。在案例研究中,作为研究素材的一个或多个案例本身是研究的一部分,对案例的收集、整理和叙述本身体现着研究者的研究旨趣和研究立场,但是,案例素材本身并不是理论,而在研究者对案例素材进行分析、解释、判断和评价时,不可避免地要回到自己的理论假设或者理论取向,从而形成特定的理论。从这个意义上来说,案例研究是从具体经验事实走向一般理论的一种研究工具。④

三、案例研究法的步骤

在实施案例研究法的过程中也要注意五个步骤:案例研究设计、实验性研究、资料搜集、分析资料和撰写报告。

---

① Yin, R. *Case Study Research Design and Methods*. London: Sage Publication, 1994.

② 孙海法:《领导策略与团队管理》,中山大学出版社,2003 年,第 81 - 92 页。

③ Eisenhardt, K. M. Building theories from cases study research. *The Academy of Management Review*, 1989, 14(4): 532 - 550.

④ 王金红:《案例研究法及其相关学术规范》,《同济大学学报(社会科学版)》,2007 年第 3 期,第 87 - 95 页。

（一）案例研究设计

1. 案例研究首先需要回答的问题是什么？以“如何”、“为什么”为问题的开始。我们首先应该明确问题的概念，清晰明确的问题有助于焦点的形成。

2. 案例研究中研究者的研究方法、研究思路是什么？研究者的研究思路引导研究进行的线索，研究思路的确定可以依据现存的理论或假设。

3. 案例研究的分析对象。本次案例研究想要解决的问题究竟是什么？分析对象可以是个人，或是事件或一个实体。如学校、教育机构、教育现象，等等。

4. 连接数据及命题的逻辑。为了把数据与理论假设联系起来，在设计研究阶段时就必须对理论主张进行明确的表述。数据的分析可以采用量化的解释性分析技术，也可以采用以定性为主的回馈性分析技术。

5. 解释研究发现的准则。对于分析的结果，研究者就可以针对研究的命题提出一个解释来响应原来的理论命题。

（二）实验性研究

首先是撰写研究方案。其中包括研究的程序、搜集资料的仪器和设备等。好的研究方案包括接近特定人物或组织的方法、记录的步骤、搜集资料的时间表以及推论方法等项内容。方案还应列出调查的中心问题及回答这些问题所需的资料来源；而在进入先导性研究阶段，即确定研究设计和实际研究过程，发现在研究设计阶段没有预期到的变量以及研究方案和推论方法中存在的问题。先导性研究允许研究者尝试不同的资料搜集方法，提倡用尽可能多的视点观察不同的行为。从而有助于校正和修饰研究方案。

案例选择的标准与研究的对象和研究要回答的问题有关。它确定了什么样的属性能为案例研究带来有意义的数据。案例研究可以使用一个案例或包含多个案例。单个案例研究可以用作确认或挑战一个理论，也可以用作提出一个独特的或极端的案例。多案例研究的特点在于它包括了两个分析阶段即案例内分析和交叉案例分析，前者是把每一个案例看成独立的整体进行全面的分析，后者是在前者的基础上对所有的案例进行统一的抽象和归纳。单个个案通常能说明某方面的问题，但用来搭建知识结构的框架是远远不够的。多案例研究法能使案例研究更全面、更有说服力，能提高案例研究的有效性，比如多个案例可以同时指向一个证据，或为相互的结论提供支持，进而得出更精辟的描述和更有力的解释。就如图 3-1 所示，Yin 进一步地把单个案例和多个案例分为全面的案例和内嵌的案例，这样就产生了四种案例研究的组合。一个全面的研究只有一个主要的研究单位，而一个内嵌的案例研究除了一个主要的研究单位以外还包括一些子单位。①

---

① Yin, R. *Study Research Design and Methods*. London: Sage Publication, 1994.

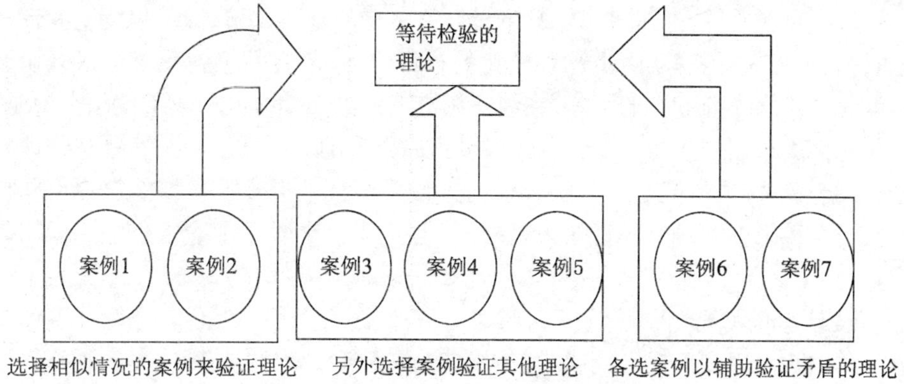

图 3-1　多个案例研究的选择方式

有研究者认为，单案例研究能够保证案例研究的深度，并能更好地了解案例的背景。但是，也有人极力推崇多案例研究，他们认为多案例研究能够通过案例的重复支持研究的结论，从而提高研究的效度。案例研究的深度和对案例背景了解的程度不是由案例的个数次定，而是由案例研究的方法所决定。另外，他们还认为，多案例的研究能够更全面地了解和反映案例的不同方面，从而形成更完整的理论。① 多案例的研究使案例研究成为一种更严格的、更科学的、更加具有理论验证能力的研究方法。

（三）资料搜集

社会学中案例研究大部分的数据搜集都是定性的，但有些情况下也存在定量的搜集方法。常用的数据搜集方法包括文件法、档案记录法、访谈法、直接观察法、参与观察法和人工制品法。研究资料的来源至少有四种，一是文献资源，包括信件、备忘录、会议记录、记事簿，历史记载、小册子、标语等形式，跟个案研究的其他信息来源联结。然而跟文件证据不同，这些档案记录的有用性将会因不同的案例研究而有所差异。二是访谈，即根据不同课题的特点而使用调查研究或深入访谈等方法，访谈法是案例研究中重要的数据来源。典型的访谈包括自由问答式访谈、焦点访谈和结构访谈等，其中最常见的类型是采用开放式的自由问答方式进行。还有一种访谈方式是焦点式的访谈，是指一种在一段短时间中访谈一位回答者的方式。还有的访谈方式可以延伸至正式的问卷调查。这种情况限定于更为结构化的问题。三是指直接观察或参与观察，这是指研究者实地拜访个案研究的场所，此时研究者不只是一位被动的观察者，而是真正参与到正在研究的事件之中。直接观察法可获取直接和客观的信息。但是其可靠性经

---

① 陈国权、李赞斌：《学习型组织中的“学习主体”类型和案例研究》，《管理科学学报》，2002 年第 4 期，第 51 – 60 页。

常受到研究者质疑，通过多个观察者对同一事物的观察，可在一定程度上保证数据的可靠性。参与观察法是一种独特的观察方法，能让数据搜集者深入到研究的事件中获取详细具体的资料，在组织调查或人类学的研究中较常使用。但是，参与观察法缺点是参与者的偏见也许会扭曲数据的真实性。四是一些实物即实体的人造物，实体的或是文化的人造物是最后一种证据来源。虽然实物也同样是人类学和历史学研究的资料来源之一，但其在大众媒体个案研究中的运用尚不多见。

根据 Robert Yin 的观点，资料收集有三个要点。第一个要点是使用多证据来源。虽然使用多证据已经成为各种研究提高研究效度的追求，案例研究法较实验法、问卷法有更多的使用多证据来源的机会。案例研究可以包括对关键人物的访谈、对任务完成过程的观察和记录，甚至在某个研究阶段让人们回答问卷。使用多证据收集资料包括多资料来源、多收集形式以及多学科和多理论视角。因为案例研究法是在现实的情景中对事件进行比较直接的研究，这种方法收集资料的形式比实验法和单纯的问卷法更灵活多样，是案例研究的一个强项。第二个要点是对资料的记录和整理，建立案例研究的资料库。案例研究资料库包括案例研究的笔记，研究中访谈、观察或文件分析的结果；与案例研究相关的收集到的文件；由调查问卷、观察记录、统计等途径形成的量化表格；以及对研究问题调研生成的文字叙述和描述材料等。第三个要点是用案例资料建立证据链。案例研究是用确凿的证据对研究的问题进行考证，得出结论。案例研究者在引用证据时要清楚地说明证据的来源和程序，证据收集的场景和时间。案例的资料要把研究的问题和结论逻辑地连接起来。

（四）资料分析

与许多定量研究方法不同，案例研究的资料分析没有特殊的程序或规则，它常常被认为是与资料搜集同步进行的。但是在对案例资料分析之前，首先应该明确两个问题：要分析什么？为什么要对此进行分析？所以在资料分析之前我们应该就此制定一个分析策略。而我们常用的分析方法有两种：类型匹配和时间序列。类型匹配可以分成三个步骤：一是在案例资料分析前建立一个变量间关系的理论预测模型或类型；二是由资料的分析建立一个经验性或实证性的类型；三是将经验性的类型与理论预测类型进行比较。时间序列分析是对一段时间内的相关事件进行跟踪，描述事件是如何发生的，分析事件变化的原因。时间序列分析的关键是确定具体的历时追踪的指标、时间跨度，得到资料收集和分析的框架。在前期的资料搜集和资料分析时，我们会产生或者发现一些临时的假设，而这些假设也可以引导我们进行下一步的资料搜集与分析。而在资料搜集的过程当中，我们应该注意将资料进行分类，从而在后期案例研究呈现上达到一目了然的效果。

（五）撰写案例研究报告

撰写案例研究报告的目的是要通过对现实中复杂问题的描述和解释，让读者获得亲身体验般的经历。因此，报告中的数据必须是读者能在现实中接触到的，报告中的解释是读者能在现实中体验到的，报告中的结论是读者能在现实的情景中应用的。案例研究报告的撰写既可依照传统调查研究的"问题、方法、发现和结论"的惯用方式，又可运用非传统的方法，有些个案研究报告适于按年代顺序组织，而一些与现实状况比较的个案研究，可以从事物相互关系的角度入手撰写报告。这里需要强调的只是研究者必须考虑报告读者的特性，案例研究成果的表述形式具有很大程度的灵活性，并不存在标准或统一的报告格式。但在社会科学研究领域，常常会使用与案例研究过程相匹配的格式。

案例的研究报告一般比较长。描述和解释两者之间的平衡是研究报告书写的关键。大致说来研究报告包括：1）特别的描述，即引用数据中的资料等；2）一般的描述，即论述引用的资料是否具有代表性、与其他的数据是否相关，以及对所有的数据进行概括性的描述；3）描述的解释，对以上两种描述进行解释和归纳，并得出结论。有专家提出了研究报告的两种主要写作风格：分析性和反射性。分析性是一种客观的写作风格，在分析性报告中研究者的声音受到禁止或降至最低，其格式包括研究介绍、文献综述、研究方法、研究结果和讨论。反射性报告中研究者的声音能被清楚地听到，研究者常常把案例编成故事，然后展开论述。常用的反射性报告中呈现数据的方法有：按事件顺序对事件进行描述；叙述一个关键事件；根据研究参与者不同的观点对事件进行描述；叙述研究参与者的生活经历。在报告定稿之前，研究者最好能让一些有代表性的读者对报告提出一些意见，并据此做出修改。

四、案例研究法的局限性

（一）容易忽略理论对于案例研究的重要性

就像前文中讲到，案例研究有一个误区就是通常情况下很多研究者认为案例研究只是反映实际现象，不需要理论的指导。但是如果研究只是凭借经验去搜集、整理所得到的案例资料，只会停止于表面现象的研究上，在随后的研究中不能保证研究思路的正确性，在对案例进行分析的时候容易偏离案例研究的目的。理论是研究的目的，同时又指导了对案例材料的分析。①

（二）对于发现进行归纳存在困难性

案例研究方法中一个经常被提到的局限是对发现进行归纳的困难性。Yin 认

---

① 孙海法、刘运国、方琳：《案例研究的方法论》，《科研管理》，2004 年第 25 期，第 107－112 页。

为案例研究的归纳不是统计性的而是分析性的，这必定使归纳带有一定的随意性和主观性。Stake 将案例研究归纳的特点描述为“自然的”，也就是案例研究的情景要与人们的经验相一致，案例研究的发现也必须能与人们的经验产生共鸣，使读者更容易理解案例研究考察的现象。一般认为，现象的本质是衡量归纳效果的标准，研究者应该根据一个案例能代表多大数量的群体而做出合理的归纳。

归纳的另外一个问题是案例研究也许会简化或夸大一个情景，使读者曲解了事物真实的状态。通过有技巧的数据搜集、分析和报告能减少这种情况出现的可能性。另外，研究者使用定量的描述也会夸大归纳的普遍性，因此要尽量避免提出一些列举性的问题，比如：“有多经常”、“有多少”、“多数人怎样答”等，因为这些问题都是定性的数据难以回答的。

大部分学者认为使用多个案例可以强化或拓宽案例研究中的分析性归纳。在多案例的实证研究中，案例的数目依赖于要求重复的次数，而重复的次数则依据于对结论确定性的要求，案例的数目越多，结论的确定性就越强。如果对立的主张与正面的主张差异明显，一般使用两三个案例就已经足够。如果对立的主张与正面的主张很难确定哪一个更可靠，研究的目的又要求较高的确定性，那么五六个或更多重复的案例会比较适合。

五、案例研究法的运用

从具体的研究策略看，案例研究是本书为了归纳和构建理论采取的主要研究策略。通过案例研究对所选择的例子、事件和它们的过程进行集中研究。本书研究的主题是我国区域职业教育发展模式，开展这项研究要紧的是，把案例放到其自然设置即它具体的发展背景和所处的社会现实中进行观察和研究。因此须要使用对具体案例进行定性的基于实际的分析和构建，即从一些案例中挖掘足够的信息来描述和解释它们的独特特征，通过系统方式的比较，从不同的角度来探索我们的研究问题。在案例选择上，根据笔者的条件，最好选择多个具有一定研究意义和借鉴价值的案例进行比较研究，按照规模从大到小、行政级别序列从高到低，案例依次有省、市、县（市）、职业院校，对这些案例的分析也不追求面面俱到，而是聚焦于其最近几年的重点工作。本书涉及的案例分别是长江三角洲地区、江苏省、贵州省、常州市、宜兴市、慈溪市和三所职业院校。在研究过程中充分利用有效资源进行调研、访谈等以获得一手资料，还通过历史材料、已有研究报告、统计年鉴、政府公报、网站以及期刊文章等二手资料的搜集和分析，从而对具体案例进行较为深入的分析，全面了解和反映案例的不同方面，呈现区域职业教育发展模式改革与创新的过程、机制、动力，构建更加完整的理论框架，得出更加完善、准确、有指导性的结论，从而为中国职业教育今后的发展提供有效借鉴。

第四章

模式创新与区域职业教育发展

在经济、政治、文化、军事、历史等因素的影响下，一个国家之内形成了各种各样的区域。教育作为区域发展系统中的一个重要组成部分，既有依赖于区域的一方面，也有独立于区域而发展的一方面，前者是教育的地方性，后者是教育的非地方性。不同类型的教育在由地方性和非地方性作为两极构成的光谱中的位置是不同的，基础教育偏向于非地方性一端，而职业教育偏向于地方性一端。作为服务地方经济发展的职业教育，必须注重区域内发展模式的创新，从而彰显其特色。

一、创新的特征

1. 新颖性与独创性。这是其最本质的特征，突破原有的框框和束缚，力求探索新的思路，运用新的思维方法，更深入地揭示事物的本质属性，寻找新事物、新形态与旧事物、旧形态之间的差异，在“异中求同，同中求异”中产生新的质疑，找到新的发现，提出新的创见，实现新的突破，得出与以往不同的结论。创新是解决前人所没有解决的问题，不是模仿、再造，而是继承中又有了新的突破，因而其成果必然是新颖的，其中必有过去所没有的新的因素或成分。①

2. 创造性与灵活性。创新是多种复杂的创造性活动，凭借创新思维，不囿于固定不变的思维模式和方法，所产生的创新实践不局限于某种现成的工作程序和方法，其思维框架、实践模式常变常新。这种创造性，一是体现在新技术、新产品、新工艺的显著变化上；二是体现在组织机构、制度、经营和管理方式的创新上，这种创新的特点是打破常规、适应规律、敢走新路、勇于探索。创造性最本质的属性是敢于进行新的尝试，它包括新的设想、新的实验、新的举措等。②

3. 长期性与科学性。任何创新活动都必须遵循客观规律，符合客观实际，

① 邱云桥：《创新的概念》，《四川农机》，2001 年第 4 期，第 24 页。

② 邱云桥：《创新的概念》，《四川农机》，2001 年第 4 期，第 24 页。

经得住实践检验，具有令人信服的科学性。创新的形成是一个漫长的过程，须要经历从构思到反复尝试到全面应用等阶段。

4. 变革性与价值取向性。从创新的实质来看，都带有变革性，往往是变革旧事物的产物。《易经》中说："穷则变，变则通。"这个由"变"到"通"的过程，就是创造和革新的过程。不破不立，破"旧"才能立"新"，推"陈"才能出"新"，这些都是指对旧事物的变革，变革也是在一定的价值取向下进行，价值是客体满足主体需要的属性，是主体根据自身需要对客体所做的评价，创新的目的性使创新活动必然有自己的价值取向，创新活动的成果满足主体需要的程度越大，价值越大，一般而言，有社会价值的成果，将有利于社会的进步。

二、创新的内容

创新的内容十分广泛，大体可分为观念创新、知识创新、技术创新、体制创新等。

1. 观念创新。观念创新是一切创新的先导，也是企业实现现代化的基础。因此，我们必须运用新的观念、新的思维方式去研究企业中的现实问题，进而找到解决问题的新途径，创造出新的成果，开拓出新的局面。同时，观念创新旨在使我们能够果断地抛弃陈腐观念，创造和运用体现时代进步的新思想，去指导各组织的生产经营管理活动。

2. 知识创新。知识创新是知识经济时代研究的重点。在工业经济时期，创新主要表现为技术创新；在知识经济时代，创新则表现为知识创新。知识创新的目的是追求新发现、探索新规律、创立新学说、积累新知识，并应用到产品(服务)中去，以促进企业获得成功、人们生活得到改善、国民经济实力得到增强、社会取得进步。

3. 技术创新。技术创新过程是以新产生的技术思想为起点，以新技术思想首次商业化为终点的过程。商业化的基本思路是以市场为导向，以产品为龙头，以新技术开发应用为手段，以提高企业经济效益、增强市场竞争能力和培育新的经济增长点为目标，重视市场机会与技术机会的结合，通过新技术的开发应用带动企业或整个行业生产要素的优化配置，以有限的增量资产，带动存量资产的优化配置。

4. 体制创新。体制是随着经济发展而发生变化的，同样，企业体制的发展与整个社会经济体制紧密相连，体制是决定企业发展的重要因素。所谓体制创新，就是要改变原有的企业体制，塑造适应社会生产力发展的市场经济体制和现代化大生产要求的新的微观基础，建立起产权清晰、权责明确、政企分开、管理科学的现代企业制度。体制创新意味着对原有企业体制的否定，而不是在原有体制上的修修补补，体制创新必然经历一个破旧立新的过程。

三、区域职业教育发展模式创新的内涵

区域发展的实质是区域经济产业发展，区域竞争是以人才竞争为核心内容的一场博弈。在区域竞争中，人才资源是一个国家或地区发展最重要的战略资源，人才竞争力是构成区域竞争力的核心资源要素组成部分，在竞争中越来越具有决定性的意义。而区域职业教育是人才培养不可或缺的重要组成部分，它可以为区域产业发展提供必需的高技能实用技术人才。

在前面的章节中我们已经阐明了“区域”、“模式”、“模式创新”、“区域职业教育发展模式”以及“创新”的内涵、特征等，那么究竟怎么来理解“区域职业教育发展模式创新”的内涵及其结构呢？

（一）区域职业教育发展模式创新的内涵

区域之间由于自然条件、经济基础、产业结构、技术结构以及区域在全国范围内条件的差异所形成的各自的禀赋特征，成为决定和规划职业教育发展规模、层次、类型的主要依据，当然也就成为制约区域职业教育发展模式创新的重要因素。在我国，区域差异所形成的二元经济结构不仅表现在经济、社会结构和地理位置上，也表现在区域职业教育发展模式的选择和创新上。区域职业教育发展模式的选择和创新，既不能脱离区域经济特征及其发展水平，也不能脱离区域职业教育自身的条件。只有整体规划、因地制宜，充分利用区域内的自然资源、经济资源和教育资源，发挥区域优势，建立与区域经济发展要求相适应的职业教育发展模式，才能促进区域经济社会的发展，才能使职业教育发展健康，也即实现区域经济社会与职业教育发展的“双赢”。

区域职业教育发展模式创新，在很大程度上是与区域经济的“极化效应”①所形成的区域创新经济体系息息相关的。区域经济极化效应是指政策聚集、资源聚集、产业聚集、人才聚集、人口聚集。正是这种效应促进了区域经济体系的不断创新，而区域经济体系也正在引发区域职业教育发展模式的创新。具体地说，政策聚集为区域职业教育的发展和定位明确了方向，无论是国家性的宏观政策，还是区域地方政府的微观政策，无疑都是将职业教育放在地方经济社会发展的战略地位，为职业教育的发展和模式创新提供政策支持。区域产业要素资源同质聚集为区域职业教育的特色定位和模式创新提供坐标系。人才聚集提供了区域职业教育的办学功能，人口聚集为区域职业教育提供广阔的市场，一句话，人才资源聚集和人口资源聚集为区域职业教育的可持续发展、模式创新提供了

---

① 章永刚：《区域创新经济体系与高职教育发展——以无锡区域为例》，《中国职业技术教育》，2010年第33期，第31－34页。

市场导向。可以说,区域职业教育发展模式要实现创新,就要紧紧围绕地方经济发展和产业转型,切实依靠地方政府的统筹管理和政策支持,整合优势资源形成集约化和特色化的发展模式。目前,我国区域职业教育发展模式创新的典型代表主要包括:职教园区模式、职教集团模式、行业协会模式、定岗双元模式、城(市)校互动模式、区域品牌化发展模式、政产学研合作模式,等等。

(二) 区域职业教育发展模式创新的结构

从系统观点来看,系统功能的发挥不仅受制于各要素的功能,更取决于要素之间的联系,即系统结构。① 所谓结构,就是系统要素之间的"相互联系、相互作用,以及这种关系的空间表现"②。区域职业教育,作为教育大系统的一个子系统,同时也作为一个功能体,其发展模式创新包括多种构成要素,这些构成要素从宏观上来说,包括理念层、主体层、制度层、物质层和行为层;微观上主要是指一个学校的发展模式创新结构,包括专业结构、课程结构、办学模式、人才培养模式等。无论是宏观结构还是微观结构,都以实现如下功能为目标:一是经济(生产力)功能。促进劳动力再生产,提高劳动生产率,促进科技成果转化。二是政治或社会功能。促进社会政治化,发挥教育筛选功能。三是文化功能。促进生产方式、生活方式和社区文化的现代化。四是促进人的全面发展的功能,为人的个性发展创造条件。接下来笔者将具体阐述区域职业教育发展模式创新的结构。

1. 宏观方面的区域职业教育发展模式创新的结构。区域职业教育发展模式创新的结构,从宏观上来说,是指在区域系统中的定位结构,主要包括理念层、主体层、制度层、物质层和行为层,而且这些要素之间存在多样化和多元化的关系,这些要素之间内在的有机联系和协同配合共同决定了宏观上的区域职业教育发展模式创新的结构。

(1) 理念层。理念是人们对于实践活动的理性认识、理想追求及其所形成的思想观念和哲学观点,是主体在实践、思维活动中形成的价值取向与追求,是一种具有稳定性、延续性和指向性的观念体系。③ 创新理念是区域职业教育发展模式创新实践过程中,以持续发展为核心的一种占统摄地位的价值观念和思维方式,其突出特征是引导和控制创新主体的价值观和行为,促使职业教育正确发展与合理演化。从本质上讲,创新理念是创新实践内在逻辑的集中体现,着重强调区域创新实践活动的价值问题。由于创新理念内含目标性和价值性的意

---

① 王为东:《结构功能理论视角下职业教育改革试验区制度创新反思——以河南省为例》,《职业技术教育》,2012 年第 19 期,第 44 - 48 页。

② 张华荣:《科学思维方法论》,海风出版社,2001 年,第 116 页。

③ 春华伟:《从理念到高等教育理念的哲学思考》,《中北大学学报(社会科学版)》,2004 年第 3 期,第 43 页。

蕴,因而也被置于战略指导的层面,它将人们的视野更加集中在创新实践过程中的根本问题上,并促进人们意识到提高解决创新实践问题能力的重要性。创新理念包括创新管理理念和创新经营理念,管理理念是指导区域职业教育发展模式创新计划制订、组织实施、领导开展和控制评价的理念;经营理念是指合理配置、组合与优化各种有利于区域职业教育发展模式创新资源的理念。相比较而言,管理理念注重创新过程的顺利开展和创新目标的实现,经营理念注重创新过程各种资源的最优化利用。区域职业教育发展模式创新主体既要树立正确的创新管理理念,也要努力形成自己独特的创新经营理念,实现管理理念与经营理念的相互促进与整体提升,从而从根本上实现区域职业教育发展模式创新的理念升华。

(2)主体层。创新主体是区域职业教育发展模式创新实践的发起者、参与者和评价者,没有创新主体就不可能有区域职业教育发展模式创新的实践。随着区域职业教育发展模式创新实践的递次深入,创新主体不断趋于丰富化和稳定化,逐渐形成了以政府、行业(企业)、职业学校、受教者及家长等为核心的主体群。

政府作为一个政治体系,是特定行政区域内制定、执行相关法律、规章制度并实施管理的行政机构。政府也有助于区域职业教育发展模式创新实践活动的开展,它不仅能够为其提供政策、制度倾斜,也能够为区域职业教育发展模式创新提供资金、技术支持,是推动区域职业教育发展模式创新运作的重要动力。行业企业是区域职业教育发展模式创新的重要主体,也是职业教育发展模式创新的服务对象和试金石,对区域职业教育发展模式创新起着重要的作用。行业企业在顺应政府经济和产业规划的同时,参与制订人才培养(培训)计划,积极参与产教结合,切实遵守职业资格准入制度等,深度参与区域职业教育发展模式创新的过程,并充分发挥其优势为其提供便利和各种支持。职业学校等职业教育类机构,作为职业教育活动的重要承载者,在区域职业教育发展模式创新中的作用主要是扩容和增效。扩容表现为鼓励社会力量开办职业教育和争取企业行业参与职业学校办学,增效就是通过培养模式的改革和质量、能力的提升实现职业学校办学效益的增加。受教育者与家长,是区域职业教育发展模式创新不可忽视的主体。目前还存在很多家长与受教育者对职业教育不信任甚至是鄙薄的现象,那么,要实现区域职业教育发展模式创新,必须要重视受教育者及其家长这一主体,从树立正确的职业观、人才观、教育观及增强职业教育吸引力两方面改变他们对职业教育的观念,明确其主体地位,使受教育者及其家长认清经济社会发展趋势,改变鄙薄职业教育的落后观念,提高职业教育参与率。

(3)制度层。按照道格拉斯·诺斯的理解,制度是社会的游戏规则,是人们专门设计的用来塑造人类相互作用关系的各种正式和非正式的约束。在此基础上,有学者又进一步将制度分为正式制度和非正式制度,其中正式制度是制度的规则制度,政府拥有强制的执行权,包括法律、规章和规则;非正式制度包括规范、文化和伦理。① 据此,我们可以将区域职业教育发展模式创新的制度分为正式制度和非正式制度。正式制度是区域职业教育发展模式创新存在、运作的基础,也是区域职业教育发展模式持续发展、演化的根本条件;非正式制度是区域职业教育发展模式创新实现既定目标、完成预设任务的重要保证。区域职业教育创新制度通过规范和约束主体的创新思想、行为,来实现对整个区域职业教育发展模式创新运作的协调与整合作用。区域职业教育发展模式创新的过程是一个具有复杂性和动变性的过程,要求构建一个更为完善和全面的区域职业教育发展模式创新制度,政府、职业教育机构等的管理者必须从实践要求的维度对其制度进行适时调整,进而为区域职业教育发展模式创新提供有力支持。在区域职业教育发展模式创新过程中,外部环境的不断变化也要求创新主体必须密切关注环境因素的影响,合理构建预防外部环境风险等机制,这种机制不仅强调运作的效率、效益,更需要创新管理制度的支撑。因此,内外环境的不断变化都要求创新主体必须建立、完善和调整创新管理制度。当然,制度层的制度设计、制度安排等都是区域职业教育发展模式创新的重要支撑。

（4）物质层。技术方案、工艺流程及所依附的设备等要素的创新对于区域创新职业教育发展模式具有基础性作用,它是创新主体积极性和能动性有效发挥的载体,是区域职业教育发展模式创新理念向区域职业教育发展模式创新行为转化的物质条件。如果没有合理的创新技术方案、科学的工艺流程和完善的设备、基地,区域职业教育发展模式创新就会严重受限,实现区域职业教育的可持续发展就会成为一句空话。一般而言,创新技术方案、工艺流程的确定,相关设备的选定、基地的建设,主要是基于区域职业教育发展模式创新要求,按照其目标,结合区域职业教育发展模式创新主体情况来进行的。首先,区域职业教育发展模式创新主体要及时发布有关创新的技术方案和工艺流程设计、选定和进展的信息,接受社会行业企业的监督、意见和反馈;其次,区域职业教育发展模式创新主体要对每一个技术方案、工艺流程进行优势、劣势、机遇和威胁四个维度的分析(SWOT),合理对比不同技术方案、工艺流程之间的优缺点,择优选择其中的一种或者几种来加以实施;再次,区域职业教育发展模式创新主体还要全面掌握各种创新技术方案、工艺流程之间的关系,系统了解技术方案、工艺流程与设备基地之间的结合水平,防止由于三者关系不协调而带来的功能妨害、利益冲

① 孙卫、唐树岚、管晓岩:《基于制度的战略观:战略理论的新发展》,《科研管理》,2008 年第 2 期,第 15 页。

突。随着区域职业教育发展模式创新实践的深入开展,人们会越来越发现创新技术方案、工艺流程和设备的选择、基地的建设在区域职业教育发展模式创新过程中的作用,区域职业教育发展模式创新的价值地位要求创新主体必须合理选择、优化区域职业教育发展模式创新的物质层。

(5) 行为层。从某种意义上讲,行为层是区域职业教育发展模式创新的结果,是创新主体与创新制度、创新技术方案等相互结合、催化互动的直接反映,也是区域职业教育发展模式创新适应环境变化的集中体现。区域职业教育发展模式创新的基本功能就是促进区域职业教育的可持续发展,进而促进区域经济社会的可持续发展及区域竞争优势的形成。行为层作为区域职业教育发展模式创新的结构之一,包括区域职业教育发展模式创新是如何实施的,实施的效果如何,有哪些是值得借鉴的,哪些还需要进一步改进等方面内容。区域职业教育发展模式创新是在立足区域经济社会发展的战略高度、结合区域职业教育发展的实际情况的基础上进行的创新,因此,创新区域职业教育发展模式,必须要有正确的发展理念的引导,有一定制度和物质结构的支持,充分发挥创新主体的积极性和主动性,借助各种有效的手段,切实有效地实施模式创新,这样才能够实现区域职业教育的可持续发展,为区域经济社会的发展提供更多的智力和人力支持。

2. 微观方面的区域职业教育发展模式创新的结构。区域职业教育发展模式创新从微观上来说,是指区域职业教育自身有关办学的各种结构的优化组合,在这里主要包括办学模式、人才培养模式、专业结构、课程结构、组织管理结构等,在本书中,笔者将着重介绍办学模式、人才培养模式、专业结构和课程结构。

(1) 办学模式。办学模式创新是区域职业教育自身发展模式创新的核心内容。为了构建现代职业教育体系,教育部于 2010 年 12 月 12 日公布了一批改革职业教育办学模式的试点地区①,旨在通过改革职业教育办学模式,进一步提高我国职业教育的质量。由此可见办学模式改革的重要性和迫切性。对于职业院校或职业教育培训机构来说,坚持什么样的办学理念、坚持什么样的办学思想、坚持什么样的办学方式等才能与区域经济社会发展相适应,都是办学模式创新必须考虑的重要方面。随着经济体制改革的不断深入,以及梯度推进的经济发展战略思想的贯彻,区域经济的迅速发展,职业教育受其影响和制约,也正在形成与区域经济、社会发展相适应的新格局。因此,区域职业院校必须及时调整和创新职业教育的办学模式,以适应区域经济社会的发展,以此换得自身的可持续发展。

---

① 教育部公布一批改革职业教育办学模式试点地区。新华网,2010 年 12 月 13 日。

首先是充分重视区域的机遇和影响。区域经济和社会给区域职业教育可持续发展带来了机遇和挑战。职业教育是现代教育的重要组成部分,也是与经济建设、劳动就业和社会发展联系得最直接、最紧密的教育。职业教育的最大特点是其区域性或地方性,培养的人才也主要是为地方经济建设和社会发展服务。区域经济学认为,这一类人才基本上是一种地区性的生产投入要素。因此发达的区域经济离不开发达的区域职业教育,职业教育的地方性决定了职业教育走"区域发展道路"的必然性。另外,由于区域经济发展的非均衡性普遍存在,与此相适应,职业教育也不同程度地存在着区域差异。在这种区域经济与职业教育非均衡发展的大背景下,职业教育的发展战略应侧重于区域化,即以区域经济为依托,融入区域经济社会发展之中,利用区域优势,抓住区域机遇,谋求职业教育的区域化发展。因此,职业院校必须及时调整和变革自身的办学模式,主动构建与区域经济和社会相适应的职业教育办学模式。

其次是不断调整职业院校的发展定位。职业教育要为我国走新型工业化道路、调整经济结构和转变增长方式服务。要实施国家技术技能型人才培养培训工程,加快生产、服务、管理等一线急需的技术技能型人才的培养,特别是现代制造业、现代服务业紧缺的高素质高技能专门人才的培养。因此,职业院校要明确职业教育的根本任务,即培养适应现代化建设需要的高技能专门人才和高素质劳动者,要根据区域需求重新定位自己的办学目标。

办学目标是办学模式的根本,也是办学模式其余要素运行的基石和指导。办学目标不是固定不变的,而是随着时间的推移而改变,随着组织环境和组织资源的变化而做出调整。当前,我国职业教育在办学目标定位方面的确存在亟待解决的问题。比如,不少职业院校在规模定位上,存在越大越好的倾向;在类型定位上,重普高升学轻职教就业;在人才定位上,重学术型轻应用型;在层次定位上层层攀高;在专业定位上,求多求全,等等。产生这些问题的原因主要是对学校组织环境和组织资源没有做出正确的分析和恰当的调整。

目前,我国已基本形成了以大中城市为中心、城市带动农村、城乡互补协作发展的格局。市(地)一级大都具有相当的经济规模,地域范围大小适中,一、二、三产业并存,区域经济和社会发展对实用性人才的需求大、层次多。职业院校只有主动适应区域经济建设和社会发展的需要,认真研究学校的性质特点、服务面向和办学特色,找准在区域经济和行业发展及其在终身教育体系中所处的位置,合理确定学校的办学方向和发展定位,坚持以区域经济建设和生产一线需求为根本,才能促进职业教育与区域经济发展紧密结合,形成职业教育与区域经济发展良性互动的局面,实现职业教育的合理布局和资源的优化配置,办出区域职业教育的特色。例如,湖北省职业院校通过"大学—县乡合作计划"、"中专—

乡镇合作计划”、“乡镇城校—村组合作计划”的实施，努力做到在培养目标上同企业保持一致，在专业设置上同经济发展(调整)同步，在办学过程中同企业或市场挂钩，带动了“一乡一业”“一村一品”区域经济的形成，促进了农村产业结构调整，推动了地方“特色农业的规模化发展”。

再次是紧紧抓住职业院校办学的根本。专业设置是职业院校办学的根本，它不仅是职业教育为区域经济发展服务的具体体现，也是职业教育适应经济社会需求，保证人才培养适销对路的关键环节。根据区域经济和社会发展的实际需要和产业结构特点，深入社会、行业企业做好细致的调研工作，掌握第一手资料，对于合理调整专业设置，优化专业结构具有不可替代的作用。因此，在为区域经济社会发展服务的办学过程中，职业院校必须根据区域需要及时调整教学内容和手段，在促进区域经济和社会发展的同时，加强区域职业院校和区域经济、社会之间信息、知识和资源的双向流动，使职业院校的专业设置根据外部经济社会发展的要求不断地调整与变革。

职业院校如果不深入研究当地经济发展的需要，没有立足当地实际，培养的人才就很难与当地的产业结构和经济发展阶段紧密结合起来，更别说培养的学生“适销对路”了。因此职业院校必须立足区域经济和社会发展实际、顺应市场需求，致力于培养学生的职业技能，为区域经济建设输送合格人才。

最后是全力激活政(政府)、产(产业界)、校(职业学校)之间的互动。职业教育的办学方式是多种多样的，有学历教育和非学历教育，有全日制教育和部分时间制教育，有职前教育和职后培训，有产教结合和校企合作，有“工学结合”和“半工半读”，等等。职业学校的办学方式不是固定不变的，它随着环境的变化而变化，随着时代的发展而发展，关键是职业院校如何融入社区、贴近社会、适应市场，激活职业院校—产业界—政府之间的互动，实行多样、灵活、开放的办学方式，办好人民满意的职业教育。

职业教育和产业界两个相对独立的领域，各有明确的职责范围，都承担社会赋予各自的任务，比如职业教育以培养人才为主，产业界以发展生产、制造产品为主，现在应该是改变这种“各自为政、不相往来”的状况的时候了。其实，在一些职业教育发展较快的地方，已经形成了多种形式的把职业教育和产业界联合起来的职业教育集团，并由此带动了区域经济的发展。如江苏省在推进集约化办学、建设职教集团方面就做了很多尝试：一是建设职教园区，实行一区多校、优势互补、资源共享、学分互认、教师互聘、共同培养；二是组建专业性职教集团，以骨干职业学校为龙头，与行业、企业合作，组建了农林、建筑、现代服务业等 6 个专业性职教集团，覆盖 300 多家企业、105 所学校和 20 多万学生；三是扩大区域优质资源，打破部门、行业界限，撤销、合并中等职业学校 300 多所，校均在校生规模扩大到1 930 人，其中 100 所重点建设的职教中心平均在校生规模达到3 200人。同时，政府在职业院校和产业界这两个领域中的作用正在向两个截然相反的方向发生变化。一方面，政府不仅要求职业院校“进一步深化教育教学改革”，而且还要求职业院校“大力推行工学结合、校企合作的培养模式”。另一方面，政府也在改变与产业界的关系，不仅要求“企业要强化职工培训，提高职工素质”，而且还要求“企业有责任接受职业院校学生实习和教师实践”。在职业教育的政策制定和实施上，政府正承担起领导、指明方向、协调、支援和质量保障的任务。实践证明，在各地区、各校职教办学水平参差不齐的现阶段，这些做法在一定程度上激活了职业院校—产业界—政府之间的互动关系，不仅为职业教育资源的合理配置提供了一种新的途径，推动了区域经济和社会的和谐快速发展，而且也调动了职业院校的办学积极性，提高了师资设备设施的利用率，加速了职业院校的改革和发展。

（2）人才培养模式。所谓人才培养模式，是指学校和用人单位根据教育目标共同确定的培养目标、教学内容、培养方式和保障机制的总和。职业教育的人才培养模式应包括三个方面的内容：1）目标体系，主要是指培养目标及规格；2）内容方式体系，主要是指教学内容、教学方法与手段、培养途径等；3）保障体系，主要是指教师队伍、教学资源、教学管理和教学评价等。区域职业教育培养的技术技能型人才主要是面向区域的行业企业，所以其培养目标、培养内容必须要符合行业企业的需求。从职业教育较为发达的国家的经验来看，正如第二章中所述，目前国际上流行的职业教育人才培养模式主要有三种：一是以德国为代表的“双元制”模式，二是以加拿大、美国为代表的 CBE 模式，三是以澳大利亚为代表的 TAFE 模式。这三种人才培养模式虽然各有差异，但有一个共同点，就是注重职业学校与企业的沟通与合作。区域职业教育学习和借鉴国外先进的职业教育经验，就是为了加强职业院校与企业的合作，推进人才培养模式改革向纵深发展。

对于区域职业教育而言，区域经济对人力资源的需求是人才培养模式创新的原动力，区域经济发展水平直接决定着职业教育人才培养的目标、规格、教学内容和手段，区域教育体制对区域职业教育人才培养模式创新同样起着主导和规范作用，而区域的文化传统对职业教育也存在影响，主要存在于价值观、教育观、人才观等思想活动中，对教育改革起推动或阻碍、加速或延缓，以及影响改革过程中方式、方法的选择等作用。① 创新人才培养模式，须要解决几个关键性的问题：一是转变教育观念。推进职业教育人才培养模式创新，教育观念是首要问

---

① 刘献君、吴洪富：《人才培养模式改革的内涵、制约与出路》，《中国高等教育》，2009 年第 12 期，第10－13 页。

题。职业学校或者职业培训机构都要树立牢固的市场观,重视人才培养的质量、品牌等,使培养出来的毕业生适应劳动市场的用人标准;要树立能力本位的教学观,职业教育的专业教学,必须建立在职业属性的基础之上,反映专业的培养目标必须符合职业岗位对知识、技能、态度的要求,教学过程要以该专业所对应的典型工作过程为导向,也就是说要形成以作业流程为导向的模块式课程体系。要树立人人可以成才的学生观。职业院校学生在某一时期的学习成绩不是那么出类拔萃,但这不意味着他们是差生,他们在另外一些方面可能表现得特别优秀,完全有可能成为对社会有用的人才。二是要加强师资队伍建设。创新人才培养模式,师资队伍是关键。在职业学校中,师资队伍水平对于人才培养来说至关重要,是一所学校培养人才的重要决定因素。三是加强实习实训条件的建设。实习实训设施设备是实现人才培养模式创新的基本条件。在职业学校中,实习实训是人才培养过程中的重要环节,是培养职业学校学生专业技能的基本模式。因此,加强实习实训基地的建设,配备先进的实习实训设备,对于培养社会所需要的职业教育人才的重要性不言而喻。

(3) 专业结构。专业结构,是指各级各类职业学校各种具体的学科专业(种类、规模和质量内涵)所构成的比例关系和组成方式。专业结构与区域布局是否合理,关系到区域职业教育发展模式创新,关系到职业教育体系能否与区域经济发展有效融合,能否与区域产业结构合理对接以及能否有效促进区域经济社会发展。专业结构的创新,目标是使区域职业教育服务区域建设、服务产业优化升级,在专业结构的规模上,要形成面向一、二、三产业的专业结构体系,为区域不同产业提供数量不等、素质较高的劳动者和管理者;在专业结构的比例上,要瞄准区域一、二、三产业结构的动态调整,专业结构的创新要能与区域的支柱产业、特色产业、新能源产业等的发展相适应;在专业结构的能级上,要适应区域产业调整和技术提升的要求,也就是说,专业能级与产业能级的层次要能完全对应。

创新区域职业教育发展模式,对于促进区域经济发展具有重要的战略意义,专业结构作为区域职业教育发展模式创新结构中的微观要素之一,所起的作用也是不容忽视的。实现了专业结构的创新,也就实现了区域职业教育发展模式创新的关键一步。因此,要实现专业结构的创新,关键在于提高专业结构与产业结构的吻合度。不同区域可以根据自身发展的条件,调动各个主体的积极性和主动性,采用适合自身发展的策略促进区域职业教育专业结构的创新。例如,江苏省海安县就集合自身产业发展的实际情况,以及职业教育发展的现状,通过规划对接(理念先导、思路确立、方式抉择)以使专业规划瞄准区域经济发展规划,奠定专业结构和产业结构对接的基础;通过主体对接(政策推动、利益拉动)来推动专业结构与产业结构的有效对接;通过信息沟通来提升专业结构与产业结构对接的吻合度。

(4) 课程结构。所谓课程结构,是指职业院校各类课程所占的比例和地位。课程结构是区域职业教育发展模式的重要组成部分,同样,创新课程结构也是区域职业教育发展模式创新结构的重要部分。传统的职业教育课程结构的建构是按照"基础理论课程"—"专业理论课程"—"专业实践课程"的设计框架来进行的,这种设计框架在一定程度上制约了职业教育人才培养的质量,没有很好地体现出职业教育的职业性、社会性和特殊性。创新职业教育发展模式就必须打破这种传统结构,以科技的发展趋势为导向、以学生的发展需要为根本、以技术技能的培养为核心、以实际技能的提高为重点,根据区域社会发展的需求,根据行业(企业)的用人标准以及岗位要求,创新设计新的课程结构。笔者认为,创新课程结构,可以包括四个模块:1) 综合素质教育模块。这个模块主要是针对学生进行爱国主义思想、职业道德、敬业精神、创新精神、团队精神和自身修养的教育,其中可以设置相应的课程,如"政治理论与时事教育"、"人文艺术与道德修养"、"创业方法与创业精神"、"企业文化与职业发展"等。2) 专业技能理论模块。这个模块是区域职业教育基本课程体系中技能教育的理论部分,由核心课程群、技术基础课程群、基础课程群组成。3) 实践技能培训模块。这一模块由基本单项技能的学生训练课(模拟课)和综合技能与知识的运用训练课(实战课)两个部分构成,其中,单项技能的学生训练课既是对所学专业技能的实践熟悉环节,又是进行实战性的综合技能与知识运用训练的预备环节。4) 附加课程模块。这个模块的设置体现了现代教育"以人为本"、"个性化服务"的理念,为不同背景、不同特长、不同发展需求的学生安排人性化的学习内容。它由理论附加课、技能附加课和发展提高课三个部分组成。

四、区域职业教育发展模式创新的制度安排

一如前述,制度通常被定义为一套行为规则,它们被用于支配特定的行为模式与相互关系;一个组织则被看作是一个决策单位,由它来实施对资源的控制,即由这个组织进行制度创新,被用于指一种特定组织的行为的变化;这一组织与其环境之间的相互关系的变化;在一种组织的环境中支配行为与相互关系的规则的变化。制度在整个经济社会的发展过程中占据着举足轻重的地位,区域职业教育发展面临的现状要求相关主体进行合理的制度安排。

(一) 制度安排的概念

制度是经济发展中能把土地、劳动、资本和技术等经济发展要素有机结合起来的一种主导性框架因素,所以,制度因素在经济发展中至关重要。美国制度经

济学家道格拉斯·C. 诺思说道："制度提供了人类相互影响的框架，它们建立了构成一个社会，或确切地说一种经济秩序的合作与竞争关系。"制度旨在约束和激励主体福利和效用最大化利益的个人行为，诺思认为制度提供的一系列规则由社会认可的非正式约束（制度）、国家规定的正式约束（制度）和实施机制三部分构成，正式制度和非正式制度都是一种制度安排，都对经济活动主体的行为起到激励和约束作用，制度包括制度环境和制度安排两个层次。①

诺思对制度环境与制度安排都进行了定义，他认为制度环境就是"一系列用来建立生产、交换和分配基础的基本的政治、社会和法律规则"②。而制度安排是指"支持经济单位之间可能合作与竞争的方式的一种安排，无论以什么形式出现，它都必须具有一些基本的功能"，如提供一种结构使其成员的合作获得一些在结构之外不可获得的追求收入，或提供一种能够影响法律或产权变迁的机制，以改变个人或团体可以合法竞争的方式。③

在诺思对制度安排界定的基础上，我国学者林毅夫认为制度安排是"管束特定行动模型和关系的一套行为规则"。这一说法包括了制度的创造、制度的选择、制度的采用、制度的执行、制度的建设。一般而言，一项制度安排主要包括以下两个功能：一是使其成员能够获得在这种安排结构之外不可能获得的追加收入；二是提供一种能影响产权或法律变迁的机制，以改变个人或团体可以合法竞争的方法。④ 制度安排有正式制度安排和非正式制度安排两种类型，在正式的制度安排中，规则的变动和修改，须要得到受它管束的一群（个）人的准许，即无异议是一个自发的、正式的制度安排变迁的前提条件，因为它的变迁需要创新者花时间与精力去与其他人谈判以达成一致意见。正式的制度如家庭、企业、工会、医院、大学、政府、期货市场，等等。而非正式制度安排中规则的变动与修改完全由个人完成，用不着也不可能由群体行动完成。最初，个别创新者往往被其他人认为是违反了现行规则，只有当这个社会中的大多数人放弃了原来的制度安排并接受新制度安排时，制度安排才会发生变换。价值、意识形态和习惯就是非正式的制度安排的例子。⑤ 另外，制度安排还可以从其他角度进行分类。如从时间的角度可以分为暂时性制度安排和永久性制度安排，从制度实施的主体可以分为团体、个人和政府。⑥

---

① 陈建伟：《论区域经济发展的制度安排效应》，《石家庄学院学报》，2010 年第 4 期，第 17 – 20 页。
② R. 科斯、A. 阿尔钦、D. 诺斯：《财产权利与制度变迁》，刘守英等译，上海三联书店，1991 年，第 270 页。
③ R. 科斯、A. 阿尔钦、D. 诺斯：《财产权利与制度变迁》，刘守英等译，上海三联书店，1991 年，第 270 页。
④ 何自力等：《比较制度经济学》，南开大学出版社，2003 年，第 297 页。
⑤ 林毅夫：《关于制度变迁的经济学理论：诱致性变迁与强制性变迁》。见刘守英等编译：《财产权利与制度变迁》，上海三联书店，1994 年，第 390 – 391 页。
⑥ 涂成林：《自主创新的制度安排》，中央编译出版社，2010 年，第 42 页。

社会选择什么样的职业教育制度供给方式，受制于有着特定偏好和利益的制度设计主体之间的力量对比关系。在中国的集权式政治结构中，政府拥有绝对的政治力量对比优势，而且还拥有很大的资源配置权力，能通过行政、经济和法律的手段在不同程度上约束其他社会行为主体的行为。因而，中国的职业教育制度供给在很大程度上取决于政府的偏好及其效用最大化。回顾中国职业教育制度的历史发展轨迹，可以发现其具有明显的政府主导特征，表现在：1）由政府设置职业教育制度变迁的基本路向和准则；2）政府以职业教育制度供给者的身份，通过法律、法规、政策手段实施职业教育制度供给；3）政府设置职业教育制度进入壁垒，限制微观主体的职业教育制度创新活动；4）政府有选择地放松职业教育制度准入条件，促进地方和微观主体进行职业教育制度创新活动，并提高其规范化和职业教育制度化水平。① 有鉴于此，我们的分析侧重于政府主导作用下的供给、督导与管理等层面的制度安排。

（二）区域职业教育发展模式创新的制度安排

制度安排作为一种制度选择或规则选择，可以包括三个层次，即法律选择规则、政策选择规则、操作规则，区域职业教育发展模式创新作为一种制度性活动，它的正常运行需要相应的制度安排作为外在规范和秩序的保障，制度安排的合理程度直接关系到区域职业教育发展模式创新的进程。政府被认为是区域职业教育赖以发生的制度环境的重要组成部分，政府行为影响区域范围内职业教育制度的制定及变化。因此从政府的角度来说，区域职业教育发展模式创新的制度安排可分成法律制度安排、政策性制度安排以及操作层面的制度安排等内容，具体分析可以从制度供给与制度管理与督导等方面展开。

1. 区域职业教育发展模式创新中的制度供给。早在1960年，科斯在其发表的《社会成本问题》一文中，首次运用"交易费用"范式对经济活动中的制度问题进行深入分析，认为出台任何一种制度安排，都需要仔细地衡量成本与收益的比例，即使是在无摩擦成本的极端情况下同样适用，并且认为只有当新制度产生的成本低于新制度安排的收益或者旧制度安排的成本时，制度供给的动力才会出现，制度供给才可能发生。② 合理的制度供给是为采取某一行动、降低行动结果带来的不确定性和可能带来的风险的重要依据，对于区域职业教育的发展来说，制定适当的教育投入制度、教育保障制度、教育培养制度，并配之以健全的教育督导与管理制度是保证其稳定发展、公平发展、均衡发展的前提条件。

---

① 庄西真：《论现代职业教育制度的构建》，《教育发展研究》，2007年第7期，第52－57页。

② 余盈：《公共服务制度供给的有效性研究》，电子科技大学学位论文，2012年。

（1）建立与完善多元化的教育投入制度，保证区域职业教育发展的稳定性。职业教育投入制度指的是职业“教育经费来源、分配、使用和管理的系统与制度”①，不仅包括经费的支持，同时也应包括物力的投入。目前，职业教育发展的经费制度从属于国家教育经费管理制度，是体现国家在中央和地方以及地方各级政府之间，划分职业教育的收支范围、管理职责和权限的制度，是关于处理职业教育投资分配关系的管理制度。② 地方经济发展的要素很多，其中职业教育作为服务其发展的载体之一，必须要在多元化的投入制度下才能获得稳步发展，因此区域职业教育的发展应该建立起以政府投入为主导，吸收行业企业以及社会力量积极参与的多元化投入模式，以提升区域职业教育发展的稳健性。

从国务院颁发的文件《增加职业教育经费来源渠道》可以看出当前职业教育发展的经费来源主要有以下渠道：1）公共财政对职业教育的拨款；2）中央与地方政府对职业教育的专项经费；3）生均经费的投入；4）城市教育的附加费用；5）企业内提取的教育培训经费；6）社会力量的捐资助学经费。可以看出这些经费来源渠道主要是依靠财政拨款，社会融资的渠道依然很狭窄，根据当前发展现状，提高职业教育财政经费的额度标准，建立起区域职业教育招商引资等多渠道的筹资制度应该是区域职业教育发展模式创新的内容之一。

例如，江苏省在基于区域职业教育创新发展的前提下，一方面于 2010 年发布了《关于建立健全中等职业教育经费保障机制的通知》（苏财教〔2010〕297 号），在建立健全中等职业学校综合预算制度、建立中等职业学校生均财政拨款制度、健全中等职业学校内涵发展经费保障机制、健全中等职业学校国家助学金和免学费制度、建立健全中等职业学校债务控制与化解经费保障机制以及建立中等职业学校保障奖补制度等诸多方面，制定了各种中等职业教育发展的保障机制，并要求各市、县（市）在按生均安排中等职业学校财政拨款的同时，要根据国家和省颁布的中等职业学校设置标准，引入考核机制，对职业学校生均拨款经费进行考核。引导学校加强师资队伍建设、专业与课程设置和实训实习基地建设，不断提高教学质量。在安排经费拨款时要充分考虑规模较小学校的办学特点，适当增加财政拨款，保障学校正常运转。还有一个方面是对高等职业教育而言，江苏省参与了与教育部共建“高等教育改革试验区”建设项目，从管理体制、学校内部管理、专业设置、人才培养、重点学科建设、国际合作等方面对本省的高等职业教育发展给予支持，同时从经费投入、人力资源和社会保障制度、学生实践、专业设置管理、跨区域合作五方面予以配套，确保财政教育拨款增长明显高于财政经常性收入增长，确保全社会教育投入增长比例高于 GDP 增长比例。

---

① 顾明远：《教育大辞典》，上海教育出版社，1992 年，第 2 页。

② 迟旭：《区域经济视域下吉林省职业教育制度设计研究》，东北师范大学学位论文，2009 年。

除此之外，建立起区域职业教育多渠道的筹资制度也是发展区域职业教育的重要途径。鉴于职业教育的独特性，单纯依靠政府资金的支持显然是不够的，实行区域合作，拓展经费来源作为区域职业教育发展的补充成分，是提高资源利用效率与优化职业教育发展环境的重要路径，可以考虑采取以下一些措施：第一，借鉴股份制的形式，邀请行业企业等社会力量入股参与职业教育，改革职业教育的办学机制，吸纳不同方面的资本与资金，在明晰产权的基础上允许多种所有制并存，以保证社会力量愿意并且乐意投入职业教育；第二，实行相关的优惠制度，如通过税收的调节或者转换机制，减免行业企业的部分纳税额度，鼓励它们将减免的这部分费用投入到职业教育的发展中，即行业企业可以将原本算作自己的生产成本投入到职业教育中，以帮助其实现未来分享职业教育收益的目标；第三，发挥职业学校的自身优势，如通过科研能力争取专项科研经费，通过产学研合作加快科技成果的转化速度，以此获取一定的转化经费。

（2）制定与完善相关的政策与法律法规，为区域职业教育发展模式创新提供政策与法律保障。

首先，区域职业教育法律法规的制定和运行，为区域职业教育发展的模式创新提供法律保障。职业教育法规，是泛指国家权力机关和行政机关制定和发布的有关职业教育方面的规范性文件的总称，是国家行政管理法规的一项重要内容，是国家管理职业教育的一种主要手段。职业教育的发展需要国家从宏观法律层面统筹规划，加大立法力度保障职业教育的发展。我国幅员广阔，不同地区的自然条件、自然资源、经济基础以及产业特征和结构都存在着较大的差异，地区和区域发展呈现不平衡性的特点。① 职业教育的发展以经济发展为基础，区域职业教育的健康持续发展应该是建立在区域经济社会的不断发展和区域整体教育环境的持续改善的基础上。以江苏省为例，苏南地区经济社会发展水平领先于苏中、苏北地区，教育投入和基础设施建设也优于苏中和苏北地区。与苏中和苏北地区相比，苏南地区发展职业教育的经济基础更为坚实，氛围也更为浓厚。苏南地区可以依据自身发展水平率先发展、优先发展职业教育，不断尝试和探索职业教育发展的新模式。

区域职业教育发展新模式探索和形成的首要前提便是得有相应的法律法规予以保障和支持。各个区域应该按照国家和本地区职业教育发展的总体思路和方针，结合区域职业教育发展的实际情况，制定符合本区域、本地区职业教育发展的较为具体和可操作性的法律法规体系。这里需要指出的是，这种法律细化并不是简单地对宏观职业教育法规的“缩微”，而是基于地区经济发展水平、区

---

① 刘志国：《浅谈区域经济与职业教育互动关系》，《中国证券期货》，2011 年第 10 期，第 232 - 233 页。

域职业教育的发展生态所做的微观法律法规的厘定。各地区和区域不能简单片面地搞“一刀切”和统一化，不顾本地区发展具体状况，而一味地以国家和地区的宏观职业教育法规指导和推进区域职业教育发展。

就区域职业教育发展模式创新而言，要十分重视运用法律手段管理和推进职业教育发展。地区和区域可以结合自身发展情况，建立以区域职业教育法为核心，其他相关法律法规相配套的法律体系。例如，建立区域职业教育培训制度、区域职业道德法规和区域职业培训管理法等，为职业教育提供具体的法律指导。

其次，政策作为一种行动准则或者行动方向，为区域职业教育发展的模式创新提供了导向。政策是依据法律法规制定的行动准则，政府在职业教育政策的制定和执行中起主导作用。区域职业教育发展模式创新，地方政府要加强对区域内职业教育发展规划、资源配置、政策措施的统筹管理，为地区或区域职业教育提供强有力的公共服务和良好的发展环境。起码要做到两个：

第一，立足区域职业教育发展生态，做好职业教育发展规划。规划是预测事业发展的趋势和未来的结果，是为实现一定的发展目标而做出的全面的长远的计划。职业教育发展规划，是指国家各级政府为促进经济的发展，实现一定的教育目标，对未来职业教育事业的发展所作出的部署和安排。各地区要根据经济的发展变化和社会对职业教育需求的变化，及时制定职业教育发展规划，有所侧重地发展不同类型和层次的职业教育。以我国的东中西部地区为例，东部地区的高新技术产业和服务业发展水平较高，政府在制定职业教育发展规划时，可以考虑有重点地鼓励和扶持第三产业类型的职业院校的建设，推进与之相关的专业和学科在不同层次的职业院校的发展。而对于中西部地区来说，需要更多地侧重于大力发展工业和农林类职业院校的建设，为推动中西部地区的经济社会发展提供丰富的人才资源。此外，对于一个区域内部而言，政府的职业教育规划也要有所侧重，彰显区域内不同地区的特色，唯有如此，才能有效推进区域内职业教育的持续健康发展和职业教育发展模式的不断创新。

第二，推进区域内职业教育体制机制的改革，增加职业教育发展活力。首先，推进公办职业学校的办学体制改革，探索建立以公有制为主导，产权明晰，多种所有制并存的办学体制，推动公办职业学校的资源整合，发挥公办职业学校在职业教育中的主力军作用。其次，深化区域职业学校管理体制改革，扩大职业学校的办学自主权，推行教职工全员聘用制和岗位管理制度，建立能够吸引人才、稳定人才、合理流动的制度。深化内部收入分配改革，将教职工收入与学校发展、所聘岗位挂钩，调动教职工积极性。最后，大力发展区域民办职业教育，要依据《中华人民共和国民办教育促进法》及其实施条例，把民办职业教育纳入区域职业教育发展的总体规划。加大对民办职业教育的支持力度，制定和完善民办职业学校建设用地、资金筹集等相关政策和具体措施。在师资建设、招生和学生资助等方面给予民办职业院校和公办职业学校平等的地位。出台具体政策和相关措施，不断加强对民办职业院校的管理，规范其办学行为。扩大职业教育对外开放，借鉴国外先进和有益经验，积极引进优质的职业教育资源，推进职业教育中外合作办学的深入发展，促进区域职业教育多元化发展，形成了“百花齐放，百家争鸣”的职业教育发展模式的新格局。

（3）区域职业教育发展模式创新的优化制度：适时优化人才培养制度，提升区域职业教育发展的内涵和质量。在职业学校内部，应建立适应自身发展道路，实现发展目标的制度安排，主要体现在要处理好做大与做强、眼前发展与长远发展、规模与质量关系，坚持市场导向和就业导向，科学制定学校发展规划，确保办学质量、经济安全。而职业学校的人才培养制度又可表现在人才培养目标、人才培养模式、课程与教学体系、师资队伍建设以及管理与评价机制等方面。

首先，职业院校人才培养目标的合理定“格”与定“岗”是区域职业教育发展模式创新的必要条件。人才培养目标体现着所要培养的人才的根本特征，经过目标分解转化为课程目标与非课程目标，分别进入课程教学、学术活动、科学实验与社会实践等不同的培养途径中。① 区域职业教育以服务区域经济发展为目标，要求职业学校应根据自身的发展规模、发展特色合理确定人才培养目标，紧跟区域经济和行业发展需要。当前，许多职业学校的培养目标还比较模糊，定位不太切合实际，他们往往会因为利益或者声誉的关系，不顾实际发展的需要，人才培养的定“格”都呈现出高端化趋势。因为职业学校是区域职业教育发展的主要载体，如果不能进行科学合理的人才培养目标定位，势必会影响整个区域职业教育模式的选择甚至是创新。

坚持“以服务为宗旨、以就业为导向”的职业教育办学方针，积极推动职业教育从计划培养向市场需求转变，从政府直接管理向宏观引导转变，从传统的升学导向向就业导向转变。促进职业教育教学与生产实践、技术推广、社会服务紧密结合，加强和改善职业指导和创业教育，建立和完善职业院校毕业生就业和创业服务体系，推动职业院校更好地面向社会办学、面向市场办学、面向区域经济发展办学。根据市场和社会需要，不断更新教学内容，改进教学方法。合理调整专业结构，大力发展面向新兴产业和现代服务业的专业，大力推进精品专业、精品课程和教材建设，逐步推行学分制和选修制。加强职业教育信息化建设，推进现代教育技术在教育教学中的应用。改革职业学校的考试招生制度，建立独立

① 刘国钦等：《高校应用型人才培养的理论与实践》，中国人民大学出版社，2007 年，第 140 页。

完整的职业教育系统,逐步建立具有职业教育特点的人才培养、选拔与评价的制度和模式。

其次,进一步深化"校企合作"与"工学结合",发挥产学研结合优势。人才培养模式是指在一定的现代教育理论、教育思想指导下,按照特定的培养目标和人才规格,以相对稳定的教学内容和课程体系、管理制度和评估方式,实施人才教育过程的总和。职业教育人才培养模式是在一定教育思想指导下,适合职业教育发展规律的人才教育过程的体系,关系到区域职业教育的持续发展和职业教育发展模式的创新。早在 2005 年,《国务院关于大力发展职业教育的决定》(国发[2005]35 号)提出:"进一步建立和完善适应社会主义市场经济体制,满足人民群众终身学习需要,与市场需求和劳动就业紧密结合,校企合作、工学结合,结构合理、形式多样,灵活开放、自主发展,有中国特色的现代职业教育体系。"随后教育部《关于全面提高高等职业教育教学质量的若干意见》的出台,明确提出"要积极推行与生产劳动和社会实践相结合的学习模式,把工学结合作为高等职业教育人才培养模式改革的重要切入点",标志着职业教育的工作重心发生了根本性的转变,从规模扩张转向以内涵提升,更加关注提高高等职业教育的教学质量。

在政府相关部门以及学校、行业企业与社会力量的共同努力下,近年来职业学校的"工学结合"、"校企合作"的人才培养模式已经形成了一定的规模,但仍然存在一些问题,如合作的深度与广度依然不够。一方面要求职业学校及时根据区域市场发展的需求,结合自身的办学条件,适时调整专业设置,加快形成以特色专业、强势专业为龙头,以相关专业为支撑的专业群建设,充分发挥专业群的合力,扩大区域职业教育的覆盖面,尤其是要覆盖区域内的一些偏远地区;另一方面要与企业紧密联系,加强学生的实习和社会实践,改革以学校和课堂为中心的传统人才培养模式,企业要与学校共同承担学生的相关专业理论教学和技能实训工作,做好学生实习中的劳动保护、安全等工作,为顶岗实习的学生提供合理的工作报酬。如对区域内的职业学校而言,可以根据当地行业企业的发展,加强合作与交流,采用前面已经介绍过的"订单式"人才培养模式,学校和企业共同制订技能人才培养计划,共同开发课程并实施,学生毕业后可以直接到合作企业就业。深化校企合作与工学结合,充分发挥产学研结合的作用,也是区域职业教育发展模式创新的一项重要内容。

再次,创新区域职业教育教学模式,构建模块化课程——教学体系。模块化课程——教学体系指的是结合学校发展特点,按照一定的类别把专业进行分类,将同一个专业分成不同的模块,每一模块都包括若干门课程,并辅之以相应的教学模式和教学方法的体系。模块化课程——教学体系的构建要以学生的全面发展与可持续发展为目标，即每一专业都会包括很多种不同的模块，如文化课、专业课、拓展课等，同时同一专业又会因为年级的高低而存在差别，要结合学生的知识技能形成规律与发展特点，体现出模块化课程的层级性、全面性与差异性。模块化课程——教学体系对教师的专业化提出了更高的要求，每一模块内容丰富、全面，要求要配置相应的专业教师，同样对学校的实习实训设备以及基础设施配置都有了新的要求。例如，常州建设高等职业技术学校主要面向建设行业培养技能型人才，学校在这一发展特色基础上，紧密结合区域内建设行业发展的要求，课程的开发以项目课程为主，每一个项目包括若干个模块，教师教学过程中主要以任务驱动法、行动导向法、情境教学法等展开，并及时更新与完善学校的实习实训设备，经过这些年的努力，取得了丰硕的成果。下面以该校建筑工程技术专业中的建筑画课程为例，阐述其课程的项目——模块。

① 必修项目一　表现技法基础训练

a. 总学时　30 学时

b. 学习目标　了解建筑画以及其表现技法的含义和相关的基础知识等内容
掌握建筑画的透视画法
把握建筑画的光影、调子和色彩
掌握不同材质的表现技法

c. 工作任务

模块一　表现技法基本认识

参考学时	4
	·了解建筑画的含义 ·掌握建筑画的透视画法 ·了解表现技法的含义和分类 ·把握建筑画的光影、调子和色彩
工作任务	·体会理论部分内容，练习透视画法
技术实践知识	·在设计中方案快图的表现
技术理论知识	·建筑画的发展及其含义 ·表现技法的含义
拓展性知识	·建筑画名作欣赏

模块二　材质表现训练

参考学时	26
	·掌握木纹的材质表现 ·掌握石材、砖块的材质表现技法 ·掌握玻璃的材质表现技法 ·掌握金属的材质表现技法 ·掌握其他材料的材质表现技法
工作任务	·临摹各种材质表现的作业练习
技术实践知识	·方案效果图中不同材质表面的绘制
技术理论知识	·钢笔、马克笔、彩色铅笔等的绘画技巧
拓展性知识	·不同材质物体的创造性表现

② 必修项目二　专题表现训练

a. 总学时　30 学时

b. 学习目标　掌握钢笔、马克笔、彩色铅笔等的绘画技巧
能运用绘画工具和绘画技法进行家具、陈设的表现
能运用绘画工具和绘画技法进行人物、植物等配景的表现

c. 工作任务

模块一　室内陈设的表现训练

参考学时	16
学习目标	·能根据需要合理运用钢笔、马克笔、彩色铅笔等绘画工具 ·掌握家具及陈设品绘制的表现技法 ·掌握灯具绘制的表现技法
工作任务	·椅、凳、柜、灯具、陈设品等的专题临摹练习
技术实践知识	·方案效果图的绘制
技术理论知识	·钢笔、马克笔、彩色铅笔等的绘画技巧 ·透视画法
拓展性知识	·利用所学物体的表现形式进行组合图创作

模块二　室内配景的表现训练

参考学时	14
学习目标	·能根据需要合理运用钢笔、马克笔、彩色铅笔等绘画工具 ·掌握人物配景的表现技法 ·掌握植物配景的表现技法
工作任务	·人物、植物等配景的专题临摹练习

续表

参考学时	14
技术实践知识	·方案效果图中配景的运用
技术理论知识	·钢笔、马克笔、彩色铅笔等的绘画技巧 ·透视画法
拓展性知识	·利用所学配景的表现形式进行组合图创作

③ 必修项目三　室内空间表现技法训练

a. 总学时　44 学时

b. 学习目标　掌握钢笔、马克笔、彩色铅笔等绘画技巧
能运用绘画工具和绘画技法进行室内局部空间的表现
能运用绘画工具和绘画技法进行室内不同功能空间的表现

c. 工作任务

模块一　室内局部空间的表现技法训练

参考学时	22
学习目标	·能根据需要合理运用钢笔、马克笔、彩色铅笔等的绘画工具 ·把握局部空间的透视关系 ·掌握局部空间的表现技法
工作任务	·室内局部空间手绘效果图临摹练习
技术实践知识	·方案设计效果图的绘制
技术理论知识	·钢笔、马克笔、彩色铅笔等的绘画技巧 ·透视画法
拓展性知识	·手绘局部空间效果图与室内设计的联系

模块二　不同功能空间的表现技法训练

参考学时	20
学习目标	·能根据需要合理运用钢笔、马克笔、彩色铅笔等的绘画工具 ·把握功能空间的透视关系 ·掌握功能空间的表现技法
工作任务	·功能空间手绘效果图临摹练习
技术实践知识	·方案设计效果图的绘制
技术理论知识	·钢笔、马克笔、彩色铅笔等的绘画技巧 ·透视画法
拓展性知识	·手绘功能空间效果图与设计的联系

④ 选修项目　室外环境的表现技法训练

参考学时	—
学习目标	· 能根据需要合理运用钢笔、马克笔、彩色铅笔等绘画工具 · 把握室外环境的透视关系 · 掌握室外环境的表现技法
工作任务	· 室外环境手绘效果图临摹练习
技术实践知识	· 方案设计效果图的绘制
技术理论知识	· 钢笔、马克笔、彩色铅笔等的绘画技巧 · 透视画法
拓展性知识	· 手绘功能空间效果图与计算机效果图的联系

本课程包括必修与选修两块，对建筑画课程的内容进行划分并设置成不同的项目，能够比较全面系统地将知识传授给学生，易于提高学生的知识转化与迁移能力以及教师的专业化教学水平。

结合办学规模与条件，形成与区域行业经济发展相适应的模块化课程——教学体系是人才培养制度的重要内容，是区域职业教育发展模式创新的实践化，其意义非凡。

第四，加强师资队伍建设。职业学校教师队伍既是区域职业教育发展模式创新的设计者，也是将这些创新模式付诸实施的实践者。因此这势必会对教师队伍的教学能力、科研能力、设计能力，以及知识的迁移与转化能力都提出很高的要求。

第一，区域职业教育发展模式创新要求进一步促进职业院校教师素质提高计划的实施，地方各级财政要继续支持职业教育师资培养培训基地建设和师资培训工作，建立健全职业教育教师到企业实践制度，专业教师到企业或生产服务一线进行一段时间的实践，相应地建立第三方监督考核机制，保证学校教师到企业实习的制度真正落到实处。另外，制定和完善职业教育兼职教师聘用机制，支持职业院校面向社会聘用工程技术人员、高技能人才担任专业课教师或实习指导教师。

第二，职业学校要处理好教师队伍行政、教学与科研的关系，三者不宜截然分开，但要各有侧重，对此应形成与之相适应的科学的管理机制与评价机制。各自的管理与评价要因其工作任务的不同而不同，如为“科研型”教师队伍提供更多的学术交流与实践考察的机会，以提升他们的学术与科研能力，而对于“教学型”教师队伍则可以注重教学技能的训练，可提供一些教学技能大赛、评课比赛等活动，同时要求两支队伍要相互交流，定期开展交流会，管理要刚柔相济，注重形成性评价与终结性评价相结合。

2. 区域职业教育发展模式创新中的督导与管理。制度对人们偏好形成及行为具有决定性的影响，而它具有的这种功能又因制度不同而有着优劣之分，如果在设立或创新制度中促成了适宜制度或接近适宜制度，则有利于发挥制度的积极作用，实现人们的预期目标，相反，则出现“制度悖论”（在既定制度约束下的人的最优行为的结果并未与适宜制度所对应的结果相吻合）。在职业教育管理层面，只有适宜制度才能最大限度地引导、保证职业教育主体的行为在理性而不是感觉的范围内进行。因此，加强和完善各类制度安排，弥补制度缺陷，确立有效的管理与督导制度，使制度建设进一步走向理性，应成为地方政府职业教育制度安排的重要内容。①

第一，建立职业教育质量评估体系，提高区域职业教育发展质量。职业学校作为区域职业教育发展的主体，其办学质量与办学特色在很大程度上影响着整个区域职业教育发展的均衡性。地方政府中的相关部门应建立科学的职业教育质量评估体系，鼓励职业学校走特色发展、内涵发展之路，以保证人才培养的质量符合区域行业经济发展的需求与要求。首先，政府有关部门应根据地方经济发展的特征与优势，制定符合区域行业、企业工作岗位对人力资源的知识、能力与素质要求的职业教育质量评估方案，据此评判职业学校培养的人才是否符合其实际需求；其次，建立起职业教育工作的定期巡视检查制度，对职业学校的办学质量进行过程监控，及时检测教学质量；再次，就是把职业学校的检查评估结果作为政府对其进行人力、物力、财力投入标准的重要依据。② 国际经验也告诉我们建立起职业教育质量监控与评估机制，定期对职业学校的办学条件、师资力量与教育质量进行评估，及时根据评估结果调整职业学校的办学模式以及人才培养方案，适时进行学校合并、专业集群建设，实现优势互补，充分发挥资源整合的作用，以提升区域职业教育发展的均衡性。

区域职业教育发展模式创新是一项系统性、复杂性的工程，从利益相关者的角度考虑，各个参与者都会为实现自身的目标，获取一定的利益而努力，因此健全的职业教育评估体系可以促使与监督各级政府对区域职业教育发展模式开展创新研究，可以调动行业企业以及职业学校参与职业教育模式创新的主动性与积极性，以建立起更加合理与科学的区域职业教育发展模式，满足区域经济发展的需要。

第二，加大区域职业教育集团的组建力度，提升区域职业教育资源的整合

---

① 黄艳芳：《地方政府职业教育制度安排的绩效评价》，《继续教育》，2012 年第 2 期，第 15 – 17 页。

② 马树超等：《职业教育：非均衡状态下的协调发展——推进区域职业教育均衡发展的战略选择》，《教育发展研究》，2011 年第 5 期，第 1 – 7 页。

性。教育集团是从企业集团的组织形式移植而来,产生于20世纪90年代初,近年来迅速发展。职业教育集团是教育集团的形态之一,指的是由职业院校、行业协会和相关企事业单位以集团形式有机联系、自愿组成的产教联合体,通常以高职院校或重点职业学校为主体,以协议或资本作为主要联结纽带,以集团章程作为共同行为规范,以举办职业教育与培训作为主要业务。① 2004年4月教育部高教司组织召开了全国职业教育集团研讨会,同时各省、市地区也纷纷加大职业教育集团的发展,职业教育集团促进职业教育发展的规模优势得到了政府的重视与社会的认可。加大区域职业教育集团的组建力度,坚持以服务区域经济发展为宗旨,通过建立内部约束激励机制,充分发挥自身的优势,既可以为集团的发展提供多样化的途径,形成共同协作、相互支持的技术技能型人才培养模式,又可以进一步明确职业教育集团的权、责、利关系,要求集团成员按照集团章程来规范自己的办学行为,行业自律的功能开始凸显。为了实现各个参与者与职业学校之间的共同利益,集团成员之间可以形成相互监督、相互制约的机制,在一定程度上遏制了不规范办学行为的出现,这为区域职业教育发展模式创新提供了一种内在的自发的督导制度。除此之外,区域职业教育集团从某种程度上可以认为是区域政府职业教育管理与督导制度的一种创新,大大减轻了政府的职业教育管理负担与管理成本,能够发挥制度安排的正向效应。

职业教育集团化办学是一种体制性、制度化的变革,这一变革打破了以往职业教育分别由教育部门、劳动部门和各部委办局多头办学、多头管理,以致政出多门的格局,将办学的权力实质性地下放并落实到行业、企业和学校,从而在管理体制和制度上,重新确立人才培养与人才使用的关系。② 职业教育集团化办学的区域结合,不仅可以实现区域资源的整合与优化配置,避免重复建设以形成区域集约化优势,提升区域职业教育的竞争力和影响力③,而且可以为区域职业教育发展模式的实时、适时创新注入新鲜血液,并且对区域职业教育管理提出更高的要求,将对提升整个区域职业教育水平产生重要影响。

鉴于此,区域政府以及相关部门要进一步加大区域职业教育集团的组建力度,借助集团发展的力量,紧密结合地方行业经济发展的要求,进一步调整专业结构与人才培养方案,凸显学校的特色与内涵发展,避免专业设置重复带来的人才培养质量低下、就业能力薄弱的情况,将行政管理部门与行业企业的力量进行整合,增强区域职业教育服务地方经济发展的能力。江苏省职业教育集团的起步较早,早在1995年苏州旅游教育集团成立,1997年江阴市职业教育集团与徐

---

① 俞建伟:《我国职业教育集团的产生、发展及趋势》,《教育与职业》,2008年第20期,第5-7页。

② 任凯:《职教集团化办学是一种变革》,《教育与职业》,2008年第8期,第19页。

③ 郑晓梅:《我国区域职业教育发展战略的制度因素分析》,《教育与职业》,2012年第14期,第12-14页。

州市农业职业教育集团成立，1998 年镇江市第一职教集团成立，但由于种种发展条件的限制，这些教育集团没有充分发挥其社会影响。直至 2003 年，成立的以产学研为主要纽带，以高职院校为龙头，企业和高、中职院校广泛参与，跨地区的行业性职教集团——江苏商贸职教集团，开始发挥其重要作用。在相关政策的科学引导下，目前江苏已成功组建商贸、旅游、信息、现代服务业、农林、建筑、纺织、化工、机电、艺术设计、汽车等 11 个职教集团，参与的职业院校近 300 所，加盟的行业、企业近 600 家，实现了校企融合、资源集成、工学交替、产学结合、订单培养、互利共赢。江苏省的职教集团在创新合作机制、激发集团成员参与动力、增强集团成员凝聚力、促进集团成员深度融合、创新共建共享机制等方面取得了不俗的业绩。这也是江苏成为“职教大省”的发展成果之一。

第三，建立区域职业教育发展的统筹管理制度，为区域职业教育发展模式创新提供决策指导。建立区域职业教育的统筹发展制度，积极发挥地方各级政府部门和其他利益相关者的作用，有利于为区域职业教育发展模式创新提供科学的决策指导。首先，可以建立由政府部门牵头、其他相关部门以及行业企业共同参与的职业教育统筹机构，制定职业教育统筹管理制度，定期召开相关会议，会议内容既要包括贯彻执行国家、省、市关于职业教育工作的重要精神与任务，又要基于区域经济发展、行业企业的发展现状，适时讨论本地区职业教育的发展计划，结合专项调研，提出问题、对策，积极督促、检查与指导区域职业教育发展的工作。其次，各级政府部门以及行业企业联合成立职业教育督导部门，抽调专人负责各地区职业教育的督导工作，使教育督导部门与政府督导部门相互配合，实行定期督导与随机督导相结合，确保各项目标、任务、措施落到实处。同时，建立相应的奖惩制度，根据区域发展的实际情况制订具体的奖惩办法。再次，建立职业教育统筹管理制度，密切联系行业企业、社会组织等各类职业教育利益相关者，听取这些利益相关者关于区域职业教育发展模式创新的思考，包括人才培养模式、专业设置、课程开发与教学实施、师资队伍建设、实习实训基地建设等方面的意见与建议，充分发挥他们来自生产实践一线、了解实际情况的优势，为政府及相关部门制定科学有效的职业教育政策提供依据。

当然，职业教育统筹机构和职业教育统筹督导机构的建立，以及社会力量和行业企业参与职业教育发展决策的制定，都要求从业人员具备相应的资质或能力，不如此不能从事上述督导和参与决策制定的工作，比如职业教育统筹机构的队伍要求必然是通晓本领域发展现状与趋势的专家；而督导机构的人员构成不仅要懂得职业教育的相关知识，还要具备一定的督导知识与技能，这样才能使区域职业教育发展模式创新有准确的定位，也才能充分发挥这一制度的优势，提高制度安排的效益。

总之,区域职业教育制度安排的合理性表现为与职业教育运行机制和职业教育发展水平的适应程度,不同发展水平的职业教育,会存在不同的职业教育制度需求。由于职业教育制度有着不同的结构特征和复杂制度,因此,适宜的区域职业教育发展模式创新的制度安排,一方面要注意制度内容的公正与公平,制度程序的公正与规范,制度执行的平等与严格①;另一方面还要充分发挥这些制度的合力,处理好区域职业教育发展模式的借鉴与创新、区域职业教育发展的制度成本与制度效益的关系,任何一项制度选择与制度安排都不是随意决定的,都是决策者依据成本—收益的分析、权衡并选择的结果,每一种能够带来收益的制度安排都须要投入相应的成本,这也正是制度经济学给区域职业教育发展模式创新的制度安排带来的重要启示。

五、模式创新与区域职业教育发展

从前面的论述中我们知道,区域职业教育发展模式创新,对于区域职业教育的可持续发展以及区域经济社会的发展都具有重要的意义。而模式创新对于区域职业教育的发展来说,其促进作用主要表现在如下方面:

(一)有利于职业教育与区域经济衔接,提升职业教育服务区域的能力

"加强内涵建设,提升服务能力",是职业教育发展的一种理念,也是职业教育为区域经济社会发展服务的一种宗旨。我们都知道,职业教育是面向生产、建设、服务、管理等第一线培养高素质劳动者和高技能专门人才的一种教育,这也就决定了职业教育必须主动与经济社会发展相适应,主动面向社会、面向市场办学,深度融入经济社会发展的大潮之中,提高其适应、服务和引导经济社会发展的能力,努力推动区域经济社会又好又快发展。那么,创新职业教育发展模式,就是提高职业教育服务区域能力的一个重要举措。区域职业教育发展模式的创新,是区域经济社会发展的内在要求。尽管我国的职业教育取得了重大发展,规模在不断扩大,职业特色也更加鲜明,但是仍然存在着有效供给不足、结构质量不合理、社会服务能力不强等种种问题,还不能满足区域全面建设小康社会对高素质劳动者和技术技能型人才的迫切需求,因此,创新职业教育发展模式,能够有效促进职业教育与区域经济社会的衔接,进一步提升职业教育服务区域的能力。

首先,职业教育发展模式创新能够为区域经济产业发展提供更符合产业发展要求的智力支持。由于我国地域辽阔,劳动力的就业问题成为区域经济社会发展不可回避的重大问题。区域职业教育要适应区域经济社会发展的要求,适

---

① 黄艳芳:《地方政府职业教育制度安排的绩效评价》,《继续教育》,2012 年第 2 期,第 15 - 17 页。

应区域产业改革、结构升级的趋势，就需要创新发展模式，为区域经济社会发展提供更高素质和具有较强技术技能的人才。

其次，职业教育发展模式创新，有利于促进区域经济产业持续发展。依靠支柱产业，发展特色优势产业，是区域经济产业发展的主线，区域职业教育发展模式创新就应围绕这一主线，结合区域经济产业发展实际和不同的发展特点，为产业发展培养合格的人才，形成人力资本，直接作用于生产活动，从而增强区域经济的竞争力，促进区域经济产业的持续发展。

再次，区域职业教育发展模式创新，对于区域"三农"问题的解决也具有重要作用。目前，办好农村职业教育成为教育界关注的重要话题，而构建现代农村职业教育体系也成为促进区域经济社会发展的重要工作。建设社会主义新农村，培养新型农民等都离不开职业教育。坚持以人为本的理念办好农村职业教育，开发农村人力资源，为农村经济的发展培养更多的高素质技术技能型劳动者，提高农民的整体素质，提高农民的收入水平，从而进一步促进"三农"问题的解决，促进城乡协调发展。

（二）有利于区域职业教育发展资源的优化配置

一直以来，我国职业教育的主流发展模式是以政府为主体，以职业院校为培养主体的模式，这种模式虽然使我国的职业教育取得长足的发展，但是从资源优化配置和使用效率的视角来说，仍然存在很多明显的缺陷：首先，依赖政府的单一投入机制制约了职业教育的发展速度和发展质量；其次，职业教育体系内资源低水平重复配置的现象严重；再次，职业教育相关资源主要局限在体系内的运转上，与外部资源的交换利用不够充分，资源的使用效率未达到最佳状态。因此，创新职业教育发展模式，从资源配置优化的视角来看，有利于区域职业教育发展资源的优化配置。

目前，从资源优化配置的角度进行区域职业教育发展模式创新的典型代表有：职教集团模式、职教园区模式、行业协会模式、定岗双元模式、城（市）校互动模式等。这些模式可以说都是各个区域不断探索职业教育资源优化配置的新思路，而且这些模式在很大程度上促进了区域职业教育资源的优化配置。职业教育资源的优化配置主要是在三类不同范围和不同层次上实现的，即职业教育体系内部的资源优化配置、职业教育与产业之间的资源优化配置、职业教育与区域经济社会系统协调发展的资源优化配置。就拿这五种创新模式来说，职业教育园区模式，就有利于实现职业教育体系内部资源的优化配置。因为，职教园区模式采取的是集约建设和管理的方式，有效避免了资源的重复配置，而且将众多职业院校在地理空间上集中于同一园区，有利于彼此相互借鉴，形成一定的集聚效应。职教集团模式、行业协会模式、双元定岗模式都有利于实现职业教育与产业间的资源优化配置，也即是，这三种模式通过充分发挥行业企业在发展职业教育中的重要作用，依靠行业，联合企业，加强了职业教育与行业企业的联系，整合了区域教育资源，实现资源共享，职业院校与行业企业优势互补，各取所需的天然优势，共同推进区域职业教育的发展。城（市）校互动模式则有利于职业教育与区域经济系统协调发展的资源优化配置，这种模式以城市为依托，校区建设与城市发展融为一体，逐渐展示出“规模化、集群化、连锁化的发展趋势”。[①] 城（市）校互动模式是站在整个区域经济社会系统的发展高度对职业教育进行战略定位，赋予职业教育全新的功能和角色，从而实现大范围内的资源优化配置，提高资源使用效率。当然，无论是这五种模式，还是其他创新模式，其资源优化配置都须要充分发挥市场机制、政府部门的重要作用。

此外，创新区域职业教育发展模式，有利于实现区域职业教育资源共享，包括校内资源共享、校际资源共享、城（市）校资源共享等。

（三）有利于区域职业教育的健康、可持续发展

区域职业教育发展模式创新，不管是从宏观上还是微观上而言，都有利于区域职业教育的健康、可持续发展。从宏观上来说，有利于实现区域职业教育与区域社会发展的和谐，从微观上来说，则有利于促进职业教育内部发展的和谐。创新职业教育发展模式，于职业教育内部发展来说，有利于促进职业教育与人的和谐，促进职业教育与学生就业、发展的和谐。具体来说，创新发展模式，能够实现职业教育办学模式的根本转变，建立起政府主导的，依靠行业、企业，动员社会广泛参与，具有区域特色的职业教育的办学模式和管理体制，以使区域的整个职业教育赖以生存的社会生态更加优化，更加和谐；有利于实现理实交融课程体系与教学方式的深化改革；有利于人才培养模式的创新、评价体系的创新、办学价值取向的多元化，还能使办学定位更加准确、办学方式更加灵活、师资队伍建设更加优化、经费保障机制更加完善，等等。所有这些都是实现区域职业教育可持续发展的重要方面。因此，总的来说，创新区域职业教育发展模式，能够从根本上促进区域职业教育的健康、可持续发展。

---

① 刘灿国、曹勇、陈晓耘：《试析“城校互动”职业教育发展模式的内涵和特点》，《重庆文理学院学报（自然科学版）》，2008年第6期，第43－46、第77页。

第五章

区域职业教育发展模式创新的分析框架

职业教育自19世纪60年代被引进到中国,历经150多年,20世纪80年代改革开放以来才真正步入发展的快车道,国家和政府高度重视职业教育的发展工作,从政策上、资金上对职业教育发展给予了大力支持;在市场经济主导的大背景下,各地区的职业教育都以本地区经济发展为依托进行重大改革和调整,职业教育的规模、招生人数、师资力量、办学质量都得到了很大的发展,说职业教育处于一个规模大扩张、结构大调整、内涵大扩充的时期也不为过。但是,我们也必须清醒地意识到,中国的职业教育发展,尤其是区域职业教育发展还面临着很多的困难和瓶颈。总结起来说,中国职业教育的发展境况“前途是光明的,道路是曲折的”。在职业教育所处的政治经济社会环境快速变化的新形势下,区域职业教育面临着如何创新发展模式的挑战。

本书的前几章对区域职业教育发展模式创新的相关概念进行了界定,并且介绍了研究和分析过程中用到的主要的方法,特别对模式创新与区域职业教育发展模式创新做了比较详尽的分析。创新既是在颠覆传统的基础上,创造出一种新的观念或者物质,也是在事物原有基础上做出新的调整与提升。创新的出现不是随机的,而是原有的事物不能满足新环境的需要或者是原有的事物出现了弊端和不足,创新便逐渐被提上日程。接下来将就区域职业教育发展模式创新的必要性和可能性以及创新过程中遇到的优势和劣势做出梳理。

一、区域职业教育发展模式创新的分析框架

“框架”一词最先是由人类学家Bateson在人类学研究中提出来的,他认为框架是传递信息的一种抽象形式,属于心理学的概念。当然,“框架”一词并没有统一的定义,不同学科背景、不同研究领域的学者、专家们对“框架”一词的认定和解释并不相同,都是从自己所研究学科出发赋予其特定的含义。现代汉语造句词典中对框架所做的解释有两种:一是建筑工程中由梁、柱等联结而成的结构;二是比喻事物的基本组织、结构或者大体轮廓。

从界定的意义上来说，“分析框架”更是没有严格的或者说明确的释义。在本研究中，分析框架即是对区域职业教育发展模式为什么要创新、为什么能创新、创新的可行性与障碍等所做出的宏观分析与总结，所形成的是一个结构性、轮廓性的结果。我们将以主观和客观为出发点，从四个方面对区域职业教育发展模式创新进行分析，即区域职业教育发展模式创新的客观要求、现实基础、驱动因素和制约因素。

职业教育是教育的一种特殊形式，它有着教育事业的共同特点，更有着自身的独特性质。职业教育办学以就业为导向，向社会输送大量的专业人才，并与区域内的经济发展方式、产业机构、人力资源调整等紧密联系。改革开放后的30多年时间里，计划经济转变为市场经济，经济发展方式逐渐以市场需求为导向；国家经济政策的倾斜以及中国地域宽广的客观现实，导致了区域经济发展的极大不平衡。面对这种国民经济发展的大环境和区域经济发展的小环境，区域职业教育发展模式不能再因循守旧，抱着传统不放，创新成为迫在眉睫、不能再等的事情。

在经济发展、社会突变的形势下，我国的职业教育几度改革，坚持与时俱进，已经有了很大的发展。根据教育部发布的全国教育事业发展统计公报相关数据，1978年仅有中等职业学校4 700多所，当年招生70.4万人，占高中阶段招生总数的6.1%，在校生130万人。到了2013年，全国中等职业学校发展到12 300所，招生规模达到674.76万人，在校学生达到1 922.97万人，中等职业教育的招生规模已占高中阶段招生总数的45.06%。与1978年相比，中等职业学校数增加了2.62倍，招生数增加了9.58倍，在校生数增加了14.79倍；占高中阶段招生总数的比例也比1978年提高了39个百分点。高等职业教育在过去的30年里也有很大发展。改革开放初期，一些地方开始兴办短期职业大学，专科层次的技能型人才培养规模小。到2013年，高等职业院校发展到1 321所，在校学生达到776.22万人，约占普通高等院校招生数和在校生数的一半。但是在当今经济社会发展过程中会出现一些新情况、新需求，比如经济社会可持续发展、绿色发展的提出，产业结构调整与经济增长的转型升级，日益扩大的东西差距、城镇差距等，这些都迫使着职业教育发展模式做出进一步的调整，已有的职业教育发展模式所展现出来的弊端显示，现有职业教育发展模式已经不能满足区域甚至全国经济社会发展和个人成长的需求，区域职业教育发展模式创新势在必行。区域职业教育发展模式只有走上创新的道路才能跟上经济发展和变化的节奏，才能为本区域的发展输送用得上的人才，才能放开眼界与国际职业教育发展比肩同行，才能使得职业教育在未来的社会中占据更重要的地位，才能作为一支强大的力量在教育大家庭中展现自身的特点。

目前,区域职业教育发展所取得的成果和经验,是与国家政治经济政策对职业教育的支持以及各地区对国际职业教育发展的借鉴分不开的。我国职业教育采取中央集权和地方分权相结合的管理体制,地方政府在职业院校学校管理、办学模式方面有一定的自主权,并根据本地区的经济发展特色来发展职业教育,设置特色专业。因此,区域职业教育在发展模式调整与变革的道路上取得了一些成果,也积累了很多经验。另一方面,国家对职业教育进行政策上的扶持,给职业教育发展注入了新的生机与活力。进入新世纪以来,党和国家进一步把职业教育发展放在更加重要的位置,把职业教育发展作为经济发展、社会进步的重要基础和教育工作的战略重点,更加明确了职业教育在今后发展中的任务目标和政策措施。为了推进职业教育的不断发展,各级政府加大对职业教育的拨款力度,并通过多种渠道筹集资金,保障职业院校师资力量、教学设备、办学条件的改善。政府的大力支持是区域职业教育发展强有力的后盾,更为区域职业教育发展模式的不断创新增添了不竭的动力。再者,从国际上来看,英国、德国、澳大利亚等国家的职业教育事业发展颇为繁荣,可以为我国区域职业教育发展模式创新提供一些借鉴。

在市场经济条件下,社会分工越来越精细,职业岗位对从业人员的要求也越来越趋向于专业化,而以就业为导向,面向社会、面向市场、面向企业是我国职业教育的办学特色,市场导向与职业教育办学特色之间的融合,将会成为区域职业教育发展模式创新的推动因素。市场对人才专业化的要求将推动区域职业教育不断创新人才培养模式、课程专业设置,努力地提高办学质量和办学水平。在区域职业教育发展模式创新的道路上,政府必然成为重要的推动力量。横向上看,我国各地区职业教育发展的改革与创新,“地方政府”无不成为推动职业教育发展的关键词。纵向上看,我国职业教育发展的历史进程,中央及省级政府的政策始终发挥着巨大的促进作用。20 世纪 80 年代以来的 30 多年时间,国务院先后召开或批准召开了七次全国职业教育工作会议,分别是 1986 年、1991 年、1996 年、2002 年、2004 年、2005 年和 2014 年。在 1991 年、2002 年、2005 年和 2014 年,国务院曾四次做出了关于大力发展职业教育的决定(2014 年的决定是《关于加快发展现代职业教育的决定》)。2010 年颁布的《国家中长期教育改革和发展规划纲要(2010—2020 年)》,立项了 56 个与职业教育相关的改革项目,并确定了到 2020 年,中等职业教育在校生 2 350 万人、高等职业教育在校生1 480的重大战略目标。这些国家教育政策的颁布,极大地调动了区域职业教育发展模式创新的积极性。另外,职业教育领域的研究者、专家们的意见和建议,校企合作模式的成熟等都成为区域职业教育发展模式创新的驱动力量。

任何事物的发展都是具有两面性的,当我们看到区域职业教育发展模式创新所带来的各种好处时，也不能忽视区域职业教育发展模式创新过程所带来的各种坏处。前已述及，创新即创造出新的事物或者是理念，既然是“新”的，那么它的存在和发展必然不是一帆风顺的，而是有很长的一段路要走。从另一个角度来说，其创新的道路上也存在着众多阻碍。区域职业教育发展模式创新的主体是地方政府、职业院校领导层、职业教育研究专家们，创新所处的环境也极其复杂，如区域经济发展的特色及不平衡性、政策环境的不断变动、理论环境的不断充实，等等。无论是创新主体还是创新环境的滞后，都会成为区域职业教育发展模式创新的制约因素。当区域行政体系无法及时地提供职业教育发展所必需的资源与条件之时，当职业学校领导层面无法贯彻执行上面的职业教育政策，或提出有独到见地的适合小范围环境的职业教育创新措施时，当创新缺乏理论的支撑与滋养时，区域职业教育发展模式创新的制约因素便应时而生了。

区域职业教育发展模式创新是历史发展的必然结果，是社会经济发展的必然结果，更是职业教育自身发展壮大的必然要求。现存的社会条件和社会环境在为区域职业教育发展模式创新提供条件的同时，也会在某些方面对其创新发展产生制约力。区域职业教育发展模式创新的分析框架见图 5-1。

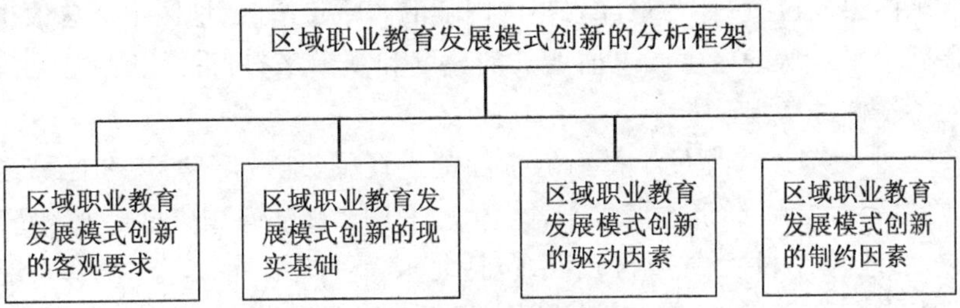

图 5-1 区域职业教育发展模式创新的分析框架

二、区域职业教育发展模式创新的客观要求

区域职业教育是在中国地大物博、区域间发展不平衡的条件下诞生的，体现了职业教育发展的实情。区域职业教育服务于本地区经济发展的特点，要求从本地区的经济特色与发展水平出发来发展区域职业教育。随着历史的前进，我国区域经济发展不平衡性增强，各区域进行产业结构调整，对人才的需求结构也相应调整，然而，区域职业教育现有的发展模式却不能适应区域经济的发展，人才输出与市场需要产生了供需矛盾，这就要求区域职业教育发展模式探寻新的出路，实现创新性发展。

（一）中国区域经济发展不平衡的现状是职业教育发展模式创新的背景

职业教育的进步与经济的发展密切相关，而职业教育是与经济发展联系最为密切的教育类型，因此，区域职业教育的发展必须与区域经济发展保持一致。改革开放后，人均GDP的增长、社会类型的转变、经济增长方式的转变都标志着我国经济的飞速发展。整体上来说，我国已经进入了工业化中期的后半阶段，但是，我国幅员辽阔、民族众多的现状，使得我国经济社会经历着农业社会向工业社会转变、工业社会向信息社会转变的两大社会转型期并存的经济现象，区域经济发展不平衡成为不可避免的矛盾。由于政策扶持、地理位置、交通运输、区域政府领导等因素的影响，这种区域经济发展的不平衡性成为我国经济发展中的显著特征。

1. 沿海与内陆之间经济发展不平衡。改革开放后，我国的经济体制由计划经济向市场经济转变，所有制方式由公有制向多种所有制方式转变，以邓小平为核心的领导集体创造性地提出了“鼓励一部分地区、一部分人先富起来，先富带动后富，最后实现共同富裕”的科学论断。在新时期的经济形势下，沿海地区得到优先发展，国家和政府有关发展和开放的政策明显向沿海地区的倾斜，使得沿海地区各省市得以迅速发展。与此同时，东部沿海地区与西部内陆地区之间的经济发展差距也明显拉大。作为改革开放的最前沿，广东省的地区生产总值一直稳居国内第一位置，作为最深入祖国内陆的西藏自治区，地区生产总值也一直处于最低水平。从地区生产总值增长的速度和规模来看，沿海和内陆之间经济发展的不平衡性增强。

2. 东中西部经济发展不平衡。中国疆土辽阔、地域广博，现今区域经济按照行政省区，辅之以经济发展水平，大体上将中国分为东、中、西三个经济地带。目前，东部地区有11个省级行政区，包括北京、天津、河北、辽宁、上海、江苏、浙江、福建、山东、广东和海南；西部地区省级行政区共有12个，分别是四川、重庆、贵州、云南、西藏、陕西、甘肃、青海、宁夏、新疆、广西、内蒙古；中部地区有8个省级行政区，分别是山西、吉林、黑龙江、安徽、江西、河南、湖北、湖南。

十七大后，国家政策虽然向中西部倾斜，但是东、中、西部地区存在着天然地域上的差别，经济发展水平依然保持着不平衡的现状。东部地区临海，港口众多，自然资源丰富，又处经济改革的前沿试点，更吸引了大量的人才，其经济发展水平自然处于优势；中、西部地区面积广阔，但是由于气候、水源、地形等自然条件的限制，导致交通不便，人才稀少，经济发展水平低于东部地区。

3. 省区之间经济发展不平衡。除去两个特别行政区外，中国有23个省，4个直辖市，5个自治区，共计31个省级行政区划单位。中国960万平方公里的土地上，大概东西跨60个经度，南北跨50个纬度，因此自然地理条件必然有很大的差距。从社会条件来说，各个省级行政单位政府的执政方式、经济发展政策不同使得我国各省区经济发展水平不同，并且各有其经济发展特色。

我国省份众多,各省级行政单位之间的经济发展差距也不尽相同。从2000年以来的国内成产总值排名来看,广东省一直稳居全国省份第一,江苏省、山东省也一直是国内生产总值大省,徘徊在第二、第三名。而位于我国西部地区的青海、宁夏的国内生产总值历年来有所上升,排名却一直居后,尤其是西藏地区是历年来国内生产总值最低的省份。

从国家统计局发布的相关统计数据来看,2000 年广东省国内生产总值为9 662亿元、江苏省为8 583 亿元,而宁夏回族自治区为266 亿元、西藏自治区为117 亿元;2009 年广东省国内生产总值为39 483 亿元、江苏省为34 457 亿元、宁夏回族自治区为1 353 亿元、西藏自治区为441 亿元;到 2011 年,广东省国内生产总值为53 000 亿元、江苏省为48 000 亿元、宁夏回族自治区为2 060 亿元、西藏自治区为605 亿元。从上面的数据我们可以看出,经济发达的省份和经济落后的省份之间相差甚巨,并且发展速度之间也存在着明显的差距,关键是这个差距还在逐年扩大。详见表5-1。

表5-1 各地区国内生产总值比较

地 区	地区生产总值(亿元)				
	2008	2009	2010	2011	2012
北 京	11 115.00	12 153.03	14 113.58	16 251.93	17 879.40
天 津	6 719.01	7 521.85	9 224.46	11 307.28	12 893.88
河 北	16 011.97	17 235.48	20 394.26	24 515.76	26 575.01
山 西	7 315.40	7 358.31	9 200.86	11 237.55	12 112.83
内蒙古	8 496.20	9 740.25	11 672.00	14 359.88	15 880.58
辽 宁	13 668.58	15 212.49	18 457.27	22 226.70	24 846.43
吉 林	6 426.10	7 278.75	8 667.58	10 568.83	11 939.24
黑龙江	8 314.37	8 587.00	10 368.60	12 582.00	13 691.58
上 海	14 069.87	15 046.45	17 165.98	19 195.69	20 181.72
江 苏	30 981.98	34 457.30	41 425.48	49 110.27	54 058.22
浙 江	21 462.69	22 990.35	27 722.31	32 318.85	34 665.33
安 徽	8 851.66	10 062.82	12 359.33	15 300.65	17 212.05
福 建	10 823.01	12 236.53	14 737.12	17 560.18	19 701.78
江 西	6 971.05	7 655.18	9 451.26	11 702.82	12 948.88
山 东	30 933.28	33 896.65	39 169.92	45 361.85	50 013.24

续表

地　区	地区生产总值（亿元）				
	2008	2009	2010	2011	2012
河　南	18 018.53	19 480.46	23 092.36	26 931.03	29 599.31
湖　北	11 328.92	12 961.10	15 967.61	19 632.26	22 250.45
湖　南	11 555.00	13 059.69	16 037.96	19 669.56	22 154.23
广　东	36 796.71	39 482.56	46 013.06	53 210.28	57 067.92
广　西	7 021.00	7 759.16	9 569.85	11 720.87	13 035.10
海　南	1 503.06	1 654.21	2 064.50	2 522.66	2 855.54
重　庆	5 793.66	6 530.01	7 925.58	10 011.37	11 409.60
四　川	12 601.23	14 151.28	17 185.48	21 026.68	23 872.80
贵　州	3 561.56	3 912.68	4 602.16	5 701.84	6 852.20
云　南	5 692.12	6 169.75	7 224.18	8 893.12	10 309.47
西　藏	394.85	441.36	507.46	605.83	701.03
陕　西	7 314.58	8 169.80	10 123.48	12 512.30	14 453.68
甘　肃	3 166.82	3 387.56	4 120.75	5 020.37	5 650.20
青　海	1 018.62	1 081.27	1 350.43	1 670.44	1 893.54
宁　夏	1 203.92	1 353.31	1 689.65	2 102.21	2 341.29
新　疆	4 183.21	4 277.05	5 437.47	6 610.05	7 505.31

资料来源：历年《中国统计年鉴》

表5-1显示，2008年，广东省地区生产总值为36 796.71亿元，约相当于湖南省的3倍，贵州省的10倍，西藏自治区的100倍；2012年广东省地区生产总值为57 067.92亿元，约相当于湖南省的2.5倍，贵州省的9倍，西藏自治区的80倍。我国省（直辖市、自治区）际之间经济发展水平不平衡现象的严重程度由此可见一斑。

4. 南北之间经济发展不平衡。由于降水、气温、农作物种植等差异，秦岭—淮河一线成为我国南北方地区的分界线。在改革开放前，因“开发北大荒”、发展东北钢铁工业等政策支持，加上首都北京成为全国的政治经济文化中心，北方的经济发展水平远远领先于南方地区。改革开放后，经济体制及所有制方面的改革为南方经济发展营造了一个自由宽松的环境，“珠三角”和“长三角”经济区的发展大大地带动了南方经济的发展。20世纪90年代以后，南方地区在经济发展上迅速崛起，人均 GDP 年均增长速度达到 27.2%，北方地区经济水平的领先地位被撼动。南方地区经济发展后来居上，不仅在增长速度上超过北方地区，而且在人均 GDP 的绝对值上也超过了北方地区。南方地区经济发展势态之猛烈，使得南北地区之间的经济发展差异进一步拉大，所不同的是南方地区经济发展速度和水平远远超过了北方地区。新中国成立后经济发展走在前头的东三省早已风光不再，素来享有“辽老大”美誉的辽宁省，近年来经济发展水平在全国相对经济发展中有所下降，并已降到全国第 10 位左右，黑龙江和吉林省的地区生产总值排名也逐年下降。

5. 城乡之间经济发展不平衡。城乡差距是我国经济建设中的热点问题，“城市反哺农村”、“农村城镇化”、“缩小城乡差距”也一直是国家和政府重点施行的政策。城乡二元结构被认为是中国城乡经济发展差距越拉越大的重要原因，是中国城乡一体化的重大障碍。而中国城乡经济发展中居民收入差距、生活水平差距、消费水平差距的不断拉大却是一个不容争辩的事实。2012 年，我国城乡居民收入比为 3.10∶1，城镇和农村居民的收入水平仍保持“3”倍以上的差距。然而，据统计，3.10∶1 已经是 10 年来的最低值。

（二）经济产业结构的调整是区域职业教育发展模式创新的要求

产业结构是指国民经济中各产业部门之间以及各产业部门内部的构成。2012 年党的十八大报告中提出，根据我国经济社会发展实际，要在十六大、十七大确立的全面建设小康社会目标的基础上努力实现新的要求。要基本实现工业化，信息化水平大幅提升，这就要求我国在现有经济体制下，继续进行产业结构调整，优化产业布局。

1. 三大产业。三次产业分类法是由新西兰经济学家费希尔在 1935 年所著的《安全与进步的冲突》中首次提出的。他提出人类社会经济活动的发展阶段是：第一阶段：即初级生产阶段，生产活动主要是农业和畜牧业；第二阶段：开始于英国的工业革命（18 世纪 60 年代开始的第一次产业革命），以机器大工业为标志，纺织、钢铁、机器等制造业迅速崛起和发展；第三阶段：开始于 20 世纪初，大量的资本和劳动力流入非物质生产部门，包括商业、运输、旅游、娱乐、文化教育等部门。他将三个阶段的产业分别称之为第一次产业、第二次产业和第三次产业。英国经济学家、统计学家科林·克拉克（1940 年出版了《经济进步的条件》一书）在费希尔的基础上对三次产业的分类进行了局部调整并且进行了实证研究，发现三次产业之间随经济发展阶段的变化展现出一定的规律性——“配第—克拉克定律”①。

---

① 配第—克拉克定律：随人均国民收入水平的提高，劳动力首先由第一产业向第二产业转移；当人均国民收入水平进一步提高后，劳动力便由第二产业向第三产业转移。

三次产业分类法在新西兰和澳大利亚首先使用之后,24 国组成的"经济合作与发展组织"启用该种分类方法,并进行了重新界定:第一产业:农业;第二产业:工业(包括制造业、采掘业、建筑业、公共事业等);第三产业:服务业。欧美多数国家采用这种分类方法。但是,世界各国对产业类型的划分并不完全一致。联合国为统一世界各国的产业分类,1971 年颁布了《全部经济活动的国际标准产业分类索引》,并于 1993 年进行了第三次修改。它把全部经济活动分为 17 个部门,部门下分类别,类别下分组,组下分项。

我国国家标准局于 1994 年在参照联合国标准产业分类的基础上,制定形成了《国民经济行业分类与代码》,将国民经济活动划分为 16 个门类、92 个大类、300 多个中类和更多的小类。中国国家统计局分别对中国的三次产业进行划分,并于 1985 年、2003 年和 2012 年进行修订。根据《国民经济行业分类》,我国的产业分类大概如下:第一产业是指农、林、牧、渔业。第二产业是指采矿业,制造业,电力、燃气及水的生产和供应业,建筑业。第三产业是指除第一、二产业以外的其他行业。第三产业包括:交通运输、仓储和邮政业,信息传输、计算机服务和软件业,批发和零售业,住宿和餐饮业,金融业,房地产业,租赁和商务服务业,科学研究、技术服务和地质勘查业,水利、环境和公共设施管理业,居民服务和其他服务业,教育,卫生、社会保障和社会福利业,文化、体育和娱乐业,公共管理和社会组织,国际组织。

2. *改革开放后经济产业结构的调整*。改革开放后,我国经济体制由计划经济改为市场经济,国家调控不再是经济发展的主导因素,经济发展主要依靠市场需求为导向,实现各个经济主体的优胜劣汰。在市场经济条件下,中国特色社会主义经济要在国际竞争中保持领先地位,务必要遵循价值规律,满足市场需求。虽然计划经济时代我国已经基本实现了国家工业化,但是工业化的程度并不强。1978 年后,我国经济社会依然是继续深化发展工业社会。20 世纪末 21 世纪初,"知识经济"时代兴起,在这个社会大背景下,我国开始了新的经济政策,坚持经济可持续发展,发展绿色经济、环保经济,并把信息技术提上经济发展的日程。在经济发展的不同阶段,由于经济侧重点不同,必然引起经济产业结构的调整,以适应新的经济变化,满足市场需求。

一直以来我国是个农业大国,根深蒂固的农业经济观念使得在我国的经济产业结构中农业的比重一直居高不下。改革开放后,我国重点发展工业,由于国家政策实施和市场需求,第二产业的比重有所上升,并且成为比重最大的产业。然而在我国的经济结构中,作为第三产业的服务业(特别是现代服务业)所占比重一直不大。纵观发达国家的经济产业结构,第三产业在国民经济结构中所占比重相对于第一第二产业都较大。因此,为了促进我国社会经济平稳健康可持续发展,产业结构的调整将是我国经济发展中的一项关键任务。

我国经济结构的调整不仅要以市场为导向,更要关注基本国情,发展中国特色的社会主义经济,在此基础上加快国民经济三大产业结构的优化和升级。因此,在我国经济结构中缩小第一产业比重,但坚持农业的基础地位不动摇,对农业经济结构和农村经济结构进行战略性的调整。调整农村生产布局,充分发挥区域比较优势;依靠现代农业科技,发展优质无公害农产品,确保农产品质量安全;以国内外市场为导向,积极发展农业产业化经营,提高农村经济的整体效益;大力发展乡镇企业,推动农村剩余劳动力向第二、第三产业转移,逐步实现农业生产的规模经营,不断增强农民收入。不断调整和提高第二产业比重,走新型工业化道路。坚持采用高新技术和先进技术,改造和提升传统老工业基地;加大工业结构调整力度,压缩纺织、冶金、煤炭、石化、建材、机械、医药、制糖、烟草等行业过剩和落后的生产能力;加快发展信息、生物、新材料等高新技术产业;坚持以信息化带动工业化,以工业化促进信息化,走出一条科技含量高、经济效益好、资源消耗低、环境污染少、人力资源优势得到充分发挥的新型工业化路子。加快发展第三产业,特别是现代服务业,逐步提高现代服务业在国民经济结构中的比重。加快发展金融、会计、咨询、法律服务等行业,逐步推进连锁经营、物流配送、代理制、电子商务等组织形式和服务方式,大力发展旅游业和文化产业。最近几年,我国的产业结构持续优化,2013 年,第一、二、三次产业的产值结构为 10.0∶43.9∶46.1,第三产业增加值第一次超过了第二产业增加值(见表 5-2)。我国的这个结构与日本 1993 年的第一、第二、第三产业 2∶36∶62 的产值结构尚有很大差距,与发达国家 1971 年的水平基本相当,也和当前东南亚国家的结构基本相当。需要强调的是,虽然我国的产业结构较之以前有了很大改变,但是与发达国家相比差距还很大,调整产业结构我们还有很长的路要走。

表 5-2　中国三个产业产出结构和就业结构变化

	第一产业		第二产业		第三产业	
	产出(%)	就业(%)	产出(%)	就业(%)	产出(%)	就业(%)
1978	28.1	70.1	48.2	17.3	23.7	12.2
1990	27.1	60.1	41.6	21.4	31.3	18.5
1995	20.5	52.2	48.8	23.0	30.7	24.8
2000	15.9	50.0	50.9	22.5	33.3	27.5
2004	15.2	46.9	52.9	22.5	31.9	30.6
2013	10.0	31.4	43.9	30.1	46.1	38.5

资料来源:根据历年《中国统计年鉴》及相关媒体数字整理

3. 区域经济产业结构调整。现代社会经济的增长是以产业结构调整为核心的增长,区域经济增长也遵循这一规律,并根据本地区的自然状况进行产业结构的优化升级,以促进区域经济的增长。区域经济的调整和优化升级是促进区域经济增长的基础,又在区域经济增长的过程中体现出来。

区域经济的发展要与产业结构的调整相适应,这既包括彼此在发展阶段上相适应,也包括在区域优势上相适应。在区域经济发展的不同阶段,产业结构的调整要相互适应,才能促进区域经济的顺利发展,否则,就会出现区域经济的停滞不前。区域经济发展的本质是充分发挥本地区的优势,在空间市场一体化的条件下,实现本地区优势资源的合理分工。当一个区域居于主导地位的产业与本地区的优势相适应,并在全国的分工体系中也处于优势地位时,本区域的经济发展往往是很顺利的。区域产业结构的调整是围绕区域经济优势建立起来的相互联系、相互作用的整体,具有不同功能的产业承担着不同的任务,发挥着不同的作用,相辅相成才能促进区域经济健康、协调、稳定的发展。在这种条件下,区域经济也才能具备更好的自我调节、应变能力,当外部条件发生变化时,区域可以依靠自身的机制与政策的干预进行及时的调整。

浙江的产业结构调整(摘选)①

浙江经济作为长三角经济的重要组成部分,在长三角经济中占有重要的地位。2007 年,浙江的经济总量处于广东、山东和江苏之后,全国排名第四,浙江省人均 GDP 达到 37 411 元,处于北京、上海、天津之后,在全国也是排名第四,浙江省的生产总值大约占到整个长三角生产总值的 1/3。但是,近距离地观察可以发现(参见图 5-1),浙江在长三角经济总量中的比重自 2003 年达到 33.43% 以来,就开始逐步下降,2006 年后,虽然出现缓慢上升的势头,但是再也没有回到 2003 年的高度,由此可见,以 2003 年为基准,浙江在长三角经济总量中的份额是处于下降状态的。我们认为这在很大程度上和浙江产业结构升级迟缓的状态有关。我们用霍夫曼系数的变化来估测苏浙沪的工业化的进程和产业结构演化水平。上海的重化工业化程度最高,表明其工业化和制造业产业结构高度化程度在长三角处于最高状态,其次是江苏,其重工业化程度仅次于上海,而浙江的工业化水平相对比较低,轻工业所占比重较大。虽然在产业结构发展一般规律的推动下,随着经济增长,长三角两省一市的制造业发展的总体趋势都是向着重化工业化方向发展,但浙江省的发展水平落后于苏沪却是不争的事实。动态地看,上海的霍夫曼系数从 2000 年的 0.7 下降到 2007 年的 0.3,下降了 57 个百

---

① 陈建军、陈国亮、崔春梅、葛宝琴:《"十二五"期间浙江在长三角区域一体化发展中的战略研究》,《江淮论坛》,2010 年第 2 期,第 21 – 26 页。

分点;江苏从2000年的0.76下降到2007年的0.41,下降了46个百分点;而浙江同期,从1.18下降到0.76,仅下降了35个百分点,说明了浙江重化工业化的水平低于上海和江苏,产业结构转型升级相对缓慢。

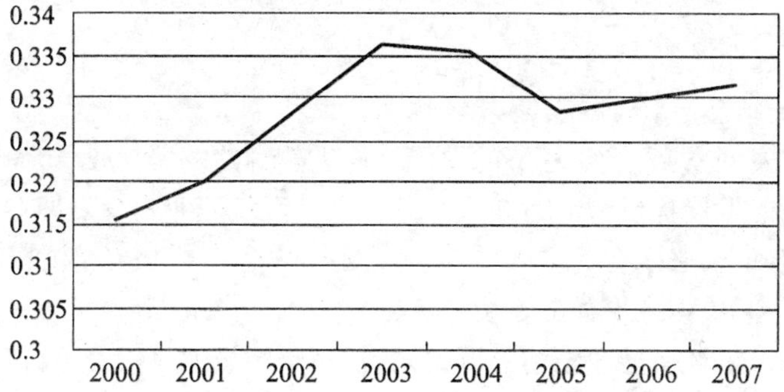

数据来源:《中国统计年鉴》

图5-1　浙江在长三角经济总量中的比重推移

由于浙江在产业发展上处于相对较低的阶段,目前长三角的产业分工态势,客观上已经形成了上海占据产业分工高端,江苏次之,而浙江在总体上居于第三的趋势。在三次产业方面,上海重点发展金融、物流、咨询、总部经济等高附加值服务业,着力打造国际商务平台;浙江和江苏在第三产业方面,只能处于第二层级。在制造业方面,江苏和浙江在总量上居于上海之前,但在制造业结构层次上,上海在加快发展汽车、电子、大型设备等高端制造业的同时,仍在继续发展钢铁、石化等重化工业。江苏一方面在苏南等地大力发展先进制造业和高新技术产业,另一方面在沿江地区加快发展钢铁、石化等重化工业,同时继续发展纺织等传统产业。相比之下,浙江这几年虽然在发展以IT产业为代表的高新技术产业,以及努力发展临港重化工业上有所突破,同时也在积极提升纺织、服装等传统产业,但总的来说,产业结构升级的步伐不够有力,和苏沪等地在产业结构升级方面的差距有扩大的趋势。浙江在长三角区域经济发展地位的下沉是在新的五年规划期间所必须面对的重要问题,因此,如何加快发展转型和产业升级对浙江来说就显得尤为迫切。

必须清醒地认识到,在目前长三角要素资源流动的区域壁垒已经大幅解构的格局下,如果浙江成为经济发展和产业升级的洼地,就会陷入"产业升级失速—要素资源流失—产业升级进一步失速—要素资源进一步流失"的恶性循环,这是一种危险的前景,是浙江所必须避免的。

从内生要素资源构成上说,浙江对长三角一体化会有更多的要求。浙江是一个资源小省,在许多地区,如浙南等地,当地的资源结构已经不足以支撑本地企业的快速发展，于是就有了跨区域发展的强烈需求，这种需求反映到区域层面，就是如何迎合区域经济一体化，利用更多的外部资源，为浙江民营经济创造更好的发展环境。浙江民营经济发展对外扩张的迫切需求是长三角一体化的重要内生动力，在新的五年计划期间，如何利用这种内生动力，推进一体化进程，就是浙江新的历史任务。

4. 区域经济产业结构调整与区域职业教育发展模式创新。教育的发展与国民经济的发展紧密相连，经济的发展会促进教育的发展与改革，而教育的发展又会为经济的发展提供劳动力和人才的保障。区域职业教育发展在遵循教育一般规律的基础上，必定会为本区域的经济发展服务，与区域经济发展的产业结构调整相适应，解决人才供需的矛盾。

就我国区域经济产业结构的调整来说，由于区域的自然资源特色不同，就会产生第一、第二、第三产业比重并不协调的局面。比如东北老工业基地自然资源丰富，相对来说第二产业在经济产业结构中所占比重就会大；而在经济发达、人口众多、资源缺乏的上海地区，则第三产业的比重较大。因此，区域职业教育的发展模式就要根据区域经济发展的优势、区域经济的产业结构做出发展模式上的调整，以适应本区域产业基础上岗位的调整。社会劳动力从劳动密集型向知识密集型产业的转变，从第一产业向第二、三产业的流动，也叫作劳动力产业结构的高移化。区域产业结构的优化升级必然要求劳动力产业结构的调整，相应地要求区域职业教育发展模式进行创新和改革。

（三）现有区域职业教育发展模式存在的弊端使其不得不进行创新

随着我国经济发展方式加快转变和产业结构的不断优化升级，对各层次的技能型人才以及高素质劳动者的需求日益增加，然而已有的区域职业教育发展模式已经不能满足我国经济社会进一步发展的需要，也影响到了职业教育院校学生的培养和职业教育自身的提升。

1. 区域职业教育劳动力输出与产业结构调整之间的矛盾。改革开放后，我国建立社会主义市场经济体制，这无疑为我国区域职业教育的发展提供了新的契机，但同时也对我国职业教育的发展提出了严峻的挑战。这是因为，社会主义市场经济体制的确立，势必要打破原有的计划经济体制，建立新的以市场为导向的经济体制，大规模大幅度地进行我国产业结构和就业结构的调整，进而带来职业岗位类型和就业结构的调整。这样一来，职业教育原有的人才培养模式将进行全新的改变，再加上新生劳动力的需要必将给我国职业教育的发展带来艰巨的任务。

新时代新经济条件下，可持续发展、绿色发展、知识经济已经成为新的口号和新的经济发展方向，经济发展越来越数字化、信息化。我国现有的区域职业教育发展模式，仍是按照原有的为工业社会发展培养单一技术劳动力的培养模式来进行，这批技术工人已经无法适应新的自动化操作，面临着下岗的艰难处境。面对此形势，我国区域职业教育发展模式如果还不进行创新，培养高层次、高技术的毕业生，将不能适应社会的发展、区域产业机构的调整，不仅仅会拖经济发展的后腿，还面临着被淘汰的命运。

2. 区域职业教育专业设置与本地区经济机构之间的矛盾。区域职业教育是现代教育的重要组成部分，它以就业为导向，是国家实现工业化、社会现代化的重要支柱，也是教育事业中与社会经济发展联系最为紧密的部分，是直接服务于经济建设的一种教育方式。职业教育为社会发展培养高素质劳动者和技能型人才，独具地方性的特点。因此，区域职业教育服务与区域社会经济发展的作用，是其他任何教育方式都难以替代的。但是，在国家社会经济高度发展，区域社会经济不平衡发展的今天，区域职业教育的发展仍然是教育发展中的薄弱环节，区域教育专业的设置也与本地区的经济结构不相适应，出现不相关性、饱和性和滞后性。具体表现在区域职业院校专业设置缺乏充分的调查和科学的论证，并且未能够从发展的角度来考虑市场区域经济的发展和市场需求的变化，导致专业设置的一成不变、老化守旧，与区域经济结构相脱节。因此，在这种专业设置下培养出来的人才势必不能适应区域经济的发展，造成资源浪费、人才浪费，制约区域经济的发展。

3. 区域职业教育体系自身存在的弊端。近年来，我国区域职业教育在与社会经济的联系中出现了一系列的问题。比如，职业学校毕业生就业率走低、就业后的毕业生被反映素质低、毕业生不被社会认可等，这一系列的事情严重影响着学生和家长报考职业院校的积极性，影响着职业教育的发展。究其原因，除了一些客观因素外，区域职业教育体系的不完整、不完善也是出现种种现象的重要原因之一。

首先，纵向上来看职业教育体系不完整。我国的职业教育主要包括高等职业教育和中等职业教育。中等职业教育主要招收完成九年制义务的初中毕业生，高等职业教育主要招收参加高考的普通高中毕业生，中等职业院校毕业的学生往往很难再考入高等院校。而我国的职业教育体系除了高等职业教育外，再没有更高层次的本科职业教育、研究生职业教育。

其次，横向上来看职业教育体系不完善。我国的职业教育与普通教育之间似乎是“两条线”，两者的联系与转换并不顺畅。从中等职业教育来看，中等职业学校毕业的学生几乎没有升入普通高校的可能。而我国的普通教育基本上是独立运作，从义务教育开始，普通教育中成绩不好的学生可以走职业教育的道路，而职业教育中的学生走回普通教育的道路却是很难的事情。从高等职业教育来看，即使是现在的“专升本”制度也对职校毕业生有严格的控制。高等职业院校毕业的学生要想深造只能考入普通本科，而普通本科面对高职招生有严格的专业性、地域性的要求。

再次，从职业教育与区域经济社会的联系来看，二者的联系并不紧密。区域职业教育与本地区的经济发展缺乏有效的沟通，导致职业教育在办学模式、人才培养模式、专业设置等方面不能与区域经济保持一致性，从而不能有效地推动区域经济的发展，即使现在我国职业教育发展中的“校企合作”模式在解决这一问题上也并没有很好地发挥作用。

三、区域职业教育发展模式创新的已有基础

任何事物的发展都有其所依赖的现实基础，区域职业教育发展模式创新也不例外。现实基础即已有的对事物发展起积极作用的客观现实。对于区域职业教育发展模式创新来说，现实基础则是其所处的经济环境、社会环境、政治环境、文化传统环境以及职业教育多年来的发展所奠定的基础。

（一）区域经济发展已经取得的成绩

作为一个在国际竞争中具有强大竞争力的国家，我国社会主义市场经济建设虽然存在着很多问题，但是国家政府在发挥市场经济的基础作用的同时，还对经济发展进行宏观调控，保证国家经济健康稳定地发展。改革开放三十多年的发展历程，使得我国的区域经济无论是从 GDP 的增长还是经济产业结构调整的角度上来说，都取得了长足的进展。

1. 我国区域经济取得的成果为区域职业教育发展模式创新提供经济上的保障。虽然区域经济发展不平衡一直是我国经济发展中永恒的话题，但是从整体上来看，我国区域经济还是处在不断的上升阶段。为了解决区域经济发展不平衡的问题，我国实行西部大开发、中部崛起的经济战略，促使中西部地区的经济也有了快速的增长。从 GDP 来看，我国东中西部地区的国民经济总产值尽管还是有发展上的不平衡，但是均有所增长，详见表 5-3。

表 5-3　东中西部地区国民经济总产值(亿元)

地区/时间	2008	2009	2010	2011	2012
东部	177 579.56	196 674.41	232 030.67	271 354.75	295 892.0
中部	63 188.03	70 577.56	86 109.38	104 473.87	116 277.7
西部	58 256.58	66 973.48	81 408.49	100 234.96	113 904.8

资料来源：历年《中国统计年鉴》

从表 5-2 中可以看出，我国区域经济发展的国民生产总值都是呈上升趋势，

呈现良好的发展势头。东部地区从 2008 年的 177 579.56 亿元增长到 2012 年的 295 892.0 亿元;中部地区从 2008 年的 63 188.03 亿元增长到 2012 年的116 277.7 亿元;西部地区从 2008 年的 58 256.58 亿元增长到 2012 年的113 904.8亿元。我国区域经济增长的现状为我国区域职业发展奠定了经济基础,为区域职业教育发展模式创新提供财政上的支持。

2. 区域经济结构的调整为区域职业教育发展提供岗位支持。区域经济产业结构的调整可以为区域职业教育发展模式创新提供岗位支持,这是因为产业结构的调整影响着社会主义市场经济条件下,劳动力市场发展对人才的需求,从而影响到区域职业教育的专业设置以及人才培养。在社会主义市场经济环境中,市场是配置资源(包括劳动力资源)的决定性力量,市场需求的选择导致了各类生产部门的优胜劣汰,出现产业结构的优化升级。伴随着产业结构的优化升级会出现各类生产部门的淘汰或者新增现象,当旧的生产方式不能适应新的经济的发展,原有生产部门就有可能会被淘汰掉,或者所需工作人员减少。比如在高科技时代,机械操作实现自动化,工具的使用和操作不再需要那么多的劳动力,一些工作岗位就没有了存在的价值。然而伴随着高科技的产生,一些更复杂的、专业性更强的新生部门开始出现,这就要求教育部门随着市场对人才需求的变化来设置新的专业、转变人才培养模式,而职业教育发展模式转变后所培养的与经济市场需要相匹配的毕业生,也有了与之相适应的工作岗位。

从图 5-2 可以看出,我国东中西部地区的产业结构都随着经济的发展、社会的进步做出了相应的变化。第一产业比重的降低,第二、第三产业比重的提升使得劳动密集型岗位减少、高精尖等高技能型岗位增多。这样一来,区域职业教育发展模式创新后培养出来的专业型、技能型人才在未来的就业中就有了岗位保障。

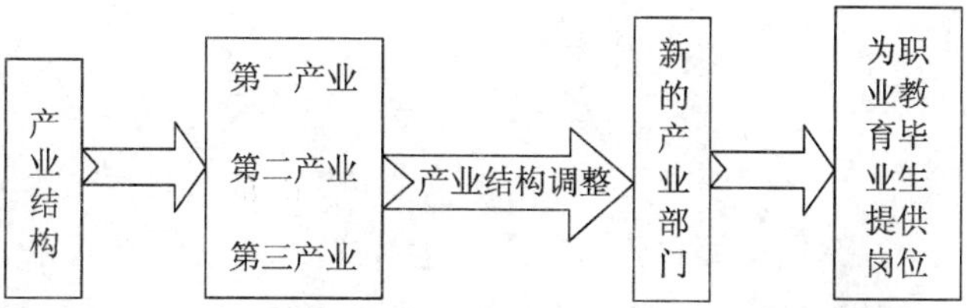

图 5-2　经济产业结构调整与职业教育发展之间的关系

(二) 不同区域的特色经济是本地区区域职业教育模式创新的源泉

我国拥有辽阔的疆土,是一个地大物博的国家,自然资源的分布也呈现出了不平衡的状态。随着时代的进步,经济的发展,这种自然资源丰富却分布不均匀的状态使得我国的经济发展时刻都面临着严峻的挑战,区域经济发展不平衡也是区域自然资源分布不均衡的产物之一。然而,不均衡的区域经济发展导致了不同区域的经济发展特色。与区域经济发展关联十分紧密的区域职业教育也在此基础上形成了独自的办学特色。以上海市长宁区职业教育发展为例,长宁区职业教育的发展就是在适应本地区经济特色的基础上进行改革和调整的。

上海市长宁区区域经济定位——现代服务业

长宁区在区域经济发展过程中,选择了现代服务业。现代服务业的发展基础是市场,产业特色则取决于城市的功能。发展服务也不可能在所有的领域都形成优势,应该建立与城市功能相适应的服务业产业体系,根据各自的资源禀赋,突出区域优势和特色,同时也可以和周边地区形成错位竞争,增强辐射效应。长三角地区的上海、苏州、宁波等城市都在发展现代服务业,虽然城市规模和经济水平有很大差别,但可以说各有各的精彩,各有各的优势,根据各自的城市功能和特点形成了不同的风格。而对上海长宁区来说,之所以选择现代服务业主要是基于长宁区以下几个方面的特点:

(1) 立体交通网络。上海虹桥国际机场是国内枢纽机场之一,担负着上海市大部分对外航空客运、货运业务。2006 年,通航虹桥机场的国内外航空公司近 30 家,通航的国际和地区城市 40 个,国内城市 61 个。航线覆盖日本、美国、法国、澳大利亚、加拿大、英国、中国香港、中国澳门等国家和地区。虽然随着浦东国际机场的建立,虹桥国际机场的作用有一定的削弱,但其作用和功能仍然不可替代。延安路高架直通外环线,连接沪宁高速公路、沪杭高速公路和沪青高速公路,形成上海通往外省市的高速交通枢纽;随着地铁二号线延伸段的建成和主干道江苏路、长宁路、华山路的拓宽,长宁区初步形成了快速干道交通。长宁区已成为上海对外联络交往的重要区域和商流、信息流、人流、资金流、物流汇聚中心之一。“十一五”期间,长宁区将进一步以拓宽、贯通、新建道路,完善道路网络为重点,构建网络化、立体化的交通设施。

(2) 涉外功能。长宁区域内拥有以外事外贸为特征的虹桥涉外贸易中心,还坐落着近 40 家宾馆,其中四星级以上宾馆 8 家,注册了千余户外资、外贸企业,居住着万余名境外人士。中国加入 WTO,尤其是承诺开放服务贸易投资市场和降低关税等,对长宁区发展服务贸易、扩大投资、扩大进出口将十分有利。

(3) 商务楼群和展览展示容量。虹桥开发区及周边地区是上海市涉外商务楼最为集聚的区域之一。虹桥开发区约有写字楼 40 万平方米,周围还拥有上海城、安泰大厦、远东国际广场、鑫达大厦、虹桥公寓等商务办公楼,办公面积约 20 万平方米。长宁区的展览展示行业在上海同业中占据重要地位,其中世贸商城设有 2 500 间常年专业展览席位,面积达到 14 万平方米,上海国际展览中心展场面积达 1.2 万平方米,上海农业展览馆展场面积达到 0.8 万平方米,是上海展馆最集中、配套功能最齐全的区域。

上海市长宁区区域职业教育发展措施

人才是第一资源,区域特色是职业教育发展的生命线。职业教育的目的就是培养学生的就业能力,让他们适应岗位需要,为区域经济发展服务。基于长宁特色的区域经济,职业教育有了自己的发展定位。

努力提高培训质量,打造培训机构的品质,提升职业教育在社会的地位,创造自己的职业教育品牌。从长宁区来看,职业培训机构品质的打造,在整体上虽然取得一定的成绩,但仍有待于进一步提高。近几年来,在长宁区逐渐形成了东华大学的服装CAD、服装制版等培训,华东政法大学的国家司法考试培训,上海交通大学管理学院与多个国家的MBA国际合作教学培训,上海工程技术大学的计算中心、艺术设计展示中心和服装设计展示中心等5个设备先进的教学实训基地提供的相关培训,外贸学院的商务单证、国际商务师和外销员(国家人事部、商务部联合考核发证)、报关员(中国海关总署发证)、国际货运代理考证(商务部发证)、现代物流(市委组织部,市人事局、教委联合发证)、跟单员和报检员等相关证书的培训及其会展服务人员培训基地提供的会展人才培训。这些培训在上海乃至全国都享有良好的声誉,从这里走出去的学生也能在各自的岗位上学以致用,得到了用人单位的充分认可。这说明我们的教育培训机构的品质正在一天天形成。但这还远远不够,我们要充分利用上海的地理优势,打造更多的品质项目,同时进一步提升各个培训机构的品牌力量,要在全国甚至世界的职业教育里面具备"谁人不识君"的霸气。

(三) 区域职业教育改革与探索取得的经验

如果从19世纪60年代的实业教育算起,我国职业教育的发展也已经有一百多年的历史了。新中国成立后,中国的职业教育经历了调整、整顿、改革、完善、提高等阶段,不断发展壮大。在职业教育发展过程中,我们除了看到职业教育发展中存在的问题之外,还应该看到其取得的成果。区域职业教育模式作为职业教育发展过程中表现出的一种发展形态或组织方式,也取得了一定成果,积累了一些经验。

1. 充分发挥政府的推动作用。从于志晶、陈衍编著的《区域战略——地方职业教育发展报告》中可以看到,在地方职业教育发展中,无论是苏南之变、宁波的发展还是长春谋略,每个地区的职业教育发展都离不开地方政府的支持,都有地方政府为推动职业教育发展而努力的身影。以宁波职业教育的发展为例,宁波市委市政府提出,政府该补位的要补位,该退位的要退位。他们打出了非常漂亮的四张牌:统一制定政策法规、统筹规划、统筹资源、统筹经费,为宁波职业教育高歌猛进提供了强大的后盾。[①] 宁波市政府在中央政府制定的相关政策基础上,相继颁布了一些促进和规范职业教育发展的地方法规,并且成立了以市长为组长的职教发展小组,统筹规划,无论是在招生还是在职业教育改革中,都充分发挥地方政府的宏观调控作用;在资源利用以及经费来源上,宁波市政府继续统筹规划的实施策略,合理地配置职教资源,以政府拨款为主,拓宽职业教育发展的经济来源渠道,最终为宁波职业教育开辟了一条独特的发展之路。

从各地职业教育发展的经验中,我们不难看出,地方政府的推动作用是不容忽略的。区域职业教育的发展与区域经济紧密相连,更离不开地方政府的大力支持,区域职业教育发展模式创新所需要的资源调配、资金支持等等都要在地方政府的宏观调控下才能更好地进行。

2. 根据本区域特色,发展特色职业教育,打造职教品牌。社会主义市场经济下,价值规律使得人们在市场竞争中会坚持"人无我有,人有我优"的原则。同样,这一原则更适用于区域职业教育的发展,尤其是具有地域特色的职业教育,以特色促进职业教育发展,更以职业教育发展促进区域特色经济发展。在这方面,陕西的经验值得关注。有人说,研究中国的农业,要去陕西,研究中国的职业教育,也要去陕西。在陕西这片黄土地上,上演着中国农业的发展史。陕西省是一个典型的农业大省,全省农村人口占总人口的七成以上,种植业、养殖业仍旧是多数农民的主要经济来源。面对陕西省农业经济为主、城乡二元结构明显的区域经济发展的独特性,陕西省政府非常重视解决"三农"问题,并认为解决"三农"问题的措施一是要发展农村职业教育和成人职业教育;再就是加大对职业教育的政策支持和财政支持力度,并统筹设置种植业、林牧业等与农业相关的专业。近几年来,陕西省职业教育赢得了越来越多关切的目光。陕西省依托地区经济特色打造特色职业教育,不仅仅使本地区的职业教育蓬勃发展,而且促进了区域经济的飞速发展,是职业教育发展模式创新的成功案例。

发展特色区域职业教育,根据本区域的经济特色开展职业教育发展模式的创新,是我国区域职业教育发展模式创新的又一成功经验。

四、区域职业教育发展模式创新的驱动力量

职业教育是事关国家长远发展和每一位国民福祉的事业,职业教育事业的发展依赖于国家和全体人民的支持。作为特殊教育类型的区域职业教育,其发

---

① 于志晶、陈衍编著:《区域战略——地方职业教育发展报告》,东北师范大学出版社,2007 年,第 52 - 56 页。

展模式的创新也不能仅仅依靠自身的努力,更需要方方面面的关注和支持。当国家和社会给予区域职业教育更多的重视、更多的扶持时,区域职业教育发展模式的创新之路才会更顺畅,才能更好地践行。

(一) 区域职业教育发展模式创新得到国家及地方政府的重视和支持

区域职业教育对区域经济发展的作用是显而易见的,因此国家和地方政府无论是在政策上还是在经济上,都应该大力支持区域职业教育的发展。自新中国成立后,国家就出台了各种政策来推动职业教育的发展,并在经济上给予财政拨款。地方政府在推动区域职业教育发展模式创新上更是起到了关键性的作用。

1. 国家在政策和财政上的支持。在区域职业教育发展的历程中,国家一直扮演着很重要的角色,国家政策和财政的支持更是区域职业教育不断向前发展的重要条件。2010 年,国家颁布了《国家中长期教育改革和发展规划纲要(2010—2020 年)》(以下简称《规划纲要》),明确提出政府要履行发展职业教育的职责,并且明确了职业教育对推动经济发展和促进就业等方面的重要作用。为了贯彻落实《规划纲要》,教育部相继立项了多达 425 个试点项目,分十大领域要求各级地方政府、大学进行系统创新探索。在 425 个试点项目中有 56 个与职业教育有关的改革项目。作为对国家层面的《规划纲要》的贯彻落实,各省、自治区和直辖市都纷纷制定并颁布本地区中长期教育改革发展规划纲要。截至 2011 年 5 月底,全国 31 个省、直辖市、自治区全部制定出台了本地区中长期教育改革规划纲要。其中有 25 个省、市、自治区(北京市、内蒙古自治区、广东省、山东省、辽宁省、福建省、吉林省、重庆市、湖北省、宁夏回族自治区、陕西省、山西省、黑龙江省、新疆维吾尔自治区、青海省、湖南省、海南省、河南省、江西省、四川省、安徽省、广西壮族自治区、西藏自治区、甘肃省、云南省)在本地区职业教育发展目标中,明确提出了构建现代职业教育体系;上海市、江苏省、浙江省在本地区职业教育发展任务中,提出构建(完善)职业教育体系(或者现代职业教育体系)。天津市、河北省、贵州省虽然既没有在本地区职业教育发展目标中明确提出构建现代职业教育体系,也没有在本地区职业教育发展任务中明确提出构建(完善)职业教育体系(或者现代职业教育体系),但是在其本地区职业教育发展目标和发展任务中,也列了一些与构建体系有关的工作。在各省、市、自治区下面,一些省辖市(包括计划单列城市)也都提出要构建现代职业教育体系,比如浙江宁波市、山东青岛市、广东清远市等,甚至一些县(市)、区、职业院校都提出构建现代职业教育体系。一时之间,形成了省、市、县都在争先恐后构建现代职业教育体系的局面。① 在财政支持方面，国家财政性教育经费呈不断增长的趋势，国家政府对职业教育的财政投入加大。见表5-4。

表5-4 近几年国家财政性教育经费统计表（单位：万元）

类别/年份	2011	2010	2009	2008	2007
中等职业学校	12 590 644	9 682 826	8 141 848	6 822 714	5 121 957
中等专业学校	5 671 922	4 151 336	3 307 110	2 658 848	1 951 638
职业高中	5 062 497	3 927 611	3 465 887	3 089 551	2 280 925
技工学校	1 236 388	1 070 922	878 354	640 771	518 894
成人中专学校	619 837	532 957	490 497	433 543	370 500
成人高等学校	728 288	635 181	628 760	589 445	498 001

资料来源：根据历年《中国教育年鉴》整理

从表5-4可以看出，国家逐年加大了对各类职业教育院校的财政性投入，体现了国家对职业教育的重视与支持。这无疑加大了对区域职业教育发展模式探索在经济上的支持。

2. 地方政府极力推进区域职业教育发展模式创新。区域职业教育发展以区域经济发展为依托，其发展模式的创新离不开地方政府的有力推动。从全国的职业教育发展情况来看，地方政府都在加大对区域职业教育发展模式创新的支持力度。

我国实行国家宏观管理、地方政府直接管理的职业教育管理体制，这种职业教育管理体制凸显出地方政府的重要作用。前面在介绍我国区域职业教育发展取得的已有经验时讲到，地方政府在职业教育发展的转变中起着至关重要的作用。区域职业教育的发展不仅仅是教育行为，更是政府行为，其发展方式的转变依赖于政策的支持，依赖于地方政府的宏观调控和统筹管理。区域资源的合理利用、职业教育发展的经费来源都需要地方的大力扶持。区域职业教育发展模式的转变不能单单当成职业院校或者是教育工作者的任务，地方政府的介入更能够有力地推动区域职业教育的发展。区域不仅是职业教育的全国和社会的教育，更是地方政府的教育，其无论是在发展模式还是在办学上的前进都是地方政府作为的一种体现。地方政府领导区域职业院校、职业教育研究者进行发展模式的创新，充分发挥其组织者、统筹者角色的作用，将会更好地促进职业教育发展模式的转变。

① 庄西真：《区域构建现代职业教育体系：为何与何为》，《职教论坛》，2013年第2期，第10页。

(二) 研究者及执行者的理论与实践推动了区域职业教育发展模式的创新

职业教育研究者是在职业教育领域做出理论研究并进行实践的教育家及教研人员，是区域职业教育发展模式创新理念的提出者及研究者，而执行者主要是指职业院校的领导者，他们把职业教育发展模式的理论落实到实践中去。职业教育领域的研究者和执行者，是区域职业教育发展模式创新道路上不可或缺的主力军，有了理论研究，创新才能成为可能，只有当理论变成现实，创新才有了实践的意义。

谈到职业教育家，黄炎培是不得不提的实业教育家。黄炎培把毕生精力奉献给了我国职业教育的发展，为建设中国的职业教育事业做出过重要的贡献。他所创建的中华职教社以及"谋个性之发展"、"为个人谋生之准备"、"为个人服务社会之准备"的职业教育精神，对当今我国职业教育发展模式的创新都有现实意义。

区域职业教育之所以蓬勃地发展，与一大批为职业教育的发展不懈努力的教育研究者们密切相关。他们把自身投入到对职业教育事业发展的研究当中，从职业教育发展的历史经验、现实问题中寻找职业教育发展的路径，力图使我国的职业教育在现代社会中能够与时俱进，跟上国家工业化、城市化的步伐，在服务于区域经济发展、社会进步的过程中彰显职业教育的特色。中国的区域职业教育是一种特殊的教育，它为社会主义发展培养直接的专业人才、技能型人才，它的特殊性决定了其在发展过程中一定会遇到这样那样的问题，遭受这样那样的挫折。我国的职业教育研究者对国内各类职业教育研究投入了极大的热情，他们深入生产（或工作）一线、展开调查研究，并借鉴国外职业教育发展的先进经验，在充分而又科学地分析的基础上，为中国职业教育的发展建言献策。

各级政府为了增强决策的科学性，也会就职业教育发展中的若干问题，以课题的形式委托相关职业教育研究机构开展研究，职业教育研究者会运用多种研究方法，广泛地展开调研，在对搜集的资料进行分析的基础上，形成研究报告，为政府科学决策提供参考。研究者的理念和研究成果也会通过专业期刊而得到转播和流布，目前中国职业教育类的核心期刊有《中国职业技术教育》《教育与职业》《职教论坛》《职业技术教育》等，每一期刊物都从办学、课程、就业等方面刊登国内职业教育领域有价值的文章，这些文章中提到的职业教育发展理念对我国职业教育发展都会是一种很好的借鉴。在中国知网、万方数据等数字图书馆进行检索，每年大约有 10 000 余篇职业教育类论文发表，这些都是我国职业教育研究者们成果的体现。职业教育研究者作为理论研究专家，在职业教育领域是一支强大的力量，为我国职业教育的发展铺垫基石，做好理论基础，其贡献是不可忽视的。

区域职业教育发展模式创新的理念只有落到实处,才能将理论转化为现实,将虚空的理念转化为现实的发展,才能体现理论的价值所在。在这一环节中起关键作用的就是职业院校的领导者们,他们是理念的执行者,是政策的落实者。只有当他们真正领会了职业教育发展模式创新的本质,并相信其可行性,才会制订发展计划,并在学校范围内广泛实施。因此,理念执行者在区域职业教育发展模式创新中是一个重要的角色。一个有责任意识、有发展意识的领导者将会认真领会创新理念,对职业教育院校负责,把创新理念转变成现实,推动区域职业教育发展模式的创新。

(三)区域经济发展是区域职业教育发展模式创新的坚强后盾

区域职业教育的发展不是孤立进行的,而是与区域经济发展紧密相连的。区域经济的发展为区域职业教育的发展提供经费支持和物质基础,为区域职业教育毕业生提供就业岗位,是职业教育发展模式创新的坚强后盾。区域经济发展可以成为区域职业教育发展模式创新的导向,为职业教育发展指明方向,有利于职业教育根据经济社会发展的趋势和要求设置相关专业,确定课程内容。

1. 区域经济发展现状。本书前面讲到,区域经济发展不平衡是我国经济发展的现状,也是各级政府需要着力解决的“隐患”。但是,改革开放三十多年来区域经济发展水平的整体提升也是不争事实。区域经济发展水平的稳步提升前文已有介绍,此处将不再赘述。

2. 区域经济下校企合作模式的进展。“校企合作”是在新时期,随着我国职业教育办学模式的逐渐改革而被提出来的,既是对国外职业教育发展模式的借鉴,又蕴含着我国职业教育发展的独自探索。校企合作是一种注重培养质量,注重在校学习与企业实践相结合,注重学校与企业资源、信息共享的“双赢”模式。实行校企合作、工学结合的职业教育人才培养模式,是技能型人才培养的有效途径,因此,校企合作办学模式已经成为我国区域职业教育发展的重要模式。

“校企合作”是学校与企业的共赢与合作,因此合作企业的选择是职业院校顺利开展合作发展模式的第一步。区域经济的发展与企业的发展密切相关,二者是相辅相成的关系,当一个地区的经济有所发展,呈现强劲势头时,能够为企业的发展提供一个良好的市场环境、竞争环境,促进企业竞争力的提升,给企业的发展增添新的生命力。区域经济内,优秀企业的存在有利于职业教育“校企合作”发展模式的顺利进行,为企业发展、为职业教育发展提供优良、宽松的经济环境。

五、区域职业教育发展模式创新的约束因素

为了推进区域职业教育发展模式的创新,国家、政府、社会都做出了相应的努力,然而,任何事物的前进都是伴随着挫折和困难的。因此,制约区域职业教

育发展模式创新的因素依然存在。

（一）中国国民传统观念强烈影响着区域职业教育发展模式创新

"观念"一词本来是一个哲学术语，在柏拉图、黑格尔看来，它是世界的本原，万事万物不过是它的外化。辩证唯物主义认为，观念是对客观现实的反映、是客观现实存在于人脑中的映像，所以观念与意识、思维、精神及与其相对应的物质、存在一起构成基本的哲学范畴。因此，"观念"包括人们所拥有的价值观、信念、伦理道德等等，具体指人们对社会、对事物、对他人、对人生所形成的看法和期望。一般来说，在我们谈到社会观念时，不是从心理学的意义上来说的，而大多是从哲学的角度来谈的。考虑到观念主体的个体与群体差异，我们将社会观念分为两个方面：第一，社会观念是一个独立个体对社会所形成的系统化、理论化的认识或观念形态；第二，社会观念是一个社会群体对社会所形成的系统化、理论化的认识或观念形态。① 本书所讲的传统观念是一个社会群体长久以来所形成的系统化、理论化的认识。

1. 家长、社会大众眼中的区域职业教育。在一些地方的家长和社会大众眼里，职业学校只是一个让学生学到一门技能、一门手艺的地方，对职业教育的特性和功用并没有清晰的认识和定位。传统文化中"劳心者治人，劳力者治于人"的歧视体力劳动的观念深入人心，家长们认为职业院校毕业的孩子们只能在未来的社会中从事体力劳动的工作。因此在孩子面临学校的选择时，家长往往不了解孩子未来的职业意向，不了解孩子的兴趣所在，一味把孩子送入普通高中或者是重点大学，家长认为只有读重点大学的孩子才符合他们"望子成龙"的期望。而职业学校在家长和社会大众的眼中是"坏孩子的收容所"，只有那些学习成绩不好的孩子才会考进职校，成为一名职校生。此外职业院校也成为家长们退而求其次的选择，当孩子成绩不好时，家长们抱着"有学校读也不错了"、"学一门技术混饭吃"的心态把孩子送往职业院校。还有的家长只是把职业院校当作自己孩子升入本科院校的一个跳板，孩子在学校里并不想做一名真正的职校生，只是想取得升入本科院校的一个资格。家长及社会大众对职业院校缺乏客观、科学的认知，长久以来形成的存在于社会大众中的错误观念，严重影响着人们对职业教育的选择，进而影响着职业院校的招生，阻碍着职业教育的发展。

2. 社会企业、单位眼中的区域职业教育。从职业院校毕业生的就业情况来看，社会企业、单位并没有提供一个优良的就业环境。现代企业中，招聘新员工时，学历成为进入企业的门槛，在这种情况下，职校生就先天性失去了竞争个人意向工作岗位的权利。因此，即使区域职业教育培养出了与区域经济相适应的

① 罗必良：《观念、制度与思想解放》，《广东社会科学》，2008 年第 6 期，第 13－18 页。

高技能型人才，却不能使这些毕业生们有用武之地，很多学生只是进入小企业工作，或者转到其他行业工作，或者自主创业，造成人才的巨大浪费。这不仅仅影响到职业院校的招生工作，也影响到学生报考职业院校的积极性，对职业院校的发展是极其不利的。

在当今社会，众多事业单位在招录人员进行资格审核时也对求职者学历有着硬性规定，比如公务员、教师考试中，学历要求一栏大多数要求本科及其以上学历，这又给职业教育毕业生关上了一扇职业选择的大门。以国家公务员报考为例，在2013年公务员国考职位选择中，把学历定位为大专进行筛选的职位只有一千多个，而以本科学历进行筛选的职位有一万多个，以硕士和博士学历进行筛选的职位分别有7 825和6 990个，后三者远远超过了大专学历，而第二批次的专科学历持有者根本就没有报考的资格。我国职业教育的专业设置中也有社会科学类专业，比如英语专业、学前教育类专业，等等，这些社科类专业为未来社会的发展培养了各类人才，如教师等，但是目前教师招聘的专业性选择、高学历选择使得职业教育社科类人才的培养面临着窘境。

政府机关和企业、事业单位对职业教育学历的社会认可度低，直接导致职业教育生源减少，在职业教育发展模式创新中形成严重障碍。

（二）地方政府对区域职业教育发展模式创新的认识不足

从长期以来的区域职业教育发展可以看到，我国区域职业教育发展过程中，起主导作用的是地方政府的决策与领导。地方政府在区域职业教育发展模式创新中所作出的决策，所实施的领导方案以及其行动力都深刻地影响着区域职业教育事业的发展壮大。

1. 我国区域职业教育管理体制先天存在不足。职业教育管理体制是指职业教育管理机构、职权划分及保证职业教育顺利发展而建立的一系列规章制度的总称。我国现行职业教育管理体制的宏观决策权高度集中在中央，在此之下由两条主线构成：一是以部门隶属为主线，包括教育、劳动、计划、财政等在内的政府各有关部门设有主管相关部门职业教育的机构（比如人力资源与社会保障部的职业能力建设司、财政部人事教育司、工业与信息化部的人教司等），负责制定职业教育方针、政策、法规、制度等方面的工作，具体到职业学校的管理，除直属学校由国务院各部委办局直接管理外，其他学校则由省、市、县对应的相关部门管理；二是以行政隶属为主线，省市县相关的职业教育管理部门在中央的宏观政策指导下，接受来自各级政府的管辖。①

由此可以看出我国区域职业教育实行中央政府宏观管理，地方各级政府依

---

① 刘玉琼：《大职教观下区域职教管理体制变革研究》，湖南农业大学学位论文，2012年。

照中央的方针政策做出各项决议、决定的管理体制。因此，在区域职业教育发展模式创新中，地方政府将起着至关重要的作用。地方政府的科学决策及其对区域职业教育发展模式创新的热情都将有力地促进区域职业教育发展模式的创新，反之，则会妨碍区域职业教育发展模式的创新。

2. 地方政府对创新缺乏正确的认识。创新并不一定是抛弃旧观念、创造新观念，摒弃一切旧俗、开辟一条新路，创新可以是在原有发展基础上的一种提升与突破，也可以是在原有事物的启发下生成的一种新事物，只要是有社会价值或者个人价值，并在原有基础上有所突破的都可以称之为创新。创新的本质就是突破，即突破旧的思维方式、旧的规范、旧的戒律。创新活动的核心是"新"字，它或者是产品的结构、性能以及外部特征的改变，或者是造型设计、内容的表现形式和手段的创造，或者是内容的丰富和完善。

在中国现有的管理体制下面，地方政府主要领导是区域职业教育发展方式决策者，当他们正确认识创新，并认识到通过创新，引入某种新的职业教育发展模式能够给他们自身和所在地区的职业教育发展带来明显好处时，才会决定将其引入进来。然而，在地方政府领导下的区域职业教育几经发展，仍然面临着教育发展模式创新的难题。一来，地方政府的领导者和决策者并不能真正领会创新的含义，把创新与个人政绩联系起来，一味追求"创造"，追求不一样的东西，这使得职业教育发展模式创新脱离了其正常轨道，往往创新没有"新"，只有"创"，并且不一定创造出成果，反而浪费了更多的人力、物力、财力。因此，地方政府决策者的认知结构和学习能力在职业教育发展模式转变中扮演着至关重要的角色。地方政府对创新本身认识上的不足极有可能影响到区域职业教育发展模式的变革。二来，地方政府在职业教育发展模式转变之初，并不一定能够认识到职业教育发展模式的转变或者说发展模式怎样转变，才能给本地区的职业教育带来实实在在的发展，带来重大的改变。地方政府决策者在分析本地区职业教育所面临的内、外部压力时由于对新的发展路径了解不清、认识不深而导致不敢或者不愿意引入新的发展模式，将会严重阻碍区域职业教育发展模式的创新进程。即使地方政府领导者和决策者对区域职业教育发展模式的转变投入极大的热情，对创新性认识的缺乏同样会成为区域职业教育发展模式创新路上的绊脚石。

（三）资金短缺是影响区域职业教育发展模式创新的重要因素

近年来，各地方政府在财政上都对区域职业教育的发展给予了大力支持，积极通过确立专项资金的方式加大对职业教育的投入力度。例如，2013 年 10 月，陕西省政府发布了《关于做好 2014 年职业教育发展专项资金建设项目申报工作的通知》，明确了项目资金的管理工作。然而，资金缺乏仍然是职业教育发展面临的制约性问题。

1. 区域职业教育办学资金来源。我国区域职业教育采取以政府财政投入为主,多方筹措资金办学的投入机制。除了政府的财政性投入外,我国区域职业教育资金来源还有社会的捐赠、学校校办企事业的收入、学杂费等。其中最主要的办学资金依赖于政府的财政投入和学校校办企业的收入,在校办企业效益较好的学校,校办企业的收入成为学校办学的主要资金来源。而对一些校企合作开展得不尽如人意的职业院校来说,中央政府的财政拨款成为其获得办学资金的主要渠道。

2. 资金短缺产生的问题。前已述及,国家对我国职业教育的财政性拨款逐年增加,经费投入力度加大。然而当把职业教育与基础教育和高等教育比较时,发现职业教育的财政性经费投入占国家教育经费投入的不到百分之二,占普通教育的不到百分之二,职业教育的财政性经费投入严重不足。政府财政投入的不足,对于那些主要依靠国家财政投入办学的职业院校来说,将会影响其正常的教育教学工作的开展。

(1) 资金短缺与设备配置。职业教育是以就业为导向,培养学生技术技能的教育,因此职业院校应该有比较充足的教学设施以及实习实训的实践操作设备。但是学校办学资金的短缺严重影响到了职业院校的设备配置。首先,职业院校的教学设备和实践操作设备需要随着社会的进步、经济的发展而不断更新换代。但是,办学资金短缺问题使得职业院校并没有能力更新陈旧的设备,导致教学设备难以更新换代。其次,新设备的引进和配置对职业院校来说是至关重要的。然而,当学校资金缺乏,办学经费不足时,学校领导层引进新设备、配备新设备的想法就会消亡了。

(2) 资金短缺与师资力量。对于一所职业学校来说,教师是关键,是核心,没有了教师的存在,学校将不再是学校,教育也不能再称其为教育。因此,无论是职业教育的发展还是其他类型教育的发展都不能离开教师而存在。工资水平、学校福利、教学环境都会影响教师对教育类型和学校的选择。优秀、有能力的教师在能够进入条件优越的学校中任教的时候,往往会选择工资高的、福利好的、教学环境舒适的学校。当教育经费不足、办学资金缺乏的时候就不可能有高工资和优越的教育教学环境,当然也就失去了吸引优秀教师的条件。目前职业教育中存在的师资不足现象,与职业教育资金不足也有一定的相关性。

区域职业教育不仅仅是地方的事业,更是全社会的事业,这个事业需要所有人和组织的关心、参与和支持,这个特点决定了区域职业教育发展模式创新具有高度的复杂性、艰巨性和长期性。因此,就更需要综合分析各影响因素,充分利用各种资源,扬长避短,规避发展的障碍,这样才能为区域职业教育发展模式的创新开拓道路。

第六章 区域职业教育发展模式创新的实践案例

虽然区域职业教育发展模式创新还处于不断探索阶段，无论是在专业设置、教学模式还是在人才培养、教材开发等方面都存在着许多急待研究的问题，但是这不能掩盖这样的事实，在我国尤其是东南沿海经济发达地区，基于各自的区域经济社会状况，已经开展了各种各样的、层次不一的包括职业教育诸多领域发展模式的创新实践。

一、长江三角洲高等职业教育发展模式创新案例

长江三角洲(以下简称“长三角”)地区是我国较为典型的区域经济发展群，也是高等职业教育发展比较迅速的地区。为适应区域经济的不断发展与产业结构的优化升级，长三角地区高等职业教育不断地改革与创新。

(一) 长三角产业经济特点与发展战略

根据国务院2010年批准的《长江三角洲地区区域规划》，长江三角洲包括上海市、江苏省和浙江省，是中国第一大经济区，更是中央政府定位的中国综合实力最强的经济中心、亚太地区重要国际门户、全球重要的先进制造业基地、中国率先跻身世界级城市群地区。长三角区域经济的发展正是在产业结构调整的基础上形成了独特的经济特点和发展策略。

1. 长三角产业经济特点。长三角地区以上海为龙头，形成江苏、浙江经济带，在长期的区域经济发展过程中，发挥主导产业优势，更新发展策略，从而实现产业调整、经济转型的发展目标。

(1) 主导产业优势明显。根据中国产业地图编委会、中国经济景气监测中心编制的《长江三角洲产业地图》，长三角目前的优势产业为纺织服装业、石油化工业、钢铁业、汽车制造业、装备制造业、医药制造业、IT业、金融业、房地产业、商贸流通业、现代物流业和旅游业，共计十二个产业。

纺织服装业方面，长三角产业链比较完整，产业转移现象比较明显，大规模的加工制造部门都从都市迁出，与设计、营销、研发等部门剥离，形成专业化聚焦

和都市化集聚两种发展业态。浙江的服装、丝织品、丝、印染布、化纤布、纯棉布和江苏的丝织品、呢绒、化纤产品的专业化程度较高，并具有规模优势。长三角大型的纺织服装企业较多，如浙江的雅戈尔、金鹰、杉杉，江苏的阳光、红豆，上海的海欣、申达等公司。

石油化工和精细化工产业方面，聚集的核心区域位于上海南翼、杭州湾北岸，以上海化学工业区为基础向西发展，构筑起杭州湾北岸60平方公里的石化产业带。其中扬子石化主营石油炼制及其衍化生物，上海石化是我国最大的油、化、纤、塑四大类石化产品生产企业，上海家化、华源、仪征化纤、浙江巨化也在我国有一定的影响力。

钢铁产业方面，成品钢材、线材、无缝钢管等产品主要集中在上海、江苏，生铁主要集中在浙江。上海宝钢是我国最大的钢铁企业，专注于高品质、高附加值产品的生产，近期出现部分生产线外移江西等地的现象。南京钢铁集冶炼、轧制于一体。江苏沙钢主产铁、钢、钢材、不锈钢板、镀锌钢板。杭州钢铁的产品以中小型工业用材和建筑用材为主。

汽车制造方面，长三角地理位置优越、民间资本灵活、工业基础良好，成为我国最大的汽车生产基地。这里聚集了通用、福特、大众、菲亚特、现代、起亚等国际汽车公司，上汽集团、浙江吉利集团、南京汽车集团、扬中亚星集团等大型汽车公司，以及万向集团、威孚集团、延锋伟世通汽车饰件公司等汽车零部件生产企业。从内部来看，80%以上的利润来自于上海。

装备制造业方面，长三角已经成为我国装备制造业的产业聚集地：上海和江苏主要集中于通信设备、计算机、数控机床、汽车、仪器仪表生产；浙江主要发展电气机械、通用设备、交通运输设备。其中大型的企业有徐州工程机械集团、常林工程机械集团、上海振华港口机械集团、杭州汽轮动力集团、温州正泰集团等。

医药制造方面，浙江、江苏两省是长三角地区主要的药品生产地，浙江省的化学原料药、中成药等产量位列全国之首，上海医药发展的重点则在生物药。其中，江苏的扬子江药业集团为全国医药销售百强的第三名，上海雷允上药业和罗氏药业、浙江海正药业和华东医药等公司的实力也很强。

IT方面，江苏省沪宁沿线形成了一条以微电子、软件、移动通讯以及网络设备制造为主的产业带。浙江杭州湾地区成了国内重要的家电产业研发和生产基地。上海是长三角乃至全国集成电路芯片产业的龙头。苏州是全国最大的笔记本电脑、电脑主板和数码相机的生产基地。比较有影响力的企业有上海广电、熊猫电子、华东电子、罗技电子、浙江华立科技等。

金融产业方面，长三角地区资金来源主要集中在各项存款和外资投入，金融机构存款主要集中于企业存款和城乡储蓄存款，资金运用方向主要集中于各项贷款和有价证券投资。金融产业是上海重要的支柱产业，主要金融企业有浦发银行、交通银行、上海银行、太平洋保险、天安保险、海通证券、申银万国、国泰君安证券、上海证券、上海国际信托等。

房地产业方面，以上海为中心，南京、杭州为两翼，并向外发散辐射。上海陆家嘴金融贸易区开发股份有限公司、绿地集团、复地集团、中华企业等企业在土地开发、房产经营、工程承包与装饰等方面获利后又参与其他产业的投资。

商贸流通方面，随着经营状态的调整，长三角商贸流通业的聚集和辐射能力不断增强。其中，上海的几家企业规模较大：由上海一百、华联、友谊、物资归并而成的上海百联集团在全国23个省市拥有几千家营业点；上海益民百货股份有限公司利润率在长三角商贸流通类上市公司中排名第一；上海九百、上海第一百货、都市农商社、新世界股份有限公司也有很好的业绩。

现代物流方面，长三角的高速公路主要集中在江苏。江浙沪三地的水路货运量比较均衡，而水路货运周转量主要集中在上海，约占长三角水路周转量的71%，沿海港口的货运吞吐量也是上海的比重最大。此外，长三角铁路货运量平稳增长，民航运输量主要集中在上海，邮政收入则集中在江苏。

旅游业方面，长三角资源富庶，气候宜人，景色优美，交通便利，一直是国内外著名的旅游目的地，每年都吸引着众多的旅客前来。上海曾经被世界品牌组织等机构评选为“世界特色魅力城市200强”之一，被《纽约时报》推选为“31个必到旅游胜地”，获选国际知名旅游媒体TTG“中国最佳会议商务旅游城市”。江苏的苏州和浙江的杭州享有“人间天堂”的美誉，令无数游人趋之若鹜。而浙江的绍兴则是水乡、酒乡、桥乡、名士之乡，被誉为没有围墙的博物馆，旅游资源也十分多彩。

（2）产业布局呈“Z”、“T”字形，聚集效应产生。1990年麦克·波特在《国家竞争优势》一书中首先提出用“产业集群”一词对集群现象进行分析。波特通过对10个工业化国家的考察发现，在所有发达的经济体中，都可以明显看到各种产业集群。产业集群是指在特定区域中，具有竞争与合作关系，且在地理上集中，有交互关联的企业、专业化供应商、金融机构、相关产业的厂商及其他相关机构等组成的群体。不同产业集群的纵深程度和复杂程度相异，代表着介于市场和等级制之间的一种新的空间经济组织形式。长三角地区凭借完善的基础设施、良好的制度环境、较高的政府效率、高度的专业化服务以及丰富的人力资源，形成了较高的集群经济，已经成为我国“集群”经济最活跃的地区之一，一批具有核心竞争力的国际性产业集群正在逐步形成。

第一，“Z”字形的沿路产业。长三角产业中，一部分沿沪宁铁路及高速公路布局，涵盖上海、苏州、无锡、常州、镇江、南京等大中型城市和沿线的吴江和昆山等县级市。同时,该地区也是全国最主要的电子信息产品新产业带。以上海、苏州、无锡、南京为核心的长三角地区电子通信产品生产基地已基本形成,上海、苏州、无锡等地成为我国吸引外资及电子信息产品的主要集中地。

由于整机厂及下游配套企业的涌入,使得该区域的产业化程度大大提高,逐步形成以上海为主要研发和经营管理中心,以昆山、吴江、苏州、无锡为主要生产基地的电子信息产业基地。该产业带也是我国主要的机械工业、纺织服装工业、化学工业以及家用电器生产基地。

另一部分则是沿沪杭甬高速公路及铁路沿线形成的产业带。该产业带主要是由上海、杭州、嘉兴、宁波等构成,我国主要的化学工业、纺织服装工业、机械工业、皮革工业生产基地就集中在该产业带。

由两条沿路产业带构成的"Z"字形产业密集区同时还临近浦东微电子产业基地、张江生物医药基地、苏锡常高新技术产业带以及杭州等国家级高新技术开发区,正在形成我国微电子、生物工程、新材料、航天航空、光纤通信等高科技产业带。

第二,"T"字形的沿江及沿海产业布局。沿江开发区域主要包括南京、镇江、常州、扬州、泰州等市区以及句容、扬中、丹阳、江阴、常熟、太仓、仪征等县市。这些县市依靠沿江或沿海的区位优势,广泛吸收和汇集海内外资金、技术、人才等产业要素,尤其是在吸引外资方面取得了巨大的成功。外商的直接投资对带动区域内产业聚集、结构升级起到了巨大的作用,基本上形成了四大产业集群:一是汽车及零部件产业集群,形成了南汽集团、扬州亚星汽车集团等大型汽车公司和以发动机、机械传动件、汽车电子设备制造为重点的产业链。二是船舶制造产业集群,南通市的30万吨级油轮、泰州市的10万吨级散装和集装箱货船、南京的汽车滚装船组成了沿江壮观的造船产业大军,全年完成钢制船舶近200万综合吨,约占全国总产量的1/5。三是电子信息产业集群,以芯片设计制造和新型显示器为重点,延伸发展配套产品,形成差别化的产业集群。四是新材料产业集群,依托沿江的石油化工、精细化工企业,重点发展市场容量大、技术含量高、附加价值高的新材料产业,并通过进一步延伸产业链,形成了以新材料为主体的产业集群。

沿海发展区域主要包括上海、南通、舟山、宁波等城市。这里拥有上海、宁波两大港口城市,承担着整个长三角地区对外贸易的联系渠道和枢纽功能,重点布局的产业是高度依赖运输或运输量较大的钢铁等金属材料及其加工业、能源和电力工业,以及与港口建设相对应的港口服务业和外贸服务业。

江苏、浙江两省的沿海地带超越长三角范围,又各自出台了自己的沿海开发规划。江苏省制定了《沿海开发总体规划》,又按照"建设大港口、引进大项目、发展大产业、构建沿海经济带"的总体要求，到2015年使连云港、盐城、南通成为"南融长三角、北连渤海湾、沟通中西部"的重要经济带和江苏新的经济增长极。为此，一要加快重大基础设施建设；二要突破重工业化，走新型工业化之路；三要争取设立"江苏沿海开发基金"，优先推荐三市条件成熟企业上市和发行债券，积极争取国内银行资金和国际金融组织贷款、外国贷款、国际产业基金，加快建立信用担保体系，引入培育产业发展基金等。浙江省分别制定了《温台沿海产业带发展规划》和《浙江省环杭州湾产业带发展规划》。

2. 长三角经济发展策略。(1) 联动实施国家区域发展战略。2010年，《长江三角洲地区区域规划》《江苏沿海地区发展规划》《浙江海洋经济发展示范区规划》等相继出台后，两省一市切实加强"十二五"规划与国家区域发展战略的衔接，全力打造与长三角地区发展相适应的规划体系。上海市制订了《长江三角洲地区区域规划》的实施方案，提出构筑区域协调发展新格局、形成服务经济为主的产业结构、推进创新型区域建设等八方面任务。江苏省制订了《沿海开发五年推进计划》，着力推进重大基础设施、重大产业项目、重大滩涂围垦、重大载体建设。浙江省编制了《浙江省舟山群岛新区发展规划》，制定了一些海洋经济发展的政策意见，签署了一批战略合作协议。建议将地区合作领域进一步向环保、工商、交通、安全、社保、就业等方面拓展；将合作模式从召开联席会、信息沟通、编制规划向联合建立正式制度、出台共同发展政策、提供公平待遇、联合行动等方式转变。

(2) 推动产业结构优化。长三角要依靠科技进步，进一步提高科技对经济增长的贡献率，建立以新技术产业为主导，服务经济为主体，先进制造业为支撑，现代农业为基础的现代产业体系。要大力发展新能源、新材料、电子信息等战略性新兴产业，提高创新能力和设计制造水平，积极发展大型机械、整机装备、汽车、船舶和成套设备等产业，将长三角建成具有国际影响力的纺织产业中心、服务制造中心、轻工日用品生产基地和轻纺贸易中心。上海市作为中心城市，重点发展金融、贸易、航运、信息和科技教育等第三产业和高新技术产业，江苏利用现代技术，加快改造重化工、设备制造等产业，浙江重点改造纺织轻工等传统产业，大力发展生态旅游业。重点发展以保险、交通运输、现代物流、信息咨询、教育培训中介服务等为主的生产性服务业。

(3) 优化空间布局，加快产业转型升级。长三角各地区应综合考虑资源禀赋、市场需求和国家政策等因素，通过"错位发展"、"无缝衔接"，在产业互补的基础上增强区域竞争优势，打破产业结构同质化的"恶性"竞争格局。浙江和江苏两省可以围绕生物工程产业、现代信息产业、高科技制造业、生态环境产业和现代物流产业等做出最优选择，而上海更应在建设"四个中心"的战略指引下，以信息化为基础，以金融业、物流业为重点，以建设现代服务业聚集区为突破口，提升服务业的层次、规模和能级，为推动长三角一体化、带动地区和全国经济发展方式转变做出更大贡献。

（4）着力提升自主创新能力。着力提升自主创新能力，要做好三个方面的工作。一是营造鼓励自主创新的政策环境，充分发挥科技人才优势，加强创新人才的培养和引进，构建具有国际竞争力的职业教育区域创新体系。二是依靠创新驱动，促使企业作为技术创新的主体，在教育、科学、技术和产品之间形成良性转化机制。三是依靠政府职能转变提升行政效率、改善交易环境，为现代服务业的发展提供空间和条件。

（二）长三角高等职业教育的发展模式

职业教育服务于区域经济发展，因此与长三角区域经济发展相适应，长三角地区高职教育也在总结其发展现状的基础上，抓住国家政策及区域经济发展的机遇，进行了高等职业教育发展模式的创新。

1. 长三角高职教育发展现状。长三角是区域经济发达地区，这与高职教育的蓬勃发展有着不可分离的关系。虽然长三角高职教育综合实力强、重点学科和特色专业多、科研力量雄厚，但是仍然面临着人才培养规格不明确、双师型队伍不足、实训基地不足等现状。

（1）高职教育综合实力强，但人才培养规格不明晰。截止到2013年底，长三角地区共有7所“985工程”重点建设大学，约占全国总数的18%；国家重点实验室34个，占全国高校的30.1%；分布着130个国家重点学科，占全国总数的20.7%。长三角地区高等教育在校生占全国的15%，研究生培养规模占全国的18%。该区域的高等教育毛入学率已经超过全国的平均水平，其中上海市高等教育毛入学率已经达到了60%，迈进世界公认的高等教育大众化阶段。据统计，长三角地区共有高职院校150所，其中国家示范性高职院校17所，国家骨干高职院校16所。在长三角高等教育体系中，高职院校数量已经占据了长三角高等教育的半壁江山。

但是，长三角地区高等职业技术学院仍然缺乏相对独立、符合职业教育特点的、有别于普通高等教育的办学评价体系和标准，高职院校培养的学生也存在没有统一的人才规格标准、学校培养人才随意性较大等问题。各院校采用普通高校教材的平均比例达58%，地方教材、校本教材比例仅2.5%左右，且相同专业所选用的教材差异性很大。另外，有些学校设置的专业与地方经济发展结合不紧密，与实际需求脱节。

（2）重点学科和特色专业多，但是双师型队伍不足。目前，长三角地区是全国高校重点学科和特色专业分布最为密集的地区。江苏省在理工类学科领域有着明显的资源优势，拥有100多个“国家级特色专业建设点”；浙江省在电气信息等学科资源方面竞争力相对突出；上海市在若干重点学科领域也有着较强的学科资源。总的来说，长三角地区高等教育拥有一大批重点学科和特色专业，建立了一批具有地域特色的学科专业群，为培养长三角地区经济发展需要的人才提供了条件。

瑜不掩瑕，长三角地区高职院校教师队伍也一定程度上存在着学历结构不合理、职称结构不均衡及实践能力偏低的问题。教师年龄结构老化，导致知识老化和技能落后，使新知识难以推广，注重理论学习和知识培训、轻实践的教师培养方式，使“双师型”教师的比例明显偏低。

(3) 科研实力雄厚，但实训基地仍显不足。长三角地区拥有一批重大科技创新平台，科研实力雄厚，具有较强的科技创新能力，例如国家海洋局极地研究中心、国家海洋局东海海洋工程勘察设计研究院、上海交通大学等一大批涉海国家研究机构以及工程技术研究中心和重点实验室。此外，长三角在海洋地质、海洋极地考察、海洋工程与设备、大型船舶制造、海洋生物医药等领域，也具有较强的研发创新能力。不仅如此，长三角地区教育机构研究成果十分丰厚，被SCI收录论文总数居全国前列。

长三角地区高职院校在学生实习实训基地建设上做出了很大努力，通过自主创办、与企业联办等形式，解决学生实习实训问题，但受学校经费、场所限制，再加上学生人数多、专业门类广等原因，对口的实习实训基地仍不能满足学生需求，较为先进的实习实训设备也十分匮乏。

2. 长三角地区高职教育发展机遇。长三角高职教育发展存在着一些不足与困境，然而国家政策的支持、长三角两省一市的联动发展给长三角高职教育发展带来了新的机遇。

(1) 国家政策的支持。近年来，党中央、国务院出台了多个指导性文件，要求长三角地区率先建设成为实践科学发展观的示范区、改革创新的引领区、现代化建设的先行区、国际化发展的先导区，打造具有较强国际竞争力的世界级城市群。2008年9月，《国务院关于进一步推进长江三角洲地区改革开放和经济社会发展的指导意见》颁布，标志着长三角区域的一体化发展上升到国家战略高度。2010年5月，国家发展改革委员会下发《长江三角洲地区区域规划》，明确了未来长三角地区将建设成为亚太地区重要的国际门户、全球重要的现代服务业和先进制造业中心、具有较强国际竞争力的世界级城市群，这一区域建设目标与发展定位，给担负高级人才培养和知识创新使命的高等教育行业提出了新的要求，同时也为长三角地区高等教育的发展提供了新的契机。2010年7月国务院下发的《国家中长期教育改革和发展规划纲要》中提出，要探索省际教育协作改革试点，建立跨地区教育协作机制，在人才培养模式改革、招生考试制度改革、现代学校制度建设、办学体制改革、管理体制改革和扩大对外开放等方面指明了体制改革的具体方向，这为长三角地区高等教育实施协作改革与联动发展提供了政策依据和行动指南。长三角高等教育应抓住国家进行长三角区域规划的契机，按照《国家中长期教育改革和发展规划纲要（2010—2020 年）》的相关内容，加快改革，提高其综合实力和国际竞争力。

（2）长江三角洲地区高等职业教育的联动发展。长三角地区地域相近，人文相亲，在历史上，三地同属吴越文化圈。上海曾隶属于江苏省，人们又往往将江浙沪地区作为长三角两省一市的简称。上海作为我国经济中心，带动长三角地区共同发展，促进了区域经济的共同繁荣与进步，也推进了长三角地区高等职业教育联动发展的步伐。在长三角高等职业教育联动发展战略的实施过程中，政府和高职院校是两个十分重要的角色。政府是长三角高等职业教育联动发展的推动力。长三角两省一市政府将高等职业教育联动发展的战略落实到实际的条款中：两省一市政府签订了多项高等职业教育合作协议，共同商议了合作方式、合作范围等问题，对于推动长三角地区高等职业教育发展起到了主导性作用。为了促进长三角两省一市高等职业教育共同发展，自 20 世纪 90 年代起，国家政府主导对长三角地区各个省市合作发展进行了积极的探索，建立了一系列的保障制度，见表 6-1。

表 6-1　政府为推进长三角地区高等职业教育联动发展制定的协议

时　间	协　　议
2003 年	关于加强浙沪两地教育合作的意见
2003 年	关于加强沪苏两地教育合作的意见
2003 年	三方教育合作协议
2004 年	长三角高校毕业生就业合作组织合作协议书
2005 年	长江流域各省市教育共同发展协议书
2009 年	关于建立长三角教育协作发展会商机制协议书
2010 年	共同成立了长三角联动发展协调办公室
2011 年	签订了长三角教育专家资源库建设共享协议书、长三角高校大型仪器设施共享协议书、共同举办长三角地区国际教育展合作意向书、长三角地区高校图书馆联盟框架协议、长三角地区优秀中青年干部挂职培养合作协议、长三角地区高校学分互认协议

两省一市政府之间开展有效的合作，为长三角地区高等职业教育联动发展提供了保证。此外，各教育管理部门切实履行统筹规划、政策指引和监督管理职能，积极贯彻落实已有协议，保障各项资金投入。

此外，长三角地区高职院校基础好、水平高、综合实力强，为长三角高等职业教育联动发展奠定了扎实的基础。高职院校为寻求更快更好地发展，充分发挥高校自主性，自2003年以来，长三角地区各级各类高职院校自发抱团联盟发展，推进多项合作项目的完成与发展，加强了高等职业教育内部人员交流机制和优质高等职业教育资源共建共享，建立了合作交流平台。为了更好地为区域经济服务，长三角高职院校通过合作联盟成立了更加优秀的研究团队，如目前已经成立的南通高校教学联合体、上海市东北片11所高校合作办学体、浙江温州11所学校和21家企业联合组建职业教育联合体等。

高等职业教育联动发展是若干高校为了共同的战略目标，以自身优势和专长为出发点，优势互补、风险共担的合作发展。长三角地区高等职业教育联动发展成为长三角地区高等教育发展史上的一个重要里程碑，具体来说，长三角高等职业教育联动发展可以概括为“互通”、“互认”、“互流”三个方面。

“互通”是指长三角地区高等职业教育建立了交流互通的平台。长三角高等职业教育联动发展能否顺利进行，很大一部分原因取决于教育共享与合作平台的建设程度。目前，长三角17市高等职业教育突破省际和校际界限，构建高等职业教育联动共享平台和公共服务平台，其中包括师资培训共建共享平台、教育信息一体化平台、长三角职业信息共享平台、实训基地共建共享平台、长三角紧缺人才培训服务中心等，共同确定了高等职业教育联动发展的载体。此外，长三角高职院校还采取了异地招生、联合办学和委托培养等办学方式，加快高职院校“互通”的进程。

“互认”是指长三角地区高等职业教育方面的认证和评价无须重复认可。2003年，上海、江苏两地签订了关于《加强沪苏两地教育合作的意见》，确定了关于学校之间学生学分互认的协议；从2012年开始，长三角地区将以上海松江高教园区、浙江下沙高教园区、江苏仙林高教园区为试点，互派高校学生进行为期半年的学习，派出学校承认交换生在接收学校学习获得的学分。此外，长三角地区已经完成17市之间证书标准统一，实现了资格证书的互认和衔接，此举不但降低了高职人才培养的管理成本，也提高了证书的含金量。

“互流”是指高等职业教育资源、教师与学生的无障碍流动。从2002年开始，上海市打破职业学校只招本地生源的规定，开始对外省市招生。长三角地区高职院校共同建立了教育专家资源库和实习实训基地，建立了高校大型仪器设备跨区域共享的通道，促成了图书、网络教育资源共享；相同层次高职院校之间开展一系列校长或管理人员交流、教师互聘、教师技能比赛和交换生计划，促进了长三角地区高等职业教育成员的跨区域流动。通过学校人员的无障碍流动，优化配置了教育资源，避免高职院校之间对有限资源的过度竞争，提高了职业教育资源的利用率。此外，长三角高等职业教育还在师资联合培养、教师技能比赛等方面进行交流与合作，组织两省一市高等职业教育专家联合申报国家级科研课题，推动职业教育高位走强。

（三）因应长江三角洲产业结构调整的高等职业教育发展策略

产业结构调整与优化升级是长江三角洲地区经济发展、社会进步的必然要求，由此，高等职业教育实现自身的发展、实现服务区域经济发展的目标则要依据产业结构调整的现状采取相应的发展策略。

1. 加大职业教育经费投入。当前，经费投入严重不足，基础能力十分薄弱，已经成为制约我国职业教育发展的主要因素，进而影响到区域经济社会的发展。因此，各级政府要加大投入，建立多元化的投资机制，实现职业教育的跨越式发展。首先，各级政府要随着财力增长，逐年提高职业教育财政经费拨款的比例，确保职业院校办学经费的充足；其次，政府要鼓励企业、社会团体和个人举办职业教育，在项目审批、银行放贷、土地使用等方面提供优惠，对其在师资、招生和学生待遇等方面与公办职业院校一视同仁；最后，政府要创新职业教育筹资机制。地方政府可以成立专门的职教公司或职教集团，注入有效资产，规范运作程序，亦可通过财政贴息、金融机构低息等政策支持职业教育的发展。

2. 根据产业结构变化调整专业设置。职业院校的专业设置应主动适应市场变化，针对本地区经济结构的布局与调整，满足区域发展对实用型人才的需求。一是职业院校每年要进行一次社会人才需求预测及毕业生追踪调查，以此为依据不断调整专业设置或专业方向，力求做到以需（求）定产（培养学生规格）；二是瞄准区域经济发展需要，依据区域资源现状、产业构成、人才供应状况及经济发展趋势，使专业设置满足区域经济发展的需要；三是专业设置要有科学性、预见性、市场性，防止朝设夕改，资源浪费。在一定情况下，专业设置要具有超前性，为区域经济转型升级做好人才储备，改变人才对接的滞后局面。此外，职业院校还须根据专业设置情况，合理调整课程内容，适时改革教学方法。课程调整要以培养学生职业能力为主线，以区域发展对技能型人才需求为依据，课程内容、课程结构要与区域经济的产业结构和技术水平紧密联系起来。在教学方法上，加强形象教学和实践教学，充分利用多媒体技术使教学内容呈现形象化和多样化；通过实物演示、环境模拟、现场参观等形式开展实践教学，使培养出来的学生适合职业岗位的要求，具备解决综合问题的能力。

3. 加强“双师型”师资队伍建设。职业院校培养的是面向生产一线的技能型人才,这就须要打造符合区域经济发展的“双师型”师资队伍。主要措施包括:

(1) 在一定范围内分流与专业、教学不相适应的教师到其他学校,完善教师的准入或退出机制,健全各项制度和奖励措施,努力做到人尽其才。

(2) 直接从企业选聘工程师、技师、管理人员到学校担任实训教师,吸引或引进企业研发与生产第一线的学术及专业带头人,也可以从社会上聘任有实践经验的技术人员到学校任专、兼职教师。

(3) 有计划地选派教师到企业考察、实践。职业院校应鼓励教师参与实训基地建设,参加各种职业技能培训,选派优秀教师深入行业、企业一线,甚至出国学习先进经验,这就要求职业院校重视师资队伍建设,完善终身教育体系。

二、江苏省职业教育发展模式创新案例

江苏省的职业教育改革一直走在全国的前列,是全国的职业教育大省。根据江苏省省情及其职业教育发展的现状,江苏省紧紧抓住职业教育发展的机遇,以不同手段、不同方式探索着职业教育发展模式创新的路径。

(一) 以技能大赛促进职业学校师生发展

全国职业院校技能大赛是我国职业教育领域一项重要的国家级赛事,在一定程度上反映了职业教育发展和变化的水平。江苏省近年来在全国职业院校技能大赛中屡获佳绩的背后,是江苏职业教育实力和水平的客观反映。除了全国职业院校技能大赛,江苏省自 2007 年以来,每年举办一次江苏省职业院校技能大赛,比赛规模和覆盖面不断扩大,实现了技能大赛由阶段性工作向常态性工作转变,由少数师生参与向全体师生参与转变。建立了“人人参赛、逐级竞赛”机制,真正形成了“普通教育有高考、职业教育有技能大赛”的新局面。

1. 全员参与,努力实现四个覆盖。2008 年,江苏省教育厅印发了《关于在全省职业学校建立和完善技能大赛制度的意见》,明确要求做到“四个覆盖”:即覆盖所有的学校、覆盖所有的专业、覆盖所有的教师、覆盖所有的学生。

(1) 技能大赛覆盖每所职业学校。一是结合招生宣传、毕业生就业洽谈会举办“技能节”、“技能周”。每所职业学校都将技能大赛作为向社会展示办学实力的重要手段。各市、县教育行政部门及学校结合招生与学生就业、地方和企业重大活动,组织开展技能大赛,展示办学成果,密切校企合作。二是主管部门将技能大赛成绩列入职业学校星级评估(江苏省教育评估院把职业学校分为五星、四星、三星等等第,并开发了相应的指标对其是否符合相应等第进行评估)和年度评优的重要考核指标。在职业学校星级评估指标中,明确要求三星级职

业学校须获得省级技能大赛奖项，四星级职业学校须获得国家级比赛的奖项。据统计，全省521所职业学校，教育行政部门主管的学校中有75%以上举办了校级技能比赛。

（2）技能大赛覆盖每个专业。首先，根据职业岗位技能和人才培养目标要求，研究、设计、确定各项技能大赛项目，把技能大赛与教学考试、实训考核及学生考工考级结合起来。其次，根据职业岗位技能要求变化和企业实际需求，不断充实、更新比赛内容与比赛标准。自2007年以来，江苏省职业学校技能大赛每年定期举办，比赛规模不断扩大，参赛选手由600人增加到2013年的5 118人，竞赛项目由6大类20个项目逐步增加到15大类74个项目，如扬州、连云港市增加了玉雕、工艺类比赛项目，苏州市增加财会沙盘推演项目等，几乎覆盖了全省中等职业教育已经开设的所有专业（或方向）。

（3）技能大赛覆盖每位专业教师。一是江苏省教育厅文件规定职业学校每位教师每5年必须参加一次市级以上技能大赛，同时规定省级大赛教师组中一等奖获得者两年内不得参加同一项目比赛。二是在中等职业学校讲师和高级讲师资格评审条件中，明确规定“本人参加或直接指导的学生参加教育主管部门组织的专业技能比赛，获市级二等奖或省级三等奖以上奖励者，可视同在公开发行的刊物上发表论文1篇”；在中等职业学校正高级讲师资格评审条件中，明确规定“直接指导的学生或本人在教育主管部门举办的专业技能比赛中获省级二等奖奖励者，视同在省级刊物发表论文1篇，获省级一等奖或国家级奖奖励者，视同在核心期刊发表论文1篇”。每年技能大赛均涉及全省500多所职业院校的百万师生，教师参加省级大赛人数占总参赛人数的比例由2007年的20%上升为2013年的30%，达1 528人。据统计，2010年全省有18 253名教师参加了省、市、县、校各级比赛，占全省专业教师总数的75%。

（4）技能大赛覆盖每位学生。通过“三结合”，使技能大赛成为学生成长成才的重要平台和重要经历。一是将技能大赛与技能考试结合起来，作为评价学生学业成绩的最重要内容。二是将技能大赛与取得职业资格证书、毕业证书结合起来，作为取得相应证书的必备条件。三是将技能大赛与学生升学结合起来，成绩优秀者可以享受普通高校对口单独招生的奖励政策。2013年江苏省职业学校学生参加国家比赛有189人，省级比赛有3 590人，市级比赛有14 789人，县校级比赛有388 714人，累计占一、二年级在校生总数的54%。

2. 以技能大赛为抓手，实现“四个促进”。（1）通过技能大赛，促进办学模式改革。一是将行业企业的要求作为全省技能大赛的标准，并成为职业学校实习实训的标准。二是将行业企业的操作规范作为技能大赛的操作流程。三是技能大赛从命题到竞赛评判等各个环节充分吸收相关行业企业的人员参与和指导，鼓励通过以企业名称冠名等多种形式，积极争取行业企业对技能大赛的支持。江苏省各地各校通过近年来的技能大赛，促进了职业教育“工学结合、校企合作、顶岗实习”的人才培养模式变革。

省级技能大赛中，项目命题、裁判人选由行业企业主持或参与。在技能集训中，聘请行业专家制定训练方案，全程指导参赛选手训练。例如在淮安市的技能大赛中，有 11 个行业协会和 5 所高校的 78 名专家全程参与技能大赛的指导、命题、裁判和集训工作，提高了大赛的技术水平和规范化程度。10 家市内外企业参与支持技能大赛，冠名赞助了 15 个专业 39 个项目的竞赛，提供大赛赞助经费近 15 万元，免费为竞赛和集训提供专用设备和技术指导。校企共建技能大赛集训基地 8 个，签订订单培养协议 11 份，学校向企业订购实训设备近 500 万元。校企在技能大赛合作中实现了双赢，也为今后校企深度合作培养技能型人才，搭建了新平台。又比如泰州市通过技能大赛平台成立由泰州机电高等职业学校牵头，5 所高校和 11 所重点职业学校以及 3 家大型企业参与的泰州市电子信息职业教育集团，学校根据企业需求实行订单培养教学，提升技能水平。

（2）通过技能大赛，促进课程教学改革。技能大赛与职业学校课程改革紧密结合。一方面，技能大赛引导、推进课程改革，将技能大赛内容提炼转化为课程教学改革项目，反映到教学过程中。另一方面，课程改革充分反映技能大赛对教学的要求，并检验技能大赛的科学性和可操作性。

从 2008 年起，江苏省专门成立了由教育厅分管领导牵头、数十名专家参加的课题组，分专业领域对技能大赛的主要内容、走向及其对职业院校技能人才培养的要求进行分析研究，把课程教学中一些基本的、稳定的内容和大赛的前沿信息与动态要求结合起来，从中找出带有规律性的东西，将技能大赛的内容与要求转化成课程改革的项目，形成调研报告并编印相关教材，把大赛的经验得失及时反馈到各专业课程教学中去，到 2009 年全省完成了 24 份《技能大赛分析报告》。根据《技能大赛分析报告》修订各专业《实施性教学计划》，落实到课堂。同时，通过各级大赛反映的相关信息和行业产业发展趋势，及时调控和引导专业设置与建设，促进新兴专业的发展。2010 年起在《技能大赛分析报告》的基础上，开发技能大赛数字化教学资源。

（3）通过技能大赛，促进“双师型”教师队伍建设。通过定期举办各级各类大赛，组织教师直接参与、指导学生参加技能大赛，促进教师全面掌握行业企业对高素质技能人才的需求及相关职业岗位的技能要求，不断提高自身的专业水平、实践能力和自身“双师型”素养与水平，形成师生同赛、教学相长的生动活泼的教学格局。近年来省级骨干专业教师培训中每年有 300 多人获得高级以上职业资格证书。例如苏州市对参照国家技能标准竞赛项目教师组技能竞赛中获得第一名的选手，由市人社部门授予“苏州市技术能手”称号，并直接申报晋升技师资格，实现了职业教育与职业资格证书的有效衔接和良性互动。技能大赛推动了全省“双师型”教师（具有高级职业资格证书）所占专业教师比例由2007年的44%上升为2010年的57%。比如早在2009年，苏州市具有高级职业资格证书的“双师型”教师人数就从2007年的780人、2008年的900人增加到1 100人。

（4）通过技能大赛，促进实训基地建设。各级大赛的组织实施，要求有关承办学校相应增加实验实训工位，更新实验实训设备，不断优化实验实训情境，极大地推进了一批职业学校实训基地建设。省、市、县都重点建设一批技能大赛基地，将大赛基地建成职业学校示范性实训基地。“十一五”期间，省财政每年安排专项资金，重点建设了200个省级实训基地。据统计，市级以上实训基地由2007年的321个增加到2010年的469个。全省省级以上重点职业学校实训基地的校均设备达1 700万元，全省生均设备近4 000元。例如南通市中等专业学校2007年以来先后投资近8 000万元资金，按照国赛标准建设了机械、机电、计算机、服装及商贸等5个实训基地，现有1个国家级实训基地、3个省级实训基地、5个市级实训基地。徐州市为保障市级各专业技能大赛顺利开展，投资2 000万元改造、新建专业实训基地。目前，江苏省拥有全国一流的医药、财经商贸、生物技术、现代农业等一批高水平示范性实训基地。技能大赛有力地促进了学校专业实训基地建设，实训基地建设有力地促进了学校内涵建设水平的提升，职业学校服务经济社会的能力不断增强。

3. 营造良好氛围，实现技能大赛工作常态化。建立和完善技能大赛的常规工作机制，将其制度化、规范化、常态化。

（1）层层竞赛。在职业学校各个专业所有学生都普遍参加技能大赛的基础上，校级技能比赛的优秀选手参加县（市、区）级比赛，县（市、区）级比赛的优秀选手参加省辖市级比赛，省辖市级比赛的优秀选手参加省级比赛，省级比赛的优秀选手参加全国比赛。校级比赛一般在每学年结束前举行，县（市、区）和省辖市比赛一般在每年12月前举行，省级比赛一般在每年3、4月份举行。

（2）科学规范。各级技能大赛坚持公平公正、科学规范的原则，制定科学合理的竞赛标准、规则和程序，明确命题、竞赛、评判、裁定、监察等各个竞赛环节的要求，规范领队、赛手、教练、裁判、后勤服务等各类参赛人员的职责行为，确保比赛项目设计及标准设定的科学性、比赛规则的严肃性、比赛过程的规范性、比赛程序的条理性和比赛结果的公正性。近年来，随着学校实训装备水平的提高和对技能大赛重要性认识的不断提高，各地承办大赛积极性高涨，从2010年开始，省级大赛的承办单位采用竞争申办机制，在各市教育行政部门书面申请的基础上，由相关专家对申办单位承办条件进行综合评价，最终确定省赛承办单位。

（3）组织保障。江苏省教育厅在2007年专门成立了“江苏省职业学校技能大赛组织委员会”，组委会办公室设立在江苏省职业技术教育学会。组委会办公室作为省级技能大赛具体承办及国赛集训的组织协调机构，制订并完善整个工作流程各个环节的操作守则、行为规范和工作制度，以科学化、规范化、制度化的标准组织每年的技能大赛，使江苏省的大赛越办越好。江苏省教育科学研究院职业教育与终身教育研究所将《技能大赛分析报告》的编写、修订，尤其是教学实施作为重要工作，真正做到将技能大赛内容提炼转化为课程教学改革项目，反映到教学过程中去。江苏省电化教育馆负责将技能大赛优秀成果转化为课件资源，通过示范引领，让技能成果辐射更多的人，影响更多的人。江苏教育电视台、江苏教育报刊总社等媒体积极宣传技能大赛，为技能大赛深入人心营造良好的舆论氛围。

（4）经费保障。江苏省每年在省级职业教育经费中安排1 000万以上专项资金用于技能大赛，各地教育行政部门和职业学校均安排一定资金用于技能大赛。各地均以技能大赛为契机，推进校企深度“零距离”合作，积极争取有关行业、企业加大对技能大赛的经费支持力度。

（5）激励措施。江苏省对在全省、全国技能大赛中获得优异成绩的学校予以表彰和奖励，并在示范性职业学校建设、星级职业学校评估、实训基地建设、示范专业建设、课程改革实验、专业师资培训等方面予以扶持和倾斜，进一步完善教师和学生参加大赛的奖励机制。参加中职组比赛的中等职业学校学生可享受普通高校对口单独招生相应的奖励政策，对在校期间参加省级教育行政部门组织的技能大赛并获得一等奖的考生可根据志愿直接录取到高等院校本科专业学习；获得二等奖的考生可根据志愿直接录取到高等院校专科专业学习。

（6）监督检查。不断加强监督检查力度，引导各地各校在技能大赛制度的引领下，把技能大赛作为职业学校质量评估的重要抓手、职业教育成果展示的重要平台。通过建立健全技能大赛制度，江苏省全面提升职业教育质量。一方面不断提升职业学校办学水平，现有国家级重点中等职业学校189所，省级及三星级以上重点职业学校吸纳了80%的在校生。另一方面不断提升职业学校教学质量，全省中等职业学校毕业生就业率达到95%以上，毕业生当年就业率、专业对口率、就业率和就业满意率全面提升。

（二）以创业带动就业

《江苏省中长期教育改革和发展规划纲要（2010—2020）》明确指出要加强和改进职业教育为创业与就业的服务，力争到2012年，所有职业院校均建有学生创业基地和项目。开展职业院校技能竞赛并创新竞赛制度，选拔培养一批技能标兵。遴选40所新兴工业园区职业院校，围绕园区产业结构升级调整专业设置，依据园区企业岗位要求创新人才培养模式。创业教育有效地转变了职业院校学生的就业观念，增强了他们的创业意识和创业能力，涌现出一大批学生创业典型。创业教育在江苏省不断发展壮大并获得丰硕成果，得益于行政推动、课程支撑、实践落实三大推进策略：

1. 行政推动。就全国而言，江苏省的创业教育不仅起步早，更关键的是把创业教育真正落到了实处，这与江苏省教育行政部门的积极推动密切相关。江苏省是中国近现代民族工业的发祥地，也是我国近现代职业技术教育的领头羊。改革开放后，苏南乡镇企业异军突起，职业教育迅速兴旺。长期以来，江苏中职和高职学校的数量、在校生的数量均排在全国前列，并将创业教育作为推进职业教育发展的重要环节。

早在2006年8月，江苏省政府出台的《关于大力发展职业教育的决定》中就提出，在“十一五”期间，江苏省将大力实施职业教育创业行动工程，全面深化各职业院校的创业教育，提高职校在校生和广大城乡劳动者的创业意识和创业能力，为江苏省建设创新型省份、又快又好地推进“两个率先”做出新的贡献。同年8月，江苏省教育厅又颁发了《江苏省职业教育创业行动计划》，对职业院校如何实施创业教育作了具体部署。计划要求在“十一五”期间，全省职业院校基本构建起具有职业教育特色的，集创业课程、创业实践和创业服务于一体的创业教育体系，重点建设50个左右在全省具有示范作用的职业教育创业基地；积极推进职业院校创业实践，扶持一批学生在校创办自己的企业；计划到2010年，职业院校在校应届毕业生参与创业实践的人数达到应届毕业生总数的10%左右；建立健全创业教育和创业服务机制，切实提高全省职业院校学生及广大城乡劳动者的创业素质和创业能力，掌握创业本领，现在这些任务都基本完成了。

随着社会经济持续快速、协调健康地发展，对人力资源结构和素质提出了更高的要求，对劳动者职业技能的提高、就业和创业能力的增强也提出了新的要求。在这样的形势下，江苏省出台相关政策，推进创业教育在职业院校的发展。为了将政策要求落到实处，江苏省教育行政部门积极推动开发创业课程、创办创业园、开展创业实践，全方位培养学生的创业意识、创业精神、创业方法和创业本领；各职业院校也充分利用其专业、技术、信息、人才、人力等优势，指导学生开展创业活动和创业实践，为学生毕业后的自主创业打下扎实基础。

面对经济形势对就业现状的影响，江苏省教育厅在2009年召开了全省职业学校创业教育现场推进会，在全省实施创业教育“十个一”工程，即建立一个就业创业指导中心，筹建一项创业教育扶持基金，编写一本就业创业教材，开展一次创业项目大赛，举办一批创业辅导报告会，开展一系列创业教育培训，建立一批职校学生创业园，打造一个就业创业教育宣传平台，推出一批学校创业教育典型，树立一批学生创业标兵，并以此为契机，在全省职业教育战线全面深化创业教育，大力推进创业教育，以有效提升职业院校学生的就业质量。从此，创业教育这棵树苗在江苏省深深地扎下了根，并开始茁壮成长。

2. 课程支撑。早在“九五”期间，江苏省即在全国率先开展职业学校创业教育，将就业指导与创业教育纳入必修课程，总计40学时。江苏省的创业课程，立足将创业与专业相结合，进行专业梳理，明晰创业性强的专业，围绕创业要求，整体构建学习课程，增加有关创业的上下延伸性课程和教学内容。具体说，在课程目标上，创业课程以新的创业型人才质量标准和培养目标为导向，同时加强课程体系、课程结构和课程内容的改革，努力培养既能就业又能创业的实用型、复合型、创业型人才；在课程内容上，创业课程的重点在于加强学生创业意识与创业心理品质的训练和培养，着力进行创业能力的培养与创业实务知识的传授；在课程形式上，创业课程做到了学科课程与活动课程相结合，显性课程与隐性课程相结合，制订了学生创业辅导计划。同时，江苏各职业院校积极推进学分制和弹性学习制度，为学习者在学校开展工学结合和创业创造有利条件。

为了更好地推进创业教育，江苏省教育厅在2008年组织编写了创业教育教材《生活经济与职业规划》。该教材紧密结合与职业学校学生息息相关的生活与实践，通过“课题活动、体验、表现”等环节，使学生能够根据自己的实际情况规划职业生涯和职业阶梯，端正择业观念，强化创业意识，增强其适应现代经济社会的生存能力。课程与教材的实施使创业教育的开展更加扎实、有效。

3. 实践落实。积极引导各职业院校创办创业园，使其成为江苏省教育行政部门推进创业实践的有效载体。2006年，江苏省教育厅启动了实施江苏省职业教育创业行动计划，全面深化创业教育，引导职业院校从传授创业知识转向训练学生的创业能力，积极鼓励和扶持在校学生和城乡劳动者开展创业实践，倡导变被动就业为主动创业。

江苏省教育行政部门以“孵化创业项目”为抓手，要求各职业院校面向社会和企业，承担行业科研课题，延伸教科研成果，孵化新生技术。鼓励各职业院校结合专业教育资源积极开发成本少、风险小、操作简单、立足实际生活的创业项目，而且要求每个项目均提供创业策划方案，包括市场调研、前景分析、运作方式、经营管理、店面设计等，从而更好地指导学生开展创业实践。

在创业基地建设方面，要求各职业院校结合专业优势，建设创业载体，如创办小工厂、小农场、小园艺场、小养殖场、小商店等创业基地，把基地办成教师教学示范的场所，学生动手实践的阵地和创造经济效益的实体；学校已有的产业实体则吸收部分学生参与生产、销售、经营与管理。通过加大实训基地建设和改革力度,学校依靠基地育人,通过基地增效。同时积极创造条件,建立学生创业一条街、创业市场或创业园区,让学生在创业服务体系的支持下边学习边创业,充分调动学生的创业积极性,真正做到了在实践中学习,在创业中学创业。

另外,还要求各职业院校定期和不定期举办不同级别、不同规模的创业竞赛,如创业生涯设计竞赛、创业知识竞赛等,在学生接受系统创业教育的基础上,指导学生规划、设计创业计划,组织有创业意愿的学生进行强化模拟实践。由此,既有利于学校对创业可行性强的专业进行梳理,同时也有利于对有创业潜力的学生开展针对性指导,积极扶持学生进行形式多样的创业实践。

(三) 以信息化促进职业教育发展

2013 年 10 月,江苏省教育厅出台《关于加快推进职业教育信息化建设的意见》,要求深入推进信息技术在江苏省职业院校中广泛和有效的运用,全面提升信息技术引领和支撑职业教育创新发展的能力,主要包括以下几方面内容:

1. 指导思想与总体目标。(1) 指导思想。以科学发展观为指导,把职业教育信息化纳入全省教育现代化建设的全局,坚持育人为本,适应经济发展方式转变和产业结构优化升级对职业教育的迫切需要,满足技术技能人才多样化、个性化成长的学习需求。建立政府统筹、行业立标、企业参与、共建共享机制,以信息化环境与数字化教学资源建设为基础,以信息化在职业教育领域全面应用为重点,推动人才培养模式改革和学习方式创新,实现信息技术与职业教育深度融合,全面提升职业教育质量。

(2) 总体目标。到 2015 年,职业教育信息化基础设施更加优化,全省职业院校国家信息化标准达标率为 85% 以上,省级以上示范学校达标率为 95%。职业教育信息化管理系统更加完备、教学资源更加丰富,建成以“江苏省职业教育公共服务平台”为中心的省、市、校三级管理平台和数字化教学资源库,数字化资源覆盖所有专业、所有课程。职业教育信息技术应用能力显著提升,师生人人开通并使用网络学习空间,课堂教学、实习实训中教学资源库的利用率不断提高,教师教育技术职业能力、学生岗位信息技术职业能力考核通过率均达 90% 以上。职业教育信息化建设机制更加完善,政府部门、专业机构和职业院校的职责更加明晰,职业教育信息化评价标准更加科学,经费投入渠道更加广泛。到 2020 年,江苏省职业教育信息化能力达到发达国家水平。

2. 主要任务。(1) 提升职业教育信息化基础能力。完善全省职业教育信息化网络体系。建设先进、高效和实用的职业教育信息化基础设施,形成职业院校网站、省辖市职业教育网、省级职业教育网互联互通、相互支撑的全省职业教育信息化网络;建立教育行政部门、职业院校、行业企业和科研机构相互协作的职业教育服务网络。全面提高职业院校信息技术装备水平，职业院校建成标准化数字校园，做到1 000M到校、100M到桌面，网络信息点覆盖所有教育、教学、实训及生活场所，实现校园网统一管理的无线网络全覆盖。职业院校90%以上教学场所具备多媒体互动教学功能，重点建设理实一体的数字化实训场所，50%以上实训场所建有数字化技能实训室、虚拟仿真实训环境。

(2) 推进数字化教学资源共建共享。加快省级职业教育教学资源建设，建成省级职业教育教学资源中心和一批开发基地，协作开发省级教学资源；大力推进各地自主开发数字资源，择优遴选和汇聚各地各校资源。加快校级教学资源建设，立足人才培养需要，组织开发、引进、升级和完善虚拟仿真实训平台、网络课程、工作过程模拟软件、通用主题素材库、名师视频公开课、资源共享课、微课程等多种形式的数字化资源。到2015年，职业院校教学资源库班级应用覆盖率达100%，虚拟仿真实训软件专业覆盖率达50%以上。中等职业学校数字图书中心配有电子报纸杂志300种以上，网络教学资源总量不少于4T，教学资源年更新率不小于10%，校际共享率不低于30%。

(3) 推进职业教育管理信息系统建设。完善全省中等职业教育综合管理系统。依据国家教育信息化管理相关标准，加强基础数据库建设，重点采集实习实训、校企合作、工学结合、集团办学和学生资助等关键信息，逐步建立人才预测、就业预警和人才培养管理信息系统。各地各校加强管理信息系统建设和应用，做好信息采集、统计工作，做到完整、准确、及时、高效，充分发挥管理信息系统在日常管理和重点工作推进中的作用。进一步完善江苏省职业院校人才培养数据平台并推广运用。

(4) 推进职业教育智慧校园建设。完善现有网络基础设施、数据支撑平台，建设感知、协同、控制一体，智能化、系统化、综合化的智慧校园。建成有线、无线双覆盖的校园网络环境，按需建设无线传感等感知型网络，建成校园物联网，并实现网络融合。建立基础数据库，实现数据融合，包括身份标识数据、应用数据、感知信息，以及数据存储、中间件以及支撑软件的融合。建成面向教学、科研、学生、后勤管理的各类应用系统，达到各应用系统的服务融合，实现学校工作、学习、生活智慧化。基于智慧校园，创新开展平安校园、节能校园、生态校园、和谐校园建设。

(5) 创新信息化环境下的技术技能人才培养模式。全面提高学生通用信息技术职业能力、数字化学习能力和综合信息素养。各院校开设信息技术公共必修课程和相关选修课程不少于3门。加强信息技术与教学内容、过程、方法和质量评价的深度融合。师生教学活动做到数字化、可视化和协作化，充分运用信息化资源和环境，形成集备课、教学、答疑、自主学习、提交作业、考核考试与学分认定等功能于一体的新型网络教学模式。运用信息技术促进学校与企业、专业与岗位、课程标准与职业资格标准、学习过程与生产过程的深度对接。完善人才需求、就业预警、专业调整等方面的信息分析和服务，积极探索信息化环境下产教结合、工学结合、校企合作、顶岗实习的新模式。加快网络学习空间建设与应用，重点打造行政管理、领军人才、教师和学生 4 个空间。2013 年覆盖国家示范学校，2014 年覆盖省示范学校，2015 年覆盖全省三星级以上职业学校和所有高职院校。

(6) 加强信息化队伍建设。制订信息化能力培训规划，组织开发网络培训资源，开展职业院校信息化培训。将信息技术能力和信息化教学能力考评纳入教师引进、资格认证、职务评审、绩效考核等考评体系。每所学校重点培养一名主管数字校园建设的行政领导、一名正高级信息技术专业教师和一名校园网网络主管，着力抓好信息化教学团队建设，全面提高院（校）长、教师和信息技术人员的信息技术应用能力。

(7) 完善信息化教学大赛制度。每年定期举办全省职业院校信息化教学大赛。把信息化教学大赛作为推进职业院校教学信息化的重要工作。各市相应举办市级职业学校信息化教学大赛，落实专门机构和人员，具体负责大赛日常工作，组织指导学校开展信息化教学。各院校组织校级比赛，并积极选送教师参加市级以上信息化教学大赛，形成“人人参赛、逐级竞赛”的大赛机制，竞赛成果开放共享。

(8) 创新信息化环境下职业院校德育工作。充分运用信息技术手段，丰富德育内容、创新德育方法、拓宽德育途径。融合网络、电话、无线通信，加强家校互动、师生互动，建立学校、家庭、社区全时空的网络育人环境。重视对学生应用网络资源的引导，大力开展网络道德教育、网络法制教育与网络安全教育，增强学生对网络不良信息的辨别能力和抵制能力，打造有职业教育特色的绿色、文明、和谐校园网络文化。

(9) 加强信息化国际合作交流。深入研究、借鉴、吸收发达国家在职业教育信息化方面的先进理念和优秀成果，在专业建设、课程体系、资格证书、资源开发、教学科研、社会服务等领域加强国际交流合作，提高职业教育国际化水平。

3. 保障机制。(1) 加强职业教育信息化的组织管理。成立江苏省职业教育信息化工作领导小组，统筹规划、督促检查全省职业教育信息化建设工作。各市建立相应组织机构，指导职业院校信息化推进工作。各地在推进区域教育信息化进程中，要优先部署职业教育信息化建设。各院校建立由院（校）长任组长的信息化建设领导小组，落实专人和专门机构负责信息化建设工作。

（2）加大职业教育信息化建设经费投入。各地和职业院校要按照国家和地方政府的有关规定，加大对职业教育信息化建设投入。各校要在每年的预算中安排一定的经费用于信息化建设，并逐年稳定增长。

（3）规范职业教育信息化管理。严格遵守国家和省有关信息化建设的法律法规、政策规范和技术标准，建立健全网络信息安全管理和知识产权保护制度，规范职业院校管理信息系统开发、教学资源库建设和数字化资源共建共享。

（4）加强职业教育信息化研究。加强信息技术与职业教育融合研究、职业教育资源开发研究、科研成果转化研究、智慧校园融合服务研究，定期举办职业教育信息化创新发展研讨活动。设立信息化科研专项，建设一批信息化教学研究基地和信息技术职业能力培训基地。

（5）加强职业教育信息化考核督导。开展职业教育信息化专项督导工作。把职业教育信息化建设和应用作为衡量职业教育创新发展水平的重要内容，作为学校办学水平和办学质量的重要标志。加强对职业院校智慧校园和教学信息化建设的考核评估，并作为学校建设项目立项、经费划拨、评先评优的重要依据。

（四）建设职业教育创新发展实验区

自 2005 年以来，国家先后建立了 6 个国家职业教育改革试验区，之后江苏省率先在省级层面开展职业教育创新发展实验区建设的研究探索。2010 年 11 月 1 日江苏省下发《关于印发职业教育创新发展实验区建设方案的通知》（苏政办发[2010]133 号），将研制的江苏省职业教育创新发展实验区建设方案下发至各县市区。2011 年 5 月 16 日，江苏省政府在南京召开了全省职业教育创新发展推进会，全面部署了职业教育创新发展工作，正式启动了首批江苏省职业教育创新发展实验区建设。江苏省职业教育主动适应全省产业结构的调整升级，调整优化职业院校专业结构，全省设立了 19 个职业教育创新发展实验区，建成国家级实训基地 366 个，率先在发展方式、办学体制、人才培养模式等方面实现创新突破。经过三年多的实验，各实验区在职业教育发展方式、办学体制、人才培养机制等方面取得了阶段性的突破，职业教育质量和效益有了大幅度提高，服务地方经济社会发展的能力有了极大增强，职业教育的吸引力有了显著提升。

三、贵州省高等职业教育专业设置创新案例

特色产业是指一个国家或地区在长期的发展过程中所积淀、形成的一种或几种特有的资源、文化、技术、管理、环境、人才等方面的优势，从而建成具有国际、本国或本地区特色的、具有核心竞争力的产业或产业集群。在贵州省，已形成了电力、煤炭、冶金、有色、化工、装备制造、烟酒、民族医药和特色食品及旅游商品为主的八大特色产业，“十二五”期间，贵州省制定了包括旅游、制药、烟草、

畜牧业和绿色农业等在内的特色经济发展战略。发展区域特色经济与特色产业，单靠少数专家和技术员是远远不够的，还需要一大批具有科学文化知识的新型技能人才。特色产业的发展，是与职业教育紧密联系的。

（一）职业院校专业结构与特色产业的关系

职业院校的专业结构与区域产业结构之间存在相互依存的关系，专业结构与经济产业结构相适应、相匹配，是决定高职教育发展的重要问题，也是高职院校适应社会人才需求和引导社会人才消费的一个基本尺度。

1. 特色产业结构决定着职业院校专业结构。一般而言，专业结构受多种因素的影响，如科学技术的发展、政治政策、文化传统、人口结构等，但是主要受经济结构的影响，也就是说，产业结构决定专业结构。对区域职业院校的专业来说，必然受到其区域特色产业的影响。贵州特色产业结构不是单纯的第一、第二或者第三产业，而是三种产业的融合体，特色产业涉及农业、工业，还涉及服务业。尤其是在最近几年，贵州省高度重视民族医药和特色食品以及旅游商品产业的发展，并相继制订了“关于旅游商品产业和特色食品产业的振兴计划”和“贵州省‘十二五’民族医药和特色食品及旅游商品特色产业发展规划”。其中，民族医药业是指以苗药为代表的民族医药产业，已成为拉动贵州省工业增长的五大支柱之一。贵州省现有的药品生产企业有175家，上市公司5家，中药材种植面积近200万亩，建成的医药工业园也逐渐显现出产业集群效应，并逐步形成了以贵州百灵、神奇、同济堂、信邦、益佰等龙头骨干企业为代表的中药现代化产业集群。贵州省发挥农产品资源优势，积极发展特色食品工业，基本形成了以辣椒制品、调味品、茶叶、肉制品、粮油制品、土豆等为主要产品的特色食品产业，创建了“老干妈”、“都匀毛尖”、“牛来香”、“味莼园”等知名企业和品牌。据了解，贵州省将重点发展辣椒制品、茶叶加工、肉干制品、乳制品、禽肉制品以及果蔬等农副产品的深加工，延长产业链，提高附加值。以贵阳“老干妈”风味食品有限公司等龙头企业为基础，实施辣椒制品规模化、标准化生产。重点培育以都匀毛尖、湄潭翠芽、雷山银球茶、贵定云雾茶等为主导的“黔茶”品牌。贵州省旅游商品产业从无到有，如今已得到长足发展，初步建立起涵盖研发、生产、销售、市场各领域的旅游商品产业体系，形成了以银器（饰）、蜡染、刺绣及乐器等为代表的民族传统文化旅游商品和以木（竹、石）雕、编织品等为代表的地方特色旅游商品。旅游商品品种达1 000多个，省级旅游商品定点生产经营企业127家，旅游商品产业已成为促进贵州省经济发展的新兴产业。

特色产业结构对高职院校专业结构的影响是一个动态的过程，它随时间、地点、条件和速度而变化。特色产业结构发展的规模、速度等都决定着职业院校培养不同专业的人才数量以及专业结构的发展变化。因此，贵州省高等职业教育新专业的设置以及老专业的调整，都应该接受市场的检验，使专业结构与本省特色产业相对接。

2. 职业院校专业结构影响特色产业结构。俗话说“人才兴，产业兴”。产业结构的调整、升级与优化都需要人才的支持，没有符合产业结构所要求的专业人才，产业的发展将会受阻，也即是专业结构对产业结构存在着积极的或者消极的影响。只有与经济结构或者产业结构相适应的专业结构，才能促进产业结构的优化，从而促进经济的发展。从这个意义上讲，职业院校现有的专业设置和每年新培养的专业人才，影响着产业队伍的规模和人才结构，也在无形中制约或者影响着产业的发展。如今，贵州省特色产业面临的突出问题之一就是缺乏相关产业的技术人才，这说明职业院校开设的专业中没有或者很少有与特色产业发展相关的专业，这就在一定程度上制约了特色产业的发展。

3. 职业院校应紧紧围绕产业调整专业设置。职业教育是促进产业持续健康发展的有效保障，产业结构是职业教育专业设置的基础和前提，职业院校要以特色产业发展的情况以及变动趋势为导向，适时调整专业设置和专业结构，不断拓宽专业口径，为产业经济的发展培养相关专业人才。职业教育具有鲜明的为地方经济和行业服务的特点，专业的设置要紧紧围绕产业结构来进行，主动适应地方经济建设，充分考虑地方、行业经济结构调整与发展的趋势。就贵州省的高等职业教育而言，应该以区域支柱产业为主导，以特色产业发展为依托，有针对性地设置专业、调整专业，培养出深受企业和社会欢迎的高素质高技能型专门人才，从而也就保证了学校良好的生源与声誉。当然，高职院校在规划专业设置时，要分析区域内产业结构和特色产业的发展态势，将影响产业结构变化的因素考虑周全。

（二）贵州省高职院校专业设置现状与问题

截至2012年，贵州省具有普通高等学历教育招生资格的高职院校有24所，本书选取了其中具有代表性的十所高职院校进行研究，它们分别是铜仁职业技术学院、黔东南民族职业技术学院和贵州轻工业职业技术学院3所贵州省省级示范性院校；民办的贵州盛华职业学院1所；黔南民族医学高等专科学校1所；贵州职业技术学院、贵州商业高等专科学校、安顺职业技术学院、六盘水职业技术学院、遵义职业技术学院5所普通高职院。样本的选取兼顾了类型和层级的不同、公立和私立之别。

1. 专业数量较多，缺乏特色专业。如表6-2所示，设置专业（高职专业）最多的学校是贵州轻工业职业技术学院，共有46个专业；设置专业最少的学校是贵州盛华职业学院，共有7个专业。招生专业在20个以上的有7所院校，占70%。

表 6-2 贵州省 10 所高职院校 2012 年专业设置数量统计

院校名称	专业数	院校名称	专业数
贵州轻工业职业技术学院	46	遵义职业技术学院	23
铜仁职业技术学院	34	黔南民族职业技术学院	21
贵州职业技术学院	31	六盘水职业技术学院	18
安顺职业技术学院	31	黔南民族医学高等专科学校	12
贵州商业高等专科学校	26	贵州盛华职业学院	7

由表 6-2 可以看出，贵州省高职院校的专业设置数量较多，但缺乏区域特色专业。如表 6-3 所示，10 所高职院校所设置的专业与贵州省的特色产业——特色食品制造、烟酒、电力、民族医药、非金属矿物制品业等的发展吻合度很低。这种现象在食品制造业方面表现尤其突出，贵州的“老干妈”风味辣椒已销售到世界十几个国家，累计上缴国家税收 2.2 亿元。贵州茶叶产值在 200 亿以上，“毛尖”、“翠芽”、天然矿物质茶等在全国都有很大影响力，占有相当大的市场份额。但是，从贵州职业院校的专业设置（见表 6-3）来看，与这些产业有关的专业基本都没有设置。同时，贵州职业院校的专业布局也不合理，各学校精品专业数量较少且专业较多雷同，众多雷同专业相互竞争，这在一定程度上造成了各专业的资源相对缺乏。

表 6-3 贵州省 2012 年专业设置排名前 15 位的 10 所高职院校

名次	专业名称	所属大类	布点院校数	开设率/%
1	计算机技术（不同方向）	电子信息类	9	90%
2	旅游管理	旅游类	8	80%
3	会计（电算化）	财经类	7	70%
4	市场营销	财经类	6	60%
5	护理	医药卫生	5	50%
6	机电一体化技术	制造类	5	50%
7	建筑工程技术	土建类	4	40%
8	电子商务/电子技术	电子信息类	4	40%
9	医学影像（检验）技术	医药卫生	4	40%
10	畜牧兽医	动物科学类	4	40%
11	机械制造（自动化）	制造类	4	40%

续表

名次	专业名称	所属大类	布点院校数	开设率/%
12	工商管理	财经类	4	40%
13	汽车检测与维修	制造类	4	40%
14	园艺技术	农林类	4	40%
15	商务(旅游)英语	语言文化类	4	40%

注:4 所以上院校开设的专业入选表格

2. 专业结构与贵州的产业结构和人才需求结构不相适应。根据产业结构演变的一般规律,三次产业会逐渐由“一、二、三”变为“三、二、一”结构。但是目前,贵州省的产业结构还未达到“三、二、一”的阶段,而是处于“二、三、一”的阶段。依据贵州省“十二五”规划,贵州省将大力实施工业强省和城镇化带动两大战略。首先,改造提升以煤炭、化工、冶金、有色金属、建材为代表的传统产业;其次,发展壮大电力、烟酒、装备制造、民族医药等支柱产业;再次,加快发展新材料、生物医药等新兴产业;最后,重点发展和壮大民族医药、特色食品和旅游商品为主的特色产业。随着贵州省两大战略的实施,基层、农村和贵州省优势产业、重点产业、特色产业对各级各类技能型人才的需求量增大,而 10 所高职院校的专业设置并不能培养出这些产业需要的人才。

首先,由表 6-3 可以看出,10 所院校专业集中排名前 15 位的分别是:计算机技术、旅游管理、会计、市场营销、护理、机电一体化技术、建筑工程技术、电子商务、医学影像技术、畜牧兽医、机械制造、工商管理、汽车检测与维修、园艺技术、商务英语。从中不难发现,电子信息类、财经类等专业从布点数来看已趋于饱和。如会计、计算机技术、工商管理、市场营销等一度是学生趋之若鹜的“白领”专业,如今在贵州省也已出现富余现象。且用人单位对这些岗位从业人员的学历层次要求越来越高,所以对于高职院校而言,这几个专业的招生数量亟待压缩。

其次,根据贵州省大力发展特色产业的要求,10 所职业院校与特色产业相关的专业屈指可数,如开设了与民族医药产业相关专业(苗侗医药生产与应用技术、民族医药)的学校,只有黔东南民族职业技术学院和黔南民族医药高等专科学校;开设了与特色食品产业相关专业(茶叶生产加工技术)的学校,是铜仁职业技术学院和安顺职业技术学院;开设了与旅游商品产业相关专业(旅游工艺品设计与制作)的学校,是贵州轻工业职业技术学院、铜仁职业技术学院和贵州盛华职业学院。虽然这些学校开设了相关专业,但是都很单一,与贵州省特色产业发展对专业人才和技术人才的需要相距甚远。

再次，与特色产业相关的涉农专业，如茶叶种植、中草药种植、生物技术等专业寥寥无几。贵州省特色产业的发展也是以第一产业为依托的，但是，涉农方面的人才却很稀缺。表6-3反映出来的是10所院校涉农专业太少，进入前15位的涉农专业只有园艺技术。虽然其他院校零星地开设了一些农林专业，如遵义职业技术学院开设有作物生产技术，铜仁职业技术学院和安顺职业技术学院开设有茶叶生产加工技术；但是涉农专业的布点数和招生人数的比重都比较低。尽管农学类专业一直是冷门专业，但随着贵州省逐渐加强对中药药材种植示范基地、农副食品种植基地的建设力度，农业的专业化、集约化、工业化生产对相关人才的需求量也大大增加，相对于竞争较激烈的热门专业，农学类专业的就业前景会更广阔。

3. 新专业开发力度不够，尤其是与特色产业相关的专业。由于贵州省高等职业教育起步较晚，经费投入不足，设备设施缺乏和办学思路不开阔，制约了职业院校对新专业的开发，贵州省高职院校都习惯于开设条件成熟、招生与办学相对容易的专业，甚至开设原有中专学校升格的专业，而对老专业的改造和新专业的开发缺乏高度的自觉性和积极性。表现在开发与贵州省特色产业相关的专业方面，大多数高职院校缺乏前瞻性的预测和科学性的调研，要么不开设新专业，要么在新专业开设上存在盲目性。

4. “双师型”教师队伍缺乏，专业水平低下。一直以来，贵州省高职院校普遍缺少“双师型”教师，这在一定程度上影响了高职院校新专业的开设及其专业特色的形成。高等职业教育的发展、专业的建设、课程的开发，都要求教师不仅要精通专业理论知识，更重要的是要具有十分熟练的动手操作能力和技术应用能力。而在贵州省的许多高职院校中，绝大多数教师受传统产业影响的职业教育理念仍根深蒂固；从事传统单一工种或者简单工种的专业教师相当多；从学校到学校，缺乏动手实践能力；只图眼前教师够用、实用，缺乏对符合产业界需要的专业教师的前瞻性培养。所有这些，都限制了“双师型”教师队伍的建设，导致高素质的师资短缺，专业建设的水平也不高。

（三）基于贵州省特色产业的高职院校专业建设

发展特色产业，是贵州省经济发展的一条主线，职业教育就必须围绕这条主线开展工作。而职业院校的专业设置也应该与贵州特色产业相结合，以服务特色产业发展为宗旨，以学生就业为导向，进一步优化专业结构和布局，科学、合理地设置专业，为贵州省工业化、城镇化战略的实施以及特色产业的发展，培养更多的高素质劳动者和技能型人才。

1. 加强为第一、二、三产业服务的专业建设。贵州特色产业是一个同时涉及第一、第二、第三产业的产业群，因此职业院校要加强为第一、第二、第三产业服务的专业建设。首先，加强以服务现代农业发展的第一产业专业建设。按照大力发展特色农业，加快发展生态畜牧业，做大做强蔬菜产业，发展壮大茶产业，着力提升土豆产业，大力发展特色林果和中药材业，建设优质烤烟生产基地的要求，以加快新农村建设和发展现代农业为目标，以新技术、新产品开发和新成果推广为抓手，巩固发展与优势农业有关的专业，积极发展与设施农业、特色农业相关的专业，支持农产品加工、经营和管理，以及观光农业和农业机械等延长产业链的相关专业，不断加强和完善涉农专业的建设，增强涉农专业的竞争力。其次，加强以服务"工业强省"为要求的与第二产业相关的专业建设。以市场需求为导向，按照新型工业化的要求，加快发展与电力、煤炭、化工、装备制造、冶金、烟酒、新兴产业、旅游产业、民族医药和特色食品为主的十大特色产业相关的专业，加强专业设置与职业岗位、社会需求对接，注重专业标准与企业要求一致，推进学校同企业、学校同产业、学校同社会深度合作。最后，加强以服务第三产业发展为标志的专业建设。以服务市场、服务学生为宗旨，按照"进一步提高服务业发展水平、加快建设旅游大省、大力推动文化产业加速发展"的要求，加大与现代服务业有关专业的开发和建设。

2. 结合特色产业与区域经济，开拓新的专业领域。依据贵州省区域经济社会发展和行业企业的需要，围绕贵州省特色产业的发展，按照教育与产业、学校与企业、专业设置与职业岗位相对接的原则，发展稀缺专业，开拓新的专业领域，以形成特色化专业群。纵观贵州省十所职业院校设置的专业，有的学校开设了一些特色产业领域专业，如贵州省轻工业职业技术学院开设了旅游工艺品设计与制作专业，黔东南职业技术学院开设了苗药生产与应用技术专业等，但是这仍然不具有普遍性。结合贵州省特色产业的发展，高职院校应该瞄准贵州省特色产业经济，建设一批具有生命力、发展稳固、前景广阔的"长线专业"。例如，可以紧密围绕贵州的特色经济——旅游经济发展和多彩贵州建设的需求，在现有普遍设置旅游管理、酒店管理、涉外旅游等专业的基础上，设置休闲旅游度假、旅游商品设计、民族文化旅游等专业或专业方向。还可以根据民族医药产业，利用市场营销专业的条件设置"药品营销"专业，利用"制药"专业设置"苗药生产与应用技术"专业；还可以根据特色食品产业，设置茶叶食品与加工等专业。

3. 加大对职业院校专业建设的投入力度，保障专业结构调整和布局优化。职业院校的专业建设，离不开国家、地方各方力量的支持与投入。2010 年 3 月，教育部决定给予高等院校申报和审批与战略性新兴产业相关专业的工作优先批准的政策扶持(教高厅函[2010]13号)。这对于贵州省职业院校的专业建设而言无疑具有重要的意义。除了政策上的扶持外,专业的建设还需要财力的投入。贵州省政府还应该积极为职业院校的专业建设争取中央财政资金专项支持,在省级职业教育专项中也要列出一定比例的资金,用于支持特色专业、重点专业和示范专业的建设,尤其是要对与特色产业相关的专业给予重点支持,以确保实现专业布局的调整和优化的目标。

4. 进一步加强"双师型"专任教师队伍建设。专任教师是指在职业院校具有教师资格、专门从事教学工作的人员。任何一个职业院校专业的建设,离不开一支素质优良的专任教师队伍。职业院校要认真实施职业院校教师素质提高计划,进一步探索校企合作培养培训专业课教师的模式,构建多层次、多方位、多形式、多手段、多内容的培养专任骨干教师的职业院校师资培养培训体系,切实增强职业院校专业课教师培养培训的针对性和有效性。同时,要以职业院校"双师型"教师队伍建设为重点,打造师德高尚、结构合理、理论与技能"双优"的专任师资队伍,拓展教师的国际化视野,注重提升青年教师队伍的整体素质。

四、江苏省常州市职业教育发展模式创新案例

常州市是江苏省省辖市,位居长江之南、太湖之滨,处于长三角城市群中心地带,是改革开放以来全国最早开展经济体制改革试点和对外开放的城市。常州市现有二十多所中高等职业学校和技工学校,每年都为常州市经济社会发展输送大批技术技能型人才。常州市一直在进行职业教育发展模式的创新,以使其适应常州市经济发展方式转变和产业结构调整的要求。

(一) 常州市产业经济发展现状及发展策略

近年来装备制造、新能源、新材料、电子信息、生物技术及医药五大产业,成为推动常州市工业经济发展的重要引擎。为加快经济发展方式转变,增强经济持续发展能力,常州市加大促进产业结构调整与优化的力度,以支柱产业为主导,推动新兴产业的发展。

1. 常州市产业经济的发展现状。常州市产业经济发展的现状主要包括以下三个方面。

(1) 常州市工业结构的调整与优化升级。"十一五"期间,常州市以增强工业企业核心竞争力为目标,着力推进工业经济的结构调整和优化升级。装备制造业、电子信息业、生物技术及制药业和新能源产业等五大产业迅速发展,成为

引领常州市工业经济发展的重要力量。2010 年，常州市五大产业规模以上企业①完成产值 4 731.2 亿元，相当于 2008 年的 1.6 倍，年均增长 26.1%；五大产业占规模以上工业总产值的比重达 64%。输变电设备制造业的竞争力和影响力显著提升，对全市工业经济发展起到了显著支撑作用。新能源产业实现跨越式发展并形成一定的先发优势，在光伏发电、风力发电装备、新能源汽车等领域出现天合光能、亿晶光电、新誉风电等一批优质企业。

（2）常州市主要产业的发展情况。常州主要产业有以下三大类，第一类是工业发展的支柱产业——装备制造业。装备制造业是常州市最重要的支柱产业，积累了较多的工业资产、较为先进的技术设备和较高科技含量的研发能力，产业基础较为雄厚，综合实力位居全省前列。装备制造业形成了输变电设备、轨道交通设备、工程机械和车辆、现代农业装备、数控机床及基础装备等门类齐全而又上下游配套的产业特色和优势，以及一变（输变电）、二铁（铁路机车、轨道车辆及配件）、三能源（太阳能、风能、核电）、四机械（挖掘机、装载机、推土机、拖拉机）、五配套（冶金轧辊、液压油缸、数控机床、石油钻探、港口输送）的产业层次结构。到目前为止规模以上企业已达到 2 603 家。第二类是产业升级的突破口——新能源企业。常州市把发展新能源产业作为产业升级的突破口，制定了多项优惠措施加大对新能源产业的支持力度。新能源产业在规模与质量上实现了同步发展，并且在太阳能光伏、风力发电装备、新能源汽车等领域，涌现出一批具有自主知识产权和自主品牌的龙头企业和重点骨干企业。2010 年，常州市新能源规模以上企业就已经完成产值 301 亿元，近几年新能源产业产值在总工业产值中所占的比重也不断提升。目前，常州市已形成了以光伏、风能、光热、生物质能、核能装备为主的大规模产业集群。光伏产业呈现集聚化发展的态势，建立了天合光伏、金坛光伏两大产业园，形成了较为完整的产业链。第三类是工业发展的推动力量——新材料产业。作为近年来的新兴产业，新材料产业对于整个工业发展的带动作用十分明显。常州市在科研经费投入、产业规划制定以及产业政策和科技成果转化等方面对新材料产业也加大了支持力度，新材料产业的发展速度得到了有效提升，产业规模也迅速扩大。在高性能工程塑料及特种材

---

① 这是一个统计术语。一般以年产量作为企业规模的标准，国家对不同行业的企业都制订了一个规模要求，达到规模要求的企业就称为规模以上企业，规模以上企业也分若干类，如特大型企业、大型企业、中型企业、小型企业等。国家统计时，一般只对规模以上企业做出统计，达不到规模的企业就没有统计。规模以上工业企业在 2010 年之前是指年主营业务收入在 500 万元及以上的法人工业企业，2011 年是指年主营业务收入在 2 000 万元及以上的法人工业企业。规模以上企业分为规模以上工业企业和规模以上商业企业。规模以上工业企业是指年主营业务收入在 2 000 万元及以上的工业企业，规模以上商业企业是指年商品销售额在 2 000 万元及以上的批发业企业（单位）和年商品销售额在 500 万元及以上的零售业企业（单位）。

料、特种纤维及复合材料、新型金属材料、稀土及纳米材料等方面，常州市已经形成了一定的产业特色和优势，部分新材料产品质量和性能达到国际或国内先进水平。

（3）常州市服务业的结构优化与规模发展。在十一五期间，随着新型工业化的推进和城市化进程的加快，常州市以商贸、居民服务业等为代表的传统服务业实现了稳步发展，以房地产、文化、旅游、电信、商务服务业等为代表的现代服务业迅速壮大，以现代物流、金融、软件、科技信息等为代表的生产性服务业①得到了强劲增长，由此，常州市服务业的内部结构不断优化。十一五期间，常州市服务业的平均增长速度达 14.6%，服务业对 GDP 增长的平均贡献率达 45.6%，服务业经济总量逐年扩大，2010 年常州市服务业增加值总量达 1 209.7 亿元，2012 年常州市服务业增加值总量达 1 742.7 亿元。

2. 常州市的区域经济发展策略。“十二五”期间，常州市区域经济发展的主要目标是：经济发展优质高效，地区生产总值超过 5 500 亿元，经济结构继续优化，服务业占地区生产总值比重力争达到 50%，新兴产业占规模工业比重达 70% 以上。创新能力显著提升，全社会研发投入占地区生产总值比重达到 3% 左右，力争率先建成创新型城市和人才强市。可持续发展能力明显增强，资源、人口、生态环境与经济社会发展更加协调。

（1）建设国家创新型科技园区。集聚创新资源，依靠创新人才，完善体制机制，健全绩效考核，整体推进国家创新型科技园区的建设，成为全市创新创业引领区、新兴产业先导区、创新要素集聚区、集约发展示范区。到 2015 年，科技园区销售收入达到 3 000 亿元以上，税收达到 100 亿元，新增超 10 亿元创新型规模企业和超 2 亿元成长型企业各 100 家，形成 1 - 2 个国内领先、世界一流的新兴产业集群，形成若干具有全球竞争力的龙头企业，形成知识密集型服务业较为发达、能引领重点产业发展的创新经济体。

（2）完善产学研合作机制。深入推进产学研合作。进一步创新产学研常州模式，重点建设一批国际先进、国内领先的研发中心，鼓励以重大科技计划项目为载体，建立产业技术联盟、创新联盟、标准联盟等。全面提升吸纳国内外创新

---

① 服务业包括生产性服务业和生活性服务业。生产性服务业包括哪些？根据美国商务部经济分析局的分类标准，生产性服务业包括以下行业：出版业（包括软件）；电影和录音产品；广播和电信；信息和数据服务，包括联邦储备银行、信贷中介和相关活动的服务；证券、商品契约和投资服务；保险公司相关服务；租赁服务以及出租者提供的无形资产；法律服务；电脑系统设计与相关服务；各种专业的科技服务；公司与企业管理等。有专业人士认为，生产性服务业还应包括批发贸易、运输和通信等行业。美国劳工部就业统计局将生产性服务业的员工归为以下类别：管理、商业与金融操作、销售及相关业务、办公室职员及管理支持、电脑与数学、建筑与工程、生命、物理和社会科学、法律、艺术、设计和媒体等。

资源的能力,争取国家、省级高层次创新资源落户,积极引进国际科技资源。

探索完善产学研合作机制。探索筛选培育机制,重点支持技术创新领先、市场前景广阔的项目。探索利益共享机制,维护科研院所、科技人员、企业家创新创业利益。探索长效合作机制,加快由单一技术、项目合作向整体性、战略性合作跨越。探索中介服务机制,重点加速完善创新金融服务,通过创业投资、产业投资基金、上市等多种渠道促进创新型企业发展。探索诚信管理机制,进一步提高产学研合作的效率。目标是到2015年,合作共建校(院)企联盟400家以上。

(3)构建现代产业体系。常州市在经济可持续能力增强目标的指导下,对原有的产业结构体系进行调整与重组,构建现代产业体系。现代产业体系,是指现代元素比较显著的产业构成,主要指第一、第二与第三产业的构成。不同经济发展水平的国家现代产业构成差异比较大。在发达国家,现代产业体系就是现代服务业占GDP70%左右份额的产业体系,其现代性主要体现在现代服务业发展比较充分方面。在发展中国家,现代产业体系就是农业基础比较稳固,装备制造业比较发达,第三产业发展迅速,科技进步在经济社会发展中的贡献份额提升比较快,核心竞争力不断增强的产业体系。

① 加快新兴产业发展。做大做强新能源,调高调优新材料和高端装备制造业,发展壮大生物技术和新医药、节能环保、软件和服务外包产业,积极培育物联网等产业,突破一批关键核心技术,创建一批自主知识产权和知名品牌,培养一批规模企业集团和优势企业,打造一批千亿级特色产业基地。"十二五"期间,新兴产业年均增长28%以上,形成万亿元以上规模,成为新的经济增长极。

② 提升现代服务业发展水平。围绕为制造业发展服务、现代城市功能完善和人民生活品质提升,突破发展生产性服务业、文化创意产业和旅游业,提升发展商贸流通业和房地产业,加快推进工业企业主辅分离,组建专业化、社会化服务型企业,实现服务业"总量扩大、结构优化、业态创新、品质提升",打造在国内外具有影响力的创意产业基地、职业教育和科技研发基地、富有特色的区域性生产性服务业基地、休闲度假旅游胜地、物流商贸基地。到2015年,服务业占地区生产总值比重达到46%以上,力争达到50%。

③ 改造提高传统产业。提升传统制造业。鼓励引导冶金、纺织服装、建材、化工等传统产业,加快调整产品结构,提升档次,依托创新品牌,提升附加值,改造装备,提升工艺,降低能耗。进一步严格市场准入,制定和实施严格的技术、用地、能耗、排放、效益等标准,依法淘汰高耗能、高耗水、占地多、效率低、污染重和不符合安全生产条件的企业、生产工艺和产品。

④ 促进产业集聚发展。着力打造特色产业基地和产业集聚区。重点建设

光伏太阳能、轨道交通、输变电设备、新材料、半导体照明等制造业省级特色产业基地，新能源产业要成为全国有影响力的产业基地，围绕主导产业和龙头企业，加强产业链上下游配套，提高集聚发展水平。加快提升特色鲜明、主业突出的省级现代服务业集聚区，进一步完善集聚区各项配套功能，为生产生活提供优质高效服务，形成4至5家百亿元级现代服务业集聚区。

（二）常州市职业教育与其产业结构的吻合度

从职业教育与区域经济发展的关系来看，常州市职业教育的发展对其经济发展、产业结构调整都产生了比较重要的影响。目前，常州市中高等职业教育发展取得了不错的成绩，与区域产业结构的吻合度不断提高，但也存在着许多问题与不足。

1. 常州市职业教育的发展现状。职业教育在常州的产业经济发展过程中，始终扮演着一个至关重要的角色。早在20世纪80年代，为适应社会经济发展的要求，常州市就大力发展职业教育，着力培养职业技能人才，率先整合市内的职业教育资源，把在市区内已难有发展空间的3所职业中学重新组织合并，在城市外围空间宽裕的地方异地兴建职业教育中心，即后来的常州刘国钧高等职业技术学校，这种办法开创了位于城市中心地带的职业学校异地重建的先河，是常州市对职业教育发展模式创新的一大贡献。常州市还大力吸引省行业厅局在常州恢复和兴办各类中等专业学校，全市14所行业普通中等专业学校在全省处于领先地位。坚实的职业教育发展基础，为后来的常州市高等职业教育发展、常州高等职业教育园区的建设提供了有力支撑。与此同时，常州市的各个行业领域以及国有大型企业也一起兴办了以常州高级技工学校（即现在的常州技师学院）为代表的14所技工学校。常州技工教育所拥有的优越办学条件与师资水平及其发展成果在全国范围均处于领先地位。

进入新世纪以来，常州市产业结构调整升级的步伐加快，国内外经济竞争的压力也不断增大，为应对这种局面，常州市采取集约发展、层次提升、科教结合的职业教育发展措施，开启了新一轮的职业教育发展高潮。2002年，常州市创建了全国第一个以高等职业教育为鲜明特色的高教园区，园区除一所本科工程型院校外还有多所高等职业技术学院加入，基本包含了信息、机电、工程、轻工、纺织服装等制造业的各个专业门类。经过多年的建设，该园区已经发展成为一个“经科教联动、产学研结合、校企所合作”的常州科教城和江苏省唯一的省级示范性高职教育园区。园区引进了省内外各大高校与企业的研发中心落户其中，这就使职业教育始终处于经济科技发展的氛围之下，新技术的研发及其应用与职业教育得到了良好的互动，有效满足了常州市区域经济发展对技术技能型人才的需求。

此外，常州市的中等职业教育也取得了较大发展。与高职教育园区的集约发展模式不同，常州市的中等职业教育在政府统筹下，走与城市发展互动、与产业布局对接、向经济开发区集聚的路子。常州市合并了教育部门的三所职业学校，在常州国家高新区兴建了旅游商贸职业学校，学校占地 333 亩，在校学生 5 500余人。省市行业厅局创办的常州艺术高等职业学校、常州卫生高等职业技术学校新校区均已建成，常州建设高等职业技术学校新校区的建设也即将完成。目前，常州市以高等职业教育为发展前导，以市区的五年一贯制高职教育为发展主体，以各个辖区的职业教育中心带动城乡的职业教育发展，形成了中高职衔接的职业教育体系。

2. 常州市职业教育与区域主导产业的吻合度现状。2009 年，常州市制订并启动《常州市振兴五大产业行动计划》，经过近几年的不断发展，常州市已经形成以装备制造业、新能源、新材料、电子信息、生物技术及医药等五大产业为主导的产业经济结构。

第一，在装备制造业领域，机电机械类产业一直是常州的支柱产业。随着产业升级的加快，机电机械类产业中的先进模具设计和制造技术开发、精密成型技术、设备制造等先进技术发展迅速，对高技能人才需求愈来愈大，目前，常州市 90% 的职业院校已经开设了机械（含模具）、电子电器专业和机电专业。

第二，在电子信息服务业领域，常州市的职业院校普遍开设现代信息技术等专业，目前，已有 90% 的职业院校开设计算机操作员、计算机网络管理员以及计算机组装与维修等专业。但是，上述专业的人才培养定位仍然以中级技能型人才为主，高技能型人才较少。

第三，在生物医药产业领域，以常州市政府的大力扶持为依托，出现了一批著名的生物医药企业，如千红生化、常州四药、健尔康有限公司等。然而，现在常州市职业院校所开设的该类型专业仍然较少，目前仅有常州工业技术学院开设的生物技术及应用专业、生物制药技术专业、药物制剂专业，以及江苏理工学院（原江苏技术师范学院）开设的生物技术制药、药物制剂和药物分析 3 个专业。

第四，在新能源产业领域，现在已经初步形成了以太阳能光伏产业、风力发电设备制造以及太阳能光热综合利用、生物燃料生产等协同并进的发展格局，一批具有良好发展前景的优势企业纷纷涌现，如天合光能、美晶光电、亿晶光电、畅源光电等。常州市是国内较早实现光伏技术产业化和太阳能产业集聚的城市之一，目前，已经拥有 100 多家光伏生产及配套企业。尽管常州市的新能源产业发展如火如荼，但是现在各个职业院校与之相关的专业却付之阙如。

第五，在新材料产业领域，现在常州市拥有天晟新材、华润包装、亚邦集团等几大实力较为雄厚的企业，基于该产业在常州市良好的发展前景，现已有多所职业院校开设了该类型的专业,例如常州工程技术学院材料工程技术系设置的高分子材料加工技术、高聚物生产技术、复合材料加工与应用技术、建筑装饰材料及检测技术等五个专业,常州轻工职业技术学院设置的高分子材料(加工)技术专业。

(三)常州市打造区域职业教育创新发展实验区

为推进职业教育服务区域产业经济的能力和水平,2011年,常州市申报并经江苏省政府确立为首批江苏省职业教育创新发展实验区,职业教育进入了发展的新阶段。常州市职业教育发展创新实验区的总体规划目标是到2015年,形成高、中等职业教育配套衔接、一体化发展的现代职业教育体系,以及职业教育与终身教育一体化发展格局,创建10所以国家中等职业教育改革发展示范学校、国家优质特色职业学校和省级高水平示范性职业学校为标志的一流职业学校,建立对接地方产业发展的学校布局、专业结构和教学体系,全面达到江苏省职业教育创新发展实验区建设标准。

2012年以来,常州市为推进职业教育创新发展实验区的建设,要求做到8个方面的创新,主要采取了如下措施:

1. 创新职教发展方式。(1)加快职教布局优化。实施新一轮职业教育专题园区建设,在城西建设高、中等职业教育衔接沟通、资源共享的特色职教园区。辖市、区进一步整合资源,全部达到办好1-2所职业学校的调整目标。要求中等职业学校名称全部规范,全市公办中等职业学校全部达到国家级重点中等职业学校标准,保证100%学生在省优质职业学校学习,确保50%的职业学校达到国家中等职业教育改革发展示范学校或国家优质特色职业学校标准。

(2)优化专业结构和专业特色建设。健全专业评审联席会议制度,对接"一核八园"("一核"指的是常州科教城,"八园"指创意、光伏、生物医药、新能源车辆、风电、半导体照明、机器人及智能装备、功能新材料等8大新兴产业),加强专业规划,规范专业名称,统筹专业分工,形成主动服务产业发展反应机制,整体优化专业结构。以精品专业、特色专业、合格专业评审为抓手,促进专业建设整体水平全面提升。所有专业均达到省合格标准,20%以上专业建成省级品牌专业,20%以上专业建成省级特色专业。

(3)加快示范性实训基地建设。根据区域(辖市、区)产业发展需求,重点建设16个示范性公共性实训基地,其中9个建成省级示范性实训基地,推行"教学工厂"模式,引进现代企业文化,所有专业均有满足教学需要的实训基地,骨干专业均建有中、高级职业技能鉴定机构,形成产学研训赛考一体化中心和区域职业教育社会服务平台。

(4)深化课程和教学改革。成立常州市职业学校课程改革和教学研究指导中心,聘请研究机构、高等学校职业教育课程专家和职业学校专业(学科)带头人,组建课程改革指导专家库,加强对职业学校课程改革策略和方法的指导,负责各类职业学校教学工作指导和教学研究工作,开发教学资源,推行项目课程,建设精品课程,承担课题研究,促进教学改革,组织技能竞赛,开展教师培训,形成高效教学指导服务和管理体系,以及课程和教学内容动态适应企业需求的有效机制。创建一批省级精品课程,获得一批省级职业教育教学成果奖。

(5) 实施中、高职一体化发展。加强常州高职园区与中等职业教育合作,实施高职院与中职校对接合作计划,加强中、高职贯通,增加中职校教师到高职院挂职见习人数,发挥高职院在专业建设、课程改革、校企合作、教师培训、创新创业教育等方面的示范作用,引领中职校共同发展,完善职业教育体系。构建普通高中、中职校、五年制高职互通的学籍管理制度与平台。

扩大高职"专科+高级工"双证融通试点。探索高职院校面向中职毕业生自主招生,实行"三自主"考试招生办法,即"自主设定招生标准,自主组织招生考试、自主进行招生录取",制订全新的高职人才培养方案,招收优秀中职毕业生,实行中、高职课程及技能衔接,避免课程重复,构成高、中职贯通一体课程模式,建立"专科+高级工"特色高职培养体制。

启动本科高职(技师)培养模式试点。在地方应用型本科高校进行"本科+技师"培养试点,招收优秀中职毕业生,制订以中职为基础,对接技师职业资格标准的全新人才培养方案,探索本科院校与技师学院合作培养机制。

(6) 开展"三创"拔尖人才培养。实施职业教育"三创"拔尖人才培养计划,推行导师制和项目式,形成创优、创新、创业"三创"拔尖人才培养机制,培养拔尖技能人才、创新人才、创业人才各50名。

(7) 拓展国际合作与交流。实施职业教育"走出去"计划,搭建国际友好交流合作平台,引进国际先进职业教育课程和职业资格认证制度,引进国际职业教育机构来常办学,拓展中外合作办班和出国留学规模,省级以上高水平职业学校均与国外建立校际合作关系,20%以上专业课程与国际通用职业资格证书对接。

2. 创新职教办学体制。(1) 实行政府主导多元办学体制。坚持政府主导,以公办职业学校为主体,政府和部门通过经费、项目和统筹指导等多种途径,鼓励行业企业举办职业教育,扶持民办职业学校发展。深化公办职业学校运行机制改革,引入民办学校灵活办学机制。形成政府主导、行业企业和社会参与、校企结合的职业教育办学体制。

(2) 推进校企一体化办学。健全常州市职业教育校企合作工作指导委员会,制定政策措施,指导引企入校,确定校企合作示范企业、学生实习和教师实践基地。各职业学校优势专业至少有1家企业生产车间或研发机构建在校内,实行校企联合开展科技研发、项目孵化、产品生产、人才培养等工作。50%的专业实行校企订单式合作教育，50%的项目课程和实训课程实行企业化运作。校内营造浓郁的先进企业文化氛围，评选一批校企一体化办学示范学校。

(3)扩大集团化办学。创新校企合作模式，建立一批服务产业、有效运作的地方性、行业性职教集团，形成校企共同参与职业教育办学和人才培养过程的新体制。各职业学校均牵头建立1个以上优势专业的职教集团，参加3个以上地方性、行业性职教集团。全市建设10个示范性职教集团，其中5个达到国家示范性职教集团要求。建立以订单式和工学结合为主导的校企合作人才培养模式，使之体现现代学徒制特点，有关部门联合制定《常州市职业教育订单式合作培养、工学结合和顶岗实习管理规范》。

(4)实现职业教育与终身教育融通。扩大高职院社区教育功能，市区职业学校全部成为常州社区大学分校，纳入全市终身教育网络体系，县级职业教育中心与社区学院、行业职业培训机构整合办学，形成县域职业教育与技术培训中心。实行学历职业教育与各类非学历培训并重，两者规模和人次比例达到1∶1，实行全日制与非全日制职业教育并举，拓展面向企业员工和返乡在乡农民的非全日制学历职业教育比重，形成面向社会、面向人人的职业教育与终身教育一体化办学格局。

3. 创新职教管理体制。(1)坚持政府统筹领导。健全常州市职业教育工作领导小组，坚持政府统筹职业教育发展，落实国家和江苏省发展职业教育的各项政策措施，创新发展举措，保持高中阶段教育协调发展，全市中等职业学校与普通高中招生比例保持在1∶1。实行职业学校面向来常就业人员子女和外地就读学生招生，与本地学生一视同仁政策。健全县域职业教育发展情况督导检查制度，每年开展对地方政府、教育行政部门职业教育工作督查考核。落实对高技能人才的奖励政策，提高技能型人才社会地位和待遇，建立对职业教育发展做出贡献的企事业单位和个人表彰奖励制度，形成社会各界关心支持职业教育发展的局面。

(2)健全职业教育联席会议制度。在常州市职业教育工作领导小组领导下，定期召开职业教育工作联席会议，听取职业教育发展情况汇报，研究职业教育发展中的重大问题，制定促进职业教育发展的政策措施。调动各部门积极性，发挥各部门职能优势，形成各部门共同重视关心、支持促进职业教育发展的局面。各有关辖市、区建立相应的联席会议制度，促进本区域内职业教育的发展。

(3)建立由教育行政部门扎口管理各类职业学校的管理体制。教育行政管理部门负责职业教育的统筹规划、综合协调、宏观管理，承担各类职业学校管理工作，统筹中、高等职业教育一体化管理，统筹和支持各类职业学校招生工作。

人力资源与社会保障部门负责职业资格证书、毕业生就业管理、职业资格准入、以职业技能为主的职业资格培训和技工院校管理，支持符合条件的职业学校建立职业技能鉴定机构。其他部门协助管理职业教育。发挥行业协会在专业设置、人才预测、教学咨询、质量评估等方面的管理和指导作用。

（4）建立现代职业学校制度。实施“职业学校主动发展方案”，改革对职业学校的管理方式，运用市场引导和评价督导机制，进一步确立职业学校在专业设置、招生、教育教学、人事管理、教师队伍建设等方面的自主权，深化学校人事制度改革，健全岗位聘任制，增强学校办学活力。建立学校发展和科学管理民主决策机制、面向市场和校企合作的办学和管理体制，形成体现现代职业教育特点的学校文化和制度体系。

4. 创新人才培养模式。（1）转变教学模式。推行任务式课程和项目课程，突出技能水平提高，动态完善教学内容，实训场所与工作场所接轨，营造真实或仿真教学环境，实行理实结合、做学一体教学模式。推进五年制高职与高级工、中职与中级工“学历证书与职业资格证书双证融通”，毕业生“双证”获得率不低于80%，鼓励学生科技创新，申报专利证书，获得“三证”。普及现代教育技术，建设数字化教学资源库和网络学习平台，组织开发综合实训课程辅导教学资源和实训模拟软件，覆盖主干专业课程，定期举办教师信息化教学竞赛，争取在国家和省级职业学校信息化教学大赛中取得佳绩。

（2）推行职教德育新模式。坚持德育为先、能力为重、全面发展的人才培养方向，形成有效开展科学教育、人文教育、公民教育、创新教育、创业教育、职业道德和生态道德教育及职业规划指导的载体和形式，形成“一校一特”德育特色，开展“文明风采”竞赛和“三星”评选，每年表彰“十大技能明星”、“十大就业明星”、“十大创业明星”，实施《常州市职业学校校园常规管理基本要求》，评选一批优秀文化校园，50%职业学校创建成省级和谐校园。

（3）形成创新创业教育体系。改革和整合课程，开发并开设创新创业教育课程，建设创新工作室和创业实践基地，建立创新创业大赛制度，每年开展创新作品展评、创业设计大赛，依托“常州市龙城学生创业科技孵化园”，成立常州市职业教育创业指导服务中心，建立院校工作站，形成课程、实践、大赛、指导服务配套实施的创新创业教育体系。各校建有学生创业实践基地，培养出一批成功创业典型。评选一批创新创业教育先进学校。

（4）健全技能大赛制度。按照“四覆盖，四促进”要求，实行校、辖市（区）、市三级技能大赛制度，每年举办全市各类职业学校参加的“技能竞赛月”活动，积极组织参加国、省赛，力争取得佳绩，促进办学模式改革、课程教学改革、实训基地建设、教师能力建设。各级政府和职业学校加大对技能大赛的经费投入，建立对参加技能大赛获得优异成绩的教师、学生和指导教师及所在学校的表彰奖励制度,并在职称评审、评先奖优、就业推荐、建设项目安排等方面予以优先考虑。

5. 创新队伍建设机制。(1) 合理确定教师结构。根据学生规模核定各类职业学校教职工编制数,畅通职业学校面向社会招聘优秀工程技术人才和高技能人才的渠道,实行编制内特聘企业兼职教师办法,建立特聘兼职教师库,制定职业学校兼职教师管理办法。实行教师晋升技师、高级技师、创业认证教师培训鉴定制度,每年组织开展培训鉴定 50 人,专业教师中获得高级以上职业资格证书的比例达到 75% 以上,获得技师、工程师以上资格或职称的比例达到 30% 以上,创业认证教师 200 人,职业学校研究生以上学历教师达到 20% 以上,具备高级职称的教师比例保持在 40%,企业兼职教师比例占 20%,形成一批校企合作、产教结合的优秀教师团队。

(2) 实施职业学校教师五级阶梯发展方案。健全职业学校职教新秀、职教能手、骨干教师、专业(学科)带头人、职教名师五级阶梯发展方案,充分体现"双师型"能力要求,实行与普通教育并列设置、同等待遇,形成评审表彰奖励制度,促进教师专业发展。

(3) 实施职业学校教师专业技术成果评奖制度。健全常州市职业学校教师专业技术成果评奖办法,每年开展成果申报和评审活动,对获奖成果给予经费奖励,推进 10 项成果转化,促进教师专业技术能力提升,开展产学研活动,服务专业建设和技能教学及企业技术创新需要。

(4) 实施职业教育名师工程。坚持师德建设、学历提升和能力发展并举,专业教师每三年、公共基础教师每五年轮训一遍,健全教师到企业锻炼制度,选择一批先进企业确定为教师实践基地,将企业实践经历纳入职称和各类职教评审考核范围。实行职业教育名教师工作室制度,与普通教育并行评选、同等待遇,全市职教名师工作室扩大到 20 个。每年选派 30 名优秀教师出国培训。通过技能大赛,培养一批技能大师,50% 以上专业建有技能大师工作室、教师创新工作室,培养一批省级教学名师和领军人才,发挥其引领和指导作用,给予特级教师同等待遇。

(5) 实施名校长培养工程。建立职业学校校长研讨班制度,组织校长和管理者赴国(境)外接受专题培训,加强职业教育办学规律和办学方向的培训学习,培养一批具有国际视野、战略眼光、先进理念和开拓精神的领军校长人才,评选职业学校名校长,逐步形成职业教育家治校的局面。

6. 创新考试招生制度。(1) 进行科学人才观引导。加强升学指导教育,合理引导学生通过职业教育寻求职业生涯和人生最佳发展。积极发挥主流媒体作用,加大职业学校宣传力度,大力宣传职业学校办学成果,加强技能大赛、创新大赛、“三星”、单招本科等优秀学生典型宣传,扩大和增强职业教育影响力和吸引力,构建人才成长“立交桥”。

(2) 扩大职业学校招生范围。面向所有愿意接受职业教育的学生招生,积极面向苏北和西部合作办学,面向普通高中学生、退役士兵、来常州就业人员子女和外地就读学生招生,开展面向企业员工和返乡在乡农民的非全日制中职学历职业教育。

(3) 健全职业学校注册招生制度。实行政府统筹,面向社会自主开放式招生办法,即学生及其家长与职业学校面对面双向选择登记录取,继续调整普通高中招生规模,扩大职业教育招生规模,普通高中不扩招扩班,职业学校招生不受计划限制,鼓励扩大招生。推进职业学校招生注册入学规范化,规范招生程序和招生行为,禁止非学历培训机构招生举办学历职业教育。

7. 创新质量评价制度。(1) 建立职业学校办学绩效评价制度。建立教学质量检查和反馈制度,健全以办学水平和教育质量为核心的学校发展综合督导评估制度,完善评估指标体系,引进政府部门、行业企业、中介机构等社会化绩效评估手段,将学生全面素质、职业能力、技能竞赛成绩、就业创业水平、社会培训、服务社会、社会影响等作为评价职业学校办学绩效的重要内容。

(2) 推行职业学校教学质量监测办法。规范专业大类指导性教学方案执行和规划教材、示范教材使用,审定校本教材开发使用,健全实施教学计划审定制度。制定职业学校教学质量监测指标体系,开展对职业学校教学质量检查和技能抽测,及时反馈监测结果。

(3) 完善职业学校教育质量自我监控体系建设。各职业学校建立教育质量监控制度和校长、系部或专业负责人随堂听课制度,建立由校长挂帅、相关教师代表参加的学校教育质量监控委员会,并吸引社会和企业人员参与,建立学校教育教学质量考核督导部门,各系部或专业建立教学过程督查制度,形成学校教育质量监控督导体系和有效运作机制。建立校内人力资源市场,畅通就业信息和就业渠道,实施毕业生就业状况跟踪管理。开展学生就业满意度、用人单位对职业学校毕业生综合素质满意度测评。

8. 创新经费保障机制。财政部门会同有关部门根据办学条件基本标准和教育教学基本需要,制定职业学校生均财政拨款标准和生均预算内公用经费标准,不低于现行标准,按时拨付并逐年提高,建立健全职业教育经费增长保障机制。落实职业教育国家助学金制度,以及中等职业学校城乡家庭经济困难学生和涉农专业学生免收学费政策。教育费附加用于职业教育比例不低于30%,市、辖市(区)政府统筹职工工资总额的0.5%部分,全额用于发展职业教育。安排专项经费,重点支持示范性职业学校、品牌专业、精品课程、实训基地建设及师资培训、兼职教师聘用,建立职业学校学生创业基金和师生创新基金,设立职业教育教师培训专项经费和特聘兼职教师专项补助经费。继续实施农村实事工程职业教育项目,落实补助奖励经费。按区域隶属范围积极化解公办职业学校基本建设债务。

五、江苏省宜兴市职业教育发展模式创新案例

宜兴市为江苏省无锡市下属县级市,近年来经济持续稳健发展,展示了良好发展势头。与此同时,宜兴市职业教育得以发展并不断进行发展模式的创新。职业教育发展与经济发展、产业机构调整相互适应、相互影响,有力地促进了校企合作办学模式的形成。

(一)宜兴市产业经济发展概况

1. 宜兴市产业经济发展概况。宜兴市位于社会经济发达的沪宁杭三角中心地带,地处江苏省的最南端,东濒太湖,南邻浙江长兴,西南界安徽广德,西接溧阳,北面与常州武进相傍,地理位置极为优越。宜兴市户籍总人口有 107.73 万人。2013 年,宜兴全市有工业企业 8 704 个,工业总产值(现行价)3 120.39 亿元、产品销售收入 3 015.43 亿元,工业利税总额 241.16 亿元、利润 169.84 亿元。有规模以上企业 897 个,规模工业产值 2 665.21 亿元。全市工业应税销售收入 50 强企业占全市相应总量的 56%。全年应税销售收入超 100 亿元企业 3 个、50 亿元~100 亿元 4 个、20 亿元~50 亿元 21 个。高端线缆、新材料、节能环保、新能源及光电子产业五大战略性新兴产业产出占工业总量的 53.5%。

宜兴市的现代服务业发展迅速,社会消费品零售总额保持全省领先地位,完成服务业增加值 448 亿元。商贸市场保持兴旺,年成交额超 50 亿元市场达 3 个,红星美凯龙二期、环保城二期建成投运,远东买卖宝平台年交易额超 150 亿元,华地集团跻身中国连锁百强榜单。宜兴市旅游业发展也有突出成绩,全市年接待游客数、旅游总收入分别突破 1 425 万人次和 142.91 亿元,获得“长三角最佳慢生活旅游名城”称号。

宜兴市农业发展也十分蓬勃,全市农业总产值 77.38 亿元,获得“全国粮食生产先进县(市)”称号。2013 年,宜兴市农业适度规模经营比重升至 81%。现代高效农业园区化率超 40%,特色农业优势极为明显,生物农业产值和农业园区化率居无锡市首位,水产养殖物联网技术应用水平全国领先。农业供销体系更为健全,农村物流配送中心基本竣工。全年水利建设总投入 5.8 亿元,农机总动力 52.4 万千瓦。①

---

① 宜兴市政府网站:《经济建设》。http://www.yixing.gov.cn/default.php?mod=article&do=detail&tid=349049.

2. 宜兴市产业经济与人才发展规划。(1) 宜兴市产业经济发展规划。为加快产业经济的发展，十二五期间，宜兴市确立了产业兴市的战略规划，即要扎实推进产业转型升级，坚持调高、调优、调强的基本取向，实施新兴产业双倍增计划、传统产业升级计划、现代服务业提速计划和生态文化旅游业振兴计划，达到产业质态的整体优化，实现先进制造业、现代服务业、生态文化旅游业"三足鼎立"产业体系的整体提升。

围绕上述战略目标，宜兴市制定了具体的工作举措：一是突出转型升级，加速打造现代产业，建设更加富强的新宜兴。转型升级是"十二五"发展主线，培育现代产业体系是宜兴"十二五"期间最重要的任务之一。要着力构建以现代高效农业为基础，战略性新兴产业为先导，先进制造业、现代服务业和生态文化旅游业"三足鼎立"的现代产业体系，推动产业结构战略性调整、经济发展方式根本性转变，实现经济总量和发展质态的"双重跨越"。到"十二五"末，把宜兴市建设成为国内具有较高知名度和影响力的先进制造业示范基地和新兴产业发展高地。

大力发展战略性新兴产业。实施"新兴产业双倍增计划"，瞄准高端电缆、节能环保、新能源、新材料等战略性新兴产业，加大政府引导、规划引领、项目引进、政策扶持力度，把培育自主知识产权、自主创新技术和自主品牌作为主攻方向，加快做大产业规模、提高市场占有率、提升核心竞争力。到 2015 年，形成高端电缆、节能环保、新能源、光电子四大千亿级新兴产业基地。

着力提升优势传统产业。实施"传统产业升级计划"，坚持集群化、高端化、品牌化发展导向，推动优势传统产业向产业链、价值链高端攀升。加强规模龙头企业培育，引导企业推进科技创新、制度创新和管理创新，以先进装备占据高端市场，全面增强市场竞争力。加大品牌培育力度，强化产业整体宣传，不断提升宜兴传统产业对外影响力。到"十二五"末，力争在全球、全国同行业中的龙头企业突破 100 家，形成一批特色产业基地。

加快发展现代服务业。实施"服务业提速计划"，推动服务业发展提速、比重提高、结构优化。加快发展现代金融、研发设计、现代物流、服务外包、信息咨询等生产性服务业，实现先进制造业与现代服务业"融合发展"。大力发展城市经济，高起点打造城西物流园、东氿城市综合体、金融街区和高铁站前商圈等现代服务业样板区，形成一批百亿级特色市场。

突出发展生态文化旅游业。深入实施"旅游振兴"战略，以云湖景区、阳羡景区、善卷洞景区、蜀山陶文化景区、东氿生态运动体验区五大板块建设为重点，加快旅游景点建设和功能性载体建设，力争到"十二五"末，高星级酒店达到 15 家以上。注重旅游服务体系建设，挖掘旅游文化内涵，打造生态旅游特色，整体提升宜兴旅游的影响力、吸引力和竞争力，推动宜兴旅游从游览观光型向休闲度假型、文化体验型、商务会务型融合提升，建成长三角休闲度假旅游目的地。

大力发展现代高效农业。充分发挥农业资源优势，大力发展现代高效农业，加快太湖外向型农业示范区、阳羡茶产业园等特色农业产业基地建设，着力培育一批现代高效农业亮点，创建一批特色农业品牌，不断提高农业综合效益。

（2）宜兴市人才发展规划。着眼于产业发展与产业结构调整的需要，在十二五期间，宜兴市也制定了相应的人才发展规划，加快了产业间人才资源结构调整的步伐。

在第一产业方面，在充实和稳定人才队伍的基础上，以建设社会主义新农村为契机，加大农业技术人才的培养力度，大力支持农林、水利系统对高层次人才的开发培养；加强和规范农民技术职称评定工作，充分发挥农民技术骨干作用。同时，培养大批扎根于农业第一线的专门实用人才和乡土人才，形成以农业科技人才为骨干，以实用人才、乡土人才为主体的农业、农村人才队伍。到2015年，培养和掌握一大批覆盖农业和农村经济各个行业、领域，具有一定专业技能的各类实用型科技人才和管理人才，基本满足农业和农村经济发展的需要。

在第二产业方面，一方面通过定向培养、调整重组、竞争择优等方式，优化产业内部人才结构；另一方面通过政策扶持、转岗培训、开辟就业渠道、创办领办新的企业实体等方式，调整、引导富余人才进入第三产业。贯彻落实无锡市“千人计划”，深入实施千家企业引进千名人才工程，以改造升级电子信息、机械装备、线缆、环保、纺织等支柱产业和培育发展新材料、新能源、新传感网、生物医药、软件和服务外包、文化创意等新兴产业为导向，重点引进一批能够突破关键技术、发展高新产业、区域发展急需和紧缺的科技领军型创新创业人才。企业要充分发挥主体作用，拓展引才渠道，创新引才机制，加快引进培育各类急需紧缺的优秀人才，强力推进企业人才队伍建设。

在第三产业方面，大力开发、培养、引进教育、科技、卫生、文化、传媒、环保、物流、城市管理、金融、保险、社会服务的各类人才。在教育领域，加强师资队伍建设，建立制定相关措施，全面提高中小学教师学历层次，加大名师工程、蓝青工程等教育工程建设；在科研领域，重点培养掌握科技前沿技术，具有较强研发能力的人才，积极推动科技开发人才向企业转移，壮大企业研发人才力量；在医疗卫生领域，进一步加大“三名战略”实施力度，充分挖掘人才潜力，引导一部分人才充实基层医疗卫生队伍，发展社区卫生服务，通过“定向培养”等方式，全面提升乡村（社区）医生素质，到“十二五”末，学历水平达到中专，有半数以上乡村医生达到助理执业医师水平，保证“一村一站配置三人”。同时积极培养和引进急需高层次优秀专业人才，提高医疗卫生服务水平；在商业、服务业领域，培养精通市场营销和国际贸易规则的高级人才，大量吸收从其他领域转移的人才，推动商业、社会服务事业兴旺繁荣；发展城市交通，改善城市环境质量，促进文化、旅游事业健康发展，加紧培养更多懂得城市规划、交通管理、环境保护的高级人才；发展壮大新闻出版、文学艺术、旅游服务以及法律服务、中介服务业等方面的人才队伍。①

（二）宜兴市职业教育的发展

宜兴市职业教育起步于20世纪70年代末，改革开放30多年来，已经为地方经济建设第一线输送了4万多名毕业生。自2007年以来，全市职业学校每年招收近4 000多名新生。就高中阶段招生而言，1991年开始，职普招生比达到5∶5，1996年—1999年达到6∶4，2000年至今年维持在5∶5左右。目前，全市职业学校共开设50多个专业，在校学生1.3万余名，具体情况如下：

1. 布局合理、结构优化，建立城乡一体化办学网络。在20世纪80年代末，宜兴市职教发展面临了新的时代特点：一是根据市委、市政府的规划要求，“高中阶段教育的普及率要达90%，其中职普招生比要控制在5∶5”。要完成这一事业目标，原有的职校规模都难以满足要求。二是职教“满天星”（1993年时曾达到48所）的办学现象大大浪费了教育资源。三是随着农村经济的快速发展，特别是农村城市化的发展趋势对职校提出了新的挑战。原先一些地理位置偏僻、单轨附设的职教办班点处于“有锅无米”的尴尬境地，面临“倒闭”的危险。四是社会的发展使人们的观念不断更新，教师要求到城镇任教和学生进城入学的愿望与日俱增。扩大职业学校的办学规模，集中力量在城镇区域内办好几所国家级重点职业学校，既是社会各方的需求，也是职教自身发展的必然趋势。

因此，根据历史上形成的宜城、丁蜀、和桥、张渚“四大镇鼎立”的集镇分布特点，宜兴市确定职业学校布局调整的思路。宜城和丁蜀两镇作为市政府所在地，张渚、和桥分处西北，无论从地域、人口的角度，还是从政治、经济和教育的角度，“四大镇”均适宜高中阶段教育设点建校。市局围绕“调整布局、优化结构、扶持典型、规模办学”的职教办学思路，有效整合资源，不断探索、不断改革，形成了城乡一体化的办学网络。到目前为止，全市有国家级重点职业学校、省“四星级”②中等职业学校2所，省重点职业学校、省“三星级”中等职业学校2所，形成了以江苏省宜兴中等专业学校为龙头，以宜兴丁蜀中等专业学校、宜兴市张渚

① 宜兴市人力资源和社会保障局：《宜兴市“十二五”人才发展规划》。http://www.yxlss.gov.cn/default.php? mod = article&do = detail&tid = 430113.

② 江苏省教育评估院开展中等职业学校星际评估，参照酒店星级管理办法，根据8个一级指标和30个二级指标构成的评估标准，把中等职业学校分为五个等级，分别是一星级、二星级、三星级、四星级、五星级。

中等专业学校、宜兴市和桥中等专业学校为主体的布局结构。他们分立于市区及本市域的南部、西部与北部，其“一中心三支撑”的态势，辐射到全市所有乡镇。

2. 突出重点，培育典型，打造宜兴职业教育新品牌。学校规模的适度扩大有利于师资、设备等办学条件的充分利用，有利于提高教学管理和质量监控的水平，有利于整体发挥职教的服务功能，有利于职业学校参与市场竞争。为了适应经济和社会发展的需要，优化职业教育资源的配置，提高办学的质量与效益，宜兴着力建设两所“龙头”学校——宜兴中等专业学校和宜兴丁蜀中等专业学校。

始建于1979年的宜兴中等专业学校是由11所学校组成的职教办学联合体，1997年秋季易地重建，占地500多亩，总投资2亿多元，建筑面积达10多万平方米。现拥有职前教育在籍学生8 000多人，专任教师超过600人，年均培训在职人员8 000多人次。在层次上融职前与职后、学历与非学历教育为一体。

宜兴丁蜀中等专业学校（原宜兴丁蜀职业教育中心校）于1993年通过省重点职中验收后，又投入1 000多万元，使之成为首批国家级重点职中，1997年通过了省合格职教中心的评估验收。近几年来，该校以“机电一体化”和“工艺美术”专业现代化建设为主线，加快学校硬件建设步伐。目前学校占地近170亩，校舍建筑面积近5万平方米，职前教育的在校生已超过3 500人，每年职后培训达2 000多人次，办学的规模效应已越来越明显。

3. 拓展思路，创新举措，有效尝试校企合作式教育。实施校企合作教育模式，是创新现代化职业教育体系的重要特征。从1991年开始，宜兴市在职业学校中开展校企合作试点工作。主要是以“企业配合”模式为主。这种模式中，采用“2+1”式，企业主要根据学校提出的要求，提供相应的条件或协助完成部分（主要是实践教学环节）培养任务，主要采取提供教育资源的方式，利用企业资源建立校外实训基地，企业工程师兼任学校教师，人才培养目标和计划主要由学校提出和制订，并承担大部分培养任务。合作较成功的是宜兴丁蜀中等专业学校和宜兴精陶厂（现江苏宜兴精陶股份有限公司），实施厂校挂钩、联合办学。在校企合作教育模式之下，具体做法如下：一是每年学校主动与企业联系，协商工美专业招生人数，确定在校学习时间、实习培训时间及学生毕业后的去向；二是按教学计划第三年到公司实习培训，了解企业基本概况，熟悉精陶生产工艺流程、企业厂规厂纪、生产安全和交通安全等系统知识；三是学校在学生技能培训过程中，定期派专业教师带班实习，既能随时了解了学生的情况又能及时了解与专业有关的产业发展前沿动态。该校与企业联合办学十多年，共计为精陶厂输送熟练技工540人。

20世纪90年代后期，宜兴职业教育坚持走新型工业化道路，经济步入了快速增长期,如果没有人才优势,就不会有竞争力。有过丰富校企合作经验的宜兴,始终做着这样一种思考:怎样运用校企合作优势建立一个与普通教育体系并行的职业教育体系,把教育的步伐迈得更稳、更实。在市委、市政府的领导下,市教育局提出了在校企合作中"以就业为导向,加强专业建设;以能力为本位,加强课程体系建设;以技能为中心,加强实训基地和师资队伍建设;以职业道德为核心,加强思想道德建设"的办学理念;形成了专业理论和实际能力相结合,课堂教学和工作实际相结合,瞄准培养目标提高素质,增强培养过程灵活性的校企合作职业教育模式;构建起规模适度、结构合理、特色鲜明,与本市主导产业和支柱行业紧密结合、与经济和社会协调发展的职业教育体系。

（三）宜兴市多元、立体、深入的校企合作模式

职业教育从诞生之日起,就与产业、行业部门有着天然的密切联系,具有明显的产学合作教育特色。从世界产学合作教育的发展历史看,合作教育也具有鲜明的职业教育和技术教育的特色。校企合作教育是职业教育发展的必然趋势,是经济发展对教育提出的客观要求,也是职业学校生存、发展的内在需要。尽管宜兴市职业教育发展历史不长,但却紧紧围绕职业教育服务区域产业经济发展这一目标,以开拓、创新的精神探索出了多元、立体深入的校企合作模式。

宜兴市早在20世纪70年代末就有行业办学,如宜兴商业集团公司主办的宜兴市商业职工学校,宜兴陶瓷公司主办的宜兴市陶瓷职工学校;还有部门办学的,如宜兴市计经委主办的宜兴市工业职工学校,宜兴市粮食局主办的宜兴市粮食职工学校,宜兴市交通局主办的宜兴市交通职工学校,宜兴市旅游园林管理局主办的宜兴市旅游职工学校,宜兴建委主办的宜兴市建设职工学校,宜兴市供销总社主办的宜兴市供销职工学校等。这些行业和部门学校的学生就业去向主要是对应的行业、部门。在当时的年代,这些行业、部门办学是非常火爆的,很多普通百姓子女就是因为跨进了这些行业、部门学校而跳出了"农门"。

到20世纪90年代中期,行业、部门办学渐渐萎缩,政府办的中等职业学校开始兴起。1994年创办宜兴市张渚中等专业学校(原宜兴市张渚职业高级中学),1995年创办宜兴市和桥中等专业学校(原宜兴市和桥职业高级中学),两校分别于1999年和2003年成为江苏省重点职业学校,全国各地参观学习者络绎不绝,原国家教委副主任王明达、全国人大常委会副委员长何鲁丽等都亲临视察、指导。宜兴中等职业学校每年的招生人数成倍增长,形势一片大好。但2001年由于生源下降,就业不畅,生源锐减。为了走出困境,学校开始重视校企合作,尝试通过和企业的合作使学校重新焕发生机和活力。

"企业需要职业教育,但是企业却并不那么关注职业教育。对于校企合作,企业并不积极主动,使校企合作成为许多职业中学的一厢情愿单相思;对于职业

中学的毕业生他们并不那么情有独钟，致使一些职业中学的就业率不高；对于接受学生顶岗实习、生产，也顾虑重重怕影响他们的正常生产……”原宜兴市教育局职业教育与社会教育科科长在接受采访时感慨，校企合作在职业教育发展中不是一个新话题，然而如何实现有效的校企合作至今仍然是摆在许多职校面前的难题。

各职业学校都在探索：学校跟企业深层次接轨，校企合作如何才能改变过去一头热的现状，“企业需要什么样的人才，我们就培养什么样的人才”，“企业需要什么，我们就教什么”。宜兴市张渚中等专业学校董校长说，校企合作不能只是学校的一厢情愿，不能只局限于学生实习、推荐就业，只有当双方在合作中都获得了好处，变为一种互利互赢的行为，校企合作才能够起到真正的作用。他首先从联合办学的挂靠学校动脑筋，打开了苏州、无锡、南京就业的出口，2002 年，张渚中等专业学校开始迅速发展。尔后，其他学校纷纷仿效，短期内成效明显。市教育局、各职业学校其实也心知肚明，职业教育为谁办？当然是服务当地经济，而不是为他人作嫁衣。在专题研究以后，市教育局及各职业学校达成共识：校企合作真正的内涵在于要让课程体系、教学内容、教学方法以及评价体系全方位地跟宜兴当地企业接轨，那就是职业学校要把培养出来的学生，送到企业去，能够为企业创造更高的利润，为宜兴经济发展服务。

在这种想法的引领下，各职业学校分管招生、就业的副校长、主任，纷纷走出校门与企业打成一片，主动去认识企业、了解企业，而且探索出一个非常有用的校企合作模式——企业“请进门”，教师“赶下厂”。近年来，宜兴市职业学校主要抓了六件事：一是与企业签订联合办学协议；二是派教师每 2 年下企业挂职或顶岗实习 2 个月；三是请企业老总、专家进课堂当教师；四是参与企业的技术改造与科技创新；五是学校建立技能培训站和职业培训站，为企业在岗职工的培训和考证提供优质服务；六是开展企业冠名班教学，为企业订单培养职员。此外，从 2002 年开始，各校每个学期都派老师深入企业“拜师学艺”，了解、掌握企业最新技术，并根据老师的学习体会编写校本教材 20 多本。只有认识、了解了企业，才能找到教学改革的正确方向。基于此，目前宜兴市校企合作的现状可以概括为以下几点：

1. 冠名班——校企合作领域“高级蓝领”的打造。坚持以就业为导向，积极与市内相关知名企业协商，开展“订单式”培养，按照企业订单的要求量身定做，企业需要什么样的人才就培养什么样的人才。宜兴中等专业学校组建了“江旭班”、“乐祺班”、“方正班”、“博尔班”等具有企业文化特色的“冠名班”。这些班级由校企双方共同制订培养目标、教学计划，共同推进教学改革，共同承担教学及实习实训任务，并对学生的学习、技能进行共同考核，考核合格后直接进企业就业。同时，这些企业每年为冠名班提供一定的金额用于资助贫困学生、奖励品学兼优的学生及其他如设备添置等教育支出。此举促进了校企双方更加紧密地合作，实现资源共享和“学校、企业、学生”的三赢，同时加强了与企业、行业的交流合作。企业“冠名班”的成立，已成为毕业生直接就业的“绿色直通车道”，真正实现了校企的“零距离”对接。

2. 专业指导委员会——校企合作领域的高层拓展。校企合作是学校与企业单位之间的整体联姻，因此必须要有一个基本组织来统筹规划，才能做到有目的、有计划、有实效地开展工作。宜兴市在实践过程中认为，最为有效的方式是成立专业指导委员会。该委员会由学校聘请与办学专业对口合作密切的多家企业的经理或主管、相关政府部门领导、技术专家组成，对学校专业建设、教学改革进行有效的指导。该组织有专门的章程，明确立意、规范职责与义务等，规定每年定期或不定期地开展一些活动，让他们共同研讨学校的重要教学改革方案，评估教学某一环节，建立学校、企业、劳动部门的考证领导小组，评估学生综合技能，变过去的单一工种考核为现在的岗位技能考核，反馈对实习生的评价，为教师或学生做专题报告等。该组织的建立，对学校和企业来说，都是一种机制的约束和保障。在专业指导委员会的引领下，在制订实施教学计划的时候，将教学规范与企业需求通过三个“衔接”来保证，即培养规格与用人标准相衔接，专业设置与企业需求相衔接，技能训练与岗位要求相衔接。

3. 基地建设——校企合作领域的产学研尝试。积极推进“产、学、研”结合的一体化人才培养模式，理论与实践融为一体，生产、教学与科研紧密结合，是中等职业教育人才培养的有效方式。宜兴中等专业学校借助于宜兴地区得天独厚的区位优势，在“为学生服务、为企业服务、为社会服务”的服务理念指导下，开创性地进行多层次多方位的“校企合作”，把实习工场搬进企业车间，进行教学实习与教研基地建设，走“产、学、研”结合之路。具体来说，他们尝试“前店后厂”式的实践教学和小班化管理形式，以“1+1+1”的“江缆模式”为依托，进一步扩大校企合作的规模，成为该校的一个大型实习培训基地；正在筹建的公共实训基地，将成为该校的自办“企业”。这一做法给学生提供直接的实践场所，实现了教学与生产的双赢。

此外，和桥中等专业学校还与新雪竹公司建立了良好的合作关系，设立了“雪竹工作室”，主动参与公司的新产品开发和技术革新活动。2004 年该校服装专业教研组、计算机专业教研组与无锡市文垲智能科技有限公司合作，开发了一套“服装工艺 CAD 教学应用系统”。这一软件试用下来，具有针对性强、适用性广、技术优势明显等特点，已被该校广泛应用于学校教学和服装企业员工培训。各职业学校逐步引入“教学工厂”的管理模式，为学生与实际就业岗位的“零距离”对接创造有利条件，让学生从课堂走向车间，在实际操作环境中学习，将理论学习和生产劳动有机结合起来，这样不仅能有效地完成专业技能实训，而且还能使学生见识或直接参与实际产品的生产过程，使原有的消耗性实习真正逐步地转化为生产性实习，有效地改变了人才培养的模式。通过基地建设，学生在实训中做到“六个合一”，即车间与教室合一、学生与学徒合一、教师与师傅合一、理论与实践合一、作品与产品合一、育人与创收合一。实习基地不仅可以解决学生的实习问题，对于教师专业生产实践能力的提高也带来了极大便利，让“双师型”教师成为可能。

4. 劳动力培训——校企合作领域的技术示范。各职业学校依托专业优势，充分利用现有的师资条件和设施设备，积极开展以岗位培训、继续教育、农村剩余劳动力及下岗失业职工再就业为重点的各类短期培训，有效地提高了企业员工的素质，促进了当地经济和社会发展，深受地方政府和群众的好评。通过培训，还探索出了一条“招工—技能培训—职业资格鉴定—持证上岗—跟踪服务”一条龙服务的劳动力培训（员工培训）新路子，有效地提高了企业员工的业务技能，确保了社会的稳定，促进了当地经济和社会的发展，较好地体现了全市各校在校企合作中的示范辐射作用。

5. 同编校本教材——校企合作领域的理论深化。目前职业学校所使用的专业课程教材绝大多数是教育部门所编写，不能全盘否定它的使用价值，但是有理由说其在结合各地区、各学校的实用性和针对性上还有待商榷。校企合作可以使专业教师能够深入生产第一线，直接接触具体的新技术、新工艺，返回课堂教学能够“言之有物”、“言之有据”。各职业学校现在所使用的一些讲义、补充教材均是企业资深技术员与教师在实践中的体会与心得的反映，他们在实践中提炼，在使用中修改，形成了一套相对完善的校本教材体系。

正是上述这些校企深度合作办学模式的创新，缩短了职业学校与就业市场的距离。2002 年以来，全市职业学校已连续多年保持“出口畅”、“进门爆”、“厂长围着校长转，要求给毕业生”的局面。

六、浙江省慈溪市职业教育发展模式创新案例

职业教育与区域经济发展有着必然的联系。前面的章节已经提到，区域是一个相对的概念，相对于全国来说，省就是区域；相对于省来说，县就是区域；相对于县（市）来说，城镇就是区域。一般来说，区域经济是职业教育发展的基础，区域经济社会发展为职业教育的发展创造了良好的社会环境，实施职业教育必须以所在区域的经济社会发展为依据；同时，职业教育为所在区域的经济发展提供人才支撑和技术支持，进而促进区域经济的发展。因此，职业教育与区域经济

发展是一种互为促进、共同发展的关系。

一方面,区域经济决定或制约着当地的职业教育进程,主要表现在以下两点:第一,区域经济发展水平决定了本区域内职业教育发展的规模和速度。第二,区域产业结构决定了本区域内职业教育的专业结构。不同地区的产业结构对劳动力的类型有不同的要求,在农业占有很大比例的地区,劳动力的类型必然以农业从业人员为主;在建筑业占有很高比例的地区,劳动力的类型必然以建筑从业人员为主。区域产业结构变动和调整及其对劳动力类型的需求直接影响职业学校的专业设置。劳动力需求结构反映了产业结构对劳动力数量和质量的需要,而职业学校培养人才的类型不仅反映了区域内劳动力的构成状况,也反映了区域内劳动力的供给结构。另外,区域生产技术结构决定了区域内职业教育的层次结构。技术结构是指劳动生产中自动化的程度。区域技术结构的变动和发展及其对劳动力层次的需求直接影响职业教育培养人才的层次。

另一方面,职业教育对区域经济的发展形成至关重要的推动作用,主要表现在以下两点:一是职业教育通过提高区域内国民的劳动素质和科学技术水平来提升区域竞争力,二是职业教育通过提供大量的技术工人来促进区域经济结构调整和产业升级。城镇的职业教育在我国城市化过程中发挥着重大的作用,尤其在经济较为发达的城镇,各产业发展中急需大量有技术有能力的应用型人才,而农村中又有着大量的富余劳动力,为使这些劳动力能够顺利进入城镇中的企业并尽快适应岗位需求,当地城镇职业学校则肩负着为本地经济发展培养(训)技能型人才的重任。在这方面,浙江省慈溪市做了有益的探索。

慈溪市地处东海之滨,杭州湾南岸,东离宁波 60 公里,北距上海 148 公里,西至杭州 138 公里,是长三角地区大上海经济圈南翼重要的工商名城,也是国务院批准的沿海经济开放区之一。慈溪号称“家电之都”,与青岛、顺德并称中国三大家电生产基地,也是中国大陆创新能力最强的城市之一,国家县域经济信息化试点县(市)。经过改革开放以来近 40 年的发展,慈溪以块状经济为主体的区域经济取得了令人瞩目的成就,在 2013 年全国百强县中排名第 6。26 个一村一品、一镇一名品的“块状经济”已占全市工业总产值的 30%,并在国际市场找到定位,工业向园区集聚。所谓块状经济,是指一定的区域范围内形成的一种产业相对集中、专业化极强,同时又具有鲜明地方特色的区域性产业群体的经济组织形式,块状经济成为慈溪市工业经济的主要支撑力量。浙江慈溪市共有 5 所职业学校,有 2 所位于市政府驻地,3 所位于不同的城镇。它们在服务于全市和小城镇块状经济发展中形成了“立足地方、对接市场、面向企业、服务产业”的块状职业教育发展模式。

(一)块状职业教育特点分析

经济发达地区职业教育的发展受多方面影响,下面我们从地区经济发展、政府政策影响、职业学校的发展、用人需求等有关方面来分析其特点:

1. 在经济发达地区,当地经济的发展促进了对职业教育的需求。职业教育的需求是由经济发展状况、生产技术水平等决定的。总的来说,经济发展态势越好,生产技术水平越高,对职业教育的需求也越大。东部沿海经济较为发达的小城镇,已在工业制造业、服务业或旅游业等第二、第三产业中形成了自己的产业群;当地的主导产业、支柱产业,对受过职业技术培训的劳动力有大量需求。以浙江慈溪市锦堂高级职业中学所在的观海卫镇为例,该镇已形成汽车、摩托车及其配件和轻纺三大支柱产业,对本地及外来劳动力需求大量增加,锦堂职业高中在学校开设汽车维修服务专业,为企业提供实用技能培训和员工。

2. 经济发达地区城镇职业教育体系较为完整。我国的城镇职业教育往往受资金少、就业难等问题的限制,职业教育层次低、机构少。而在经济较发达的城镇,都有工业园区和自己的主导产业,经济发展较好,专业技能人才需求旺盛,使这些地区的职业教育发展势头较好,基本形成了职业教育、成人教育、专业技能培训等多重功能的教育机构体系;在办学上形成了学历教育与职业培训相结合、职业教育与成人文化教育相结合、中职教育与高职教育相衔接的教育体系(比如慈溪职业高级中学与宁波技师学院、浙江工商职业技术学院联合办学,培养大专层次的学生);在校企合作形式上多样化,各种针对企业需求的职业技能培训班种类繁多,涉及计算机、英语等级考试、高新技术、会计证、电工证等各种类型的培训。

3. 经济发达地区城镇职业教育拥有较多的生源。我国城镇的职业学校在发展中往往存在招生困难,这种状况的出现有这样几方面原因,一是受传统教育观念的影响,职业教育的地位低于普通教育;二是小城镇职业教育面对的受众往往经济条件差,没有能力接受职业培训;三是当职业培训完成后就业存在困难时,也不能激起人们接受职业教育的积极性。在经济发达地区,小城镇职业教育面对的潜在培训对象除在读学生外,还有当地城镇、农村人员及大量的外来务工者。由于经济发展带动了企业对技能性劳动力需求的增加,使当地就业岗位增加,预期收入明确,使这一部分潜在就业人群增加了自身接受培训的积极性。

4. 经济发达地区小城镇职业教育在办学方向及学生就业上有较为明确的目的。职业学校总是坐落在某一个具体的空间内,这样便于其根据所在区域的产业结构、劳动力流向、企业类型、技术管理水平,设置专业、开发课程、组织教学。因而经济发达地区小城镇的职业学校在办学方向上,往往以满足当地需求为指向,所设置的专业及开发的培训内容,特别强调实用性,重视实践环节,这样的话,职业学校毕业生的就业就具有了较为明确的方向。在学生就业过程中,除由职业学校与企业建立直接联系外,中介机构是联系职业学校与本地众多企业的重要桥梁,职业中介帮助职业学校及时了解市场需求信息,并促进了毕业学生的就业。比如慈溪周巷职业高中根据当地电子电器产业发达的实际提出的"一工三员"(维修电工、家电维修员、品质管理员和班组管理员,都属于企业初级、中级技术型一线员工)的培养目标,满足了当地中小企业的用人需求和家庭对子女的受教育期望。

5. 经济发达地区小城镇职业教育在一定程度上能够借助外部力量弥补自身师资力量的不足。小城镇职业教育发展过程中,教师队伍往往存在数量不足、结构不够合理、素质有待提高等问题,尤其是专业课师资力量薄弱,"双师型"教师严重匮乏,这些问题制约了小城镇职业教育的发展和质量的提高。在经济发达地区,这些问题在一定程度上得到缓解,由于当地经济发展快,企业对劳动力需求量大,因而愿意与职业学校合作培养人才。职业学校师资上的不足往往可以通过与企业联合办学、由企业派出专业技术人员为学校授课等方式得到缓解。比如在慈溪各所职业学校与企业签订的合作意向书中,都有企业派遣员工到职业学校授课和接受教师到企业实习的规定。企业愿意派出得力的技术骨干配合学校老师教学,这些技师丰富的实践知识和娴熟的操作技能,能弥补职业学校专业教师在这些方面的不足。另外,当地职业学校为提高办学质量,经常会与一些大、中城市的职业学校联合培养学生,在引进外部教师资源的同时也带动了自身师资力量的提高。

(二)经济发达地区的"块状"职业教育发展模式

由以上分析可知,经济的发展对当地小城镇职业学校有着较大的促进作用。职业教育在培养技术技能型人才的基础上自身也得到了发展,同时也促进了当地经济的发展,经济发展与职业教育发展是相辅相成的。深入分析经济发达地区小城镇职业教育的模式,对我国各地有一定经济实力和规模的小城镇职业教育的发展必定有一定的参考与借鉴作用。

本书前面已经说过在经济发达地区的小城镇职业教育发展中,职业教育的构成要素主要包括当地职业学校、学员、本地用人单位及劳动力市场(职业中介)几方面。以要素为基本点,梳理其间相互关系,概述如下:职业学校直接通过劳动力市场或通过职业中介搜集本地用人单位需求信息,并根据需求信息调整专业设置、培训内容;职业学校招收本地及外来人员接受培训,并为其就业提供一定渠道,在这一过程中,当地的职业中介在学校和企业间起着重要的纽带作用,促进了学员的就业。本地企业在接受经过职业技能培训人员就业的同时,也会与职业学校加强联合,为企业内部人员培训或储备后续人力资源。将各构成要素及各要素之间的相互关系进行整理，构建出基本模式(见图 6-1)。这种模式是职业教育以本地产业经济发展需求为主确定培训内容，学员毕业后在本地二、三产业就业。模式应用前提是本地已形成二、三产业的主导产业、支柱产业，对劳动力有大量需求，慈溪市就具备了这样的条件。

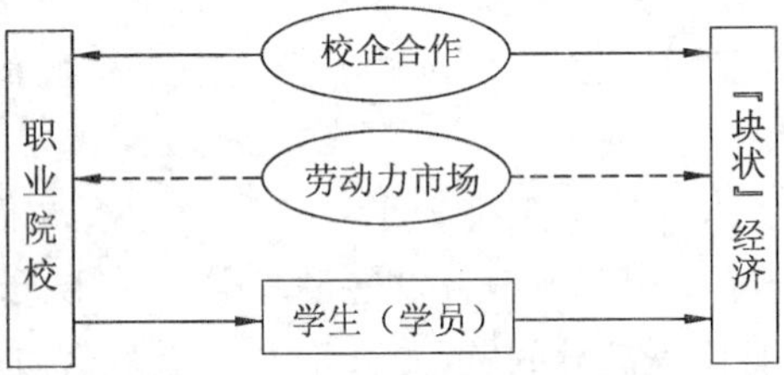

图 6-1　发达地区城镇“块状”职业教育模式

经济发达地区小城镇职业教育的发展过程中，各要素自身及要素间的联系在基本遵循以上模式描述的基础上，不同地区职业教育及其职业教育的不同发展阶段，各要素及其关系在具体表象上会有所不同，尤其职业学校与企业这两个要素之间联系的紧密程度，及职业学校自身水平这两方面存在一定差异。以下从校企合作和职业学校发展两个方面来分析“块状”职业教育模式中各要素及相互关系的演进过程。

职业学校校企合作在各地的发展一般会经历两个阶段:松散合作阶段和紧密合作阶段。第一阶段，职业学校与企业的合作是松散合作。由于职业学校与企业都在同一地区，通过各种信息渠道，各自对对方都有一定了解，在职业学校竞争不激烈、毕业学生供求基本平衡时，职业学校只是根据劳动力市场信息渠道了解各个企业对各种专业技术人员的需求来设定专业，培训学生;第二阶段，职业学校与企业的紧密合作。为了加强教学中的实训环节，并使学生毕业后更能适应岗位的要求，各职业学校加强了与企业的联系。这又可以分为一对一合作、一对多合作、多对多合作三种类型。第一是一对一合作模式，即一所职业学校与一家相关企业建立密切的合作关系，解决实训基地与“双师型”教师培训问题，职业学校会从企业聘请有经验的人员定期为学生讲课。同时，学校也可为企业培训上岗、转岗的员工，企业优先录用合作学校的毕业生，做到双方互利双赢。第二种是一对多合作模式，即职业学校与多家企业建立合作关系，目的是适应多种专业的设置与实践培训的要求。第三种是多对多合作，这种合作类型的出现是有条件的，只有当本地职业学校已成一定规模的情况下，为更好地整合职业教育资源，职业学校可联合成立各相关行业、企业参加的职业学校集团，职业学校集团大政方针由与职业学校集团有关的团体或个人组成的联合机构管理。多对多合作模式可以加强职业培训的针对性，增加职业教育的多样性，提高职业学校培养培训质量，做得好的话还能够更好地满足企业发展对符合要求人才的需求。

职业学校自身层次的发展可分为初、中级职业培训阶段及高级职业培训阶段。小城镇职业教育目前由于教育资源有限、面对的潜在培训人群受教育水平较低等状况，只以初级引导性培训及中级实用技能培训为主。初级引导性培训形式为讲座或短期使用技术培训，主要是介绍就业信息、相关法律法规内容及本地各行业企业技能的需要情况，使求职者明了自身就业能力现状及差距，了解进一步培训对提高自身职业技能、获得就业岗位的重要性。初级引导性培训主要由政府来组织，职业学校及相关机构来完成。中级实用技术、技能培训可由实行学历教育的职业学校、政府及社会组织开办的职业培训机构实施。在高新技术产业及现代制造业比重很大且密集的地区，用人单位对高级职业技术人才的需求较多，低层次的职业培训已不能满足企业对人才能力的要求。在已形成或将要形成新技术产业及现代制造业的地区除了应进一步发展高等职业技术教育，还可借助于与大中城市的高等院校联合办学等方式来弥补职业教育资源的不足，在与高等院校合作的过程中逐渐壮大区域职业学校自己的师资队伍，不断提高自身的办学能力及办学水平。

（三）经济发达地区块状职业教育发展还须注意的几个问题

首先，从企业方面看，当劳动力供大于求时，企业参与职业培训的积极性不大。但劳动力供大于求目前仅是数量上的表现，由于寻求就业的劳动者的技能素质并不是很高，不利于企业未来发展，也影响当地经济发展势头。因此在这种情况下，需由政府牵头，推动有实力大企业与职业学校联合，培养符合当地产业发展需求的高技能、高素质的人才。另外，当地政府还需进一步完善职业资格证书等相关制度，促使企业注重对后备技能人才的培养与使用。

其次，从职业学校方面看，不仅要注重目前市场对某些专业人才的需求，还应根据国家产业结构调整政策，进行长期规划，注重未来企业所需大量人才的培养，为企业的发展做好后续力量的储备。但是单靠一个学校做好这项工作有一定困难，可联合成立职业学校集团，比如锦堂职业高级中学与汽修、轻纺等28家企业成立职业高级中学教育集团；与相关行业企业联手成立行业（企业）教学指导小组，规划目前及未来专业设置、教学内容等，根据未来市场需求变化，做好人才培养的准备工作，比如行知中等职业学校与宁波中联工程公司、浙江东航建设集团、慈溪建设工程监理公司等合作制定建筑专业课程。

再次，在潜在培训对象中，当地农村转移出来的富余劳动力和外来人口是一个很大的群体，但与当地城镇劳动者相比，外来人口就业存在一定户籍障碍，且其收入相对偏低，在职业培训上没有能力支出较多的培训费用。这需要当地政府或者上级政府从大局出发、从当地经济社会发展的现实需要出发对这部分人群在就业上放宽政策,在职业培训上给予一定补贴。

由此可见,在我国不断加快城镇工业化建设及促进农村劳动力转移的过程中,立足城镇经济发展的块状职业教育面临培训人才、衔接劳动力需求的重任。经济发达地区小城镇职业教育发展的关键:一是当地政府要起到统筹管理与促进作用,在政策上引导,在资金上支持,推动职业学校与企业加强联系,走市场化的道路;二是职业学校应尽其所能,多渠道发展,以适应市场需求,在满足当地经济社会发展的需求中获得自身的发展。

七、中、高等职业院校发展模式创新案例

职业院校不能孤立于所在的区域,职业学校要想获得自身的发展,必须适应区域经济发展的需要,只有在服务区域经济社会发展需要的过程中,职业院校才能获得发展。这样的话,随着外在环境的变化,职业院校也必须致力于自身发展模式的创新。如南京工业职业技术学院、苏州工业园区职业技术学院、昆山花桥商务城中等专业学校等都是职业院校发展模式成功创新的典型案例。

(一)南京工业职业技术学院的“学做合一”人才培养模式

南京工业职业技术学院的办学历史极为悠久,其原型是民国时期著名的中华职业学校,是由我国近现代著名民主革命家、社会活动家、职业教育家黄炎培先生于1918年在上海创办的。南京工业职业技术学院传承了黄炎培先生所倡导的“双手万能,手脑并用”、“手脑联动、做学合一”的职业教育理念,并一直贯彻“理论与实习并行,知识与技能并重”的职业教育教学原则。在近一个世纪的办学历程中,从最初的职业培训学校,到新中国成立后转变为中等职业学校,再到20世纪90年代末发展成为高等职业技术学院,南京工业职业技术学院始终遵循着“学做合一”的教育理念。进入新世纪,学院以深厚的教育理念为基础,着力探索有效的工学结合人才培养模式,以实践导向对教育教学体系进行深入、广泛的改革,逐步形成了南京工业职业技术学院所特有的“学做合一”人才培养模式。

1. “学做合一”的人才培养模式。南京工业职业技术学院紧紧把现代工业、企业对职业技能人才的要求与学院悠久的办学理念相结合,在教学环节上区分出实验、实训和实习三个层次,创建了一个清晰的实践性教学体系。

(1)打通理论教学与实验教学的屏障。长久以来,职业学校的理论教学与实验教学在教学内容与教学方法上常有互相脱离的倾向,为克服这种障碍,南京工业职业技术学院以符合职业岗位实际需要的单项职业能力训练为基础,将理论教学与实验教学的教学内容与教学方法整合到一个体系中来。比如,南京工业职业技术学院仙林新校区将教学楼中的专业理论课教室与实验室合二为一,

并且进行了人事分配制度改革，不再设实验教学人员，这样，实验被真正地纳入到课程教学中来，在理论与实验教学的层面上，“学做合一”的教学理念得到了有效落实。

功夫不负有心人，南京工业职业技术学院以大批精品课程的涌现为标志，在人才培养模式创新方面取得了丰硕的成果，例如“电气技术基础”、“机械设计基础”、“外贸单证实务”、“高等数学”等一批体现“学做合一”特色的精品和优质课程，就是人才培养模式改革的成果。

(2) 对接实训教学与工学结合。实训是职业教育中一个极为重要的教学环节，它攸关学生是否掌握将理论转化为实际的职业技能。南京工业职业技术学院根据人才培养目标确定实训教学的工作任务，这些工作任务的编制则依据行业或岗位群的要求，并且以学校巨资打造的生产型与真实仿真型实训基地为依托，将“工学结合”理念贯彻到一系列实训模块的教学安排当中。生产型实训教学遵循与实际工作内容相结合的原则，依据这一原则学院还开展各类实践活动，在各个系部成立大学生创新就业指导中心，并且予以资金支持，成立大学生科技创新与制作基金会。学院鼓励并组织教师对有一定特长并学有余力的学生，进行科技小发明的训练，这样，可以有效促进学生综合职业技能和创新能力的提高。

南京工业职业技术学院经过长时间的探索和改革，其实训教学取得了令人瞩目的成绩。在全国和省级大学生电子设计竞赛、数学建模竞赛、机械设计创新、技能大赛、高职大学生实用英语口语竞赛等赛事中，学院代表多次取得国家与省级大奖。

(3) 融合实习教学与顶岗工作。南京工业职业技术学院围绕19个专业群，通过与行业内相关大型企业单位合作，已经建成了众多稳定、高效的校外实习基地。为规范实习与顶岗工作，学院制定并出台《毕业生毕业顶岗实习工作手册》，将毕业实习、毕业设计、顶岗实习整合起来，加强了毕业生顶岗实习的管理。工作手册明确要求，顶岗实习的根本目的是使学生获得真实的职业体验，并且要能够有效训练学生的职业能力。顶岗实习指导教师的作用也不容忽视，为保证学生的实习质量，指导教师应能够做到“跟踪到位、指导到位、作业文件到位”。实习与顶岗的改革实践证明，这一模式可以有效促进工学结合人才培养模式的贯彻，对提高学生的就业能力也起到了重要作用。

2. “学做合一”人才培养模式的条件支撑。落实“学做合一”人才培养模式的关键是做好生产型及真实仿真型实训基地的建设，南京工业职业技术学院以“以学建产，以产促学”为指导思想，建设了富有特色的校内产学合作的生产型及真实仿真型实训基地，使其成为学院“学做合一”人才培养模式的重要支撑。

(1) 现代制造技术生产型实训基地的着力打造。围绕学院的机械类与机电类两大专业群,以南京工业职业技术学院为首组建的江苏省职教集团骨干企业——南汽集团和金城集团提供产品配套支持,将原来的校办实习工厂改造为以精密制造加工为主的生产型企业——高凯特精密制造厂。该工厂生产的汽车摩托车发动机等诸多精密器件通过了国家ISO9002质量体系认证。以高凯特精密制造厂为依托,学院机械制造及机电类各专业群的学生顶岗实习有了优越的条件保障。

不仅如此,南京工业职业技术学院在国家和省级政府的支持下,近几年自筹资金共投入3 000余万元,建成了产学研三位一体的现代制造技术生产型实训基地——南工院国家职业教育数控技术实训基地。该基地为学院机械设计与制造、机电一体化、汽车运用工程各专业群中数控加工、模具设计与制造、计算机辅助设计与制造、数控设备使用与维护、汽车制造与装配等专业学生的生产型实训、职业资格证书的培训鉴定等提供了充分保障。

(2) 电工电子及自动化技术实训基地的建设。电气自动化与电子信息类专业群也是学院的重要专业领域,南京工业职业技术学院联合省市劳动与社会保障部门职业资格鉴定机构,在学院成立电气自动化专业职业技能培训和鉴定中心,并且投入巨资建立以电工电子基础实验实训为主的电工电子与自动化实验中心。在此基础上,学院经过大力建设,又将其升级成为国家职业教育电工电子及自动化实训基地。目前,该基地不仅面向学院电气自动化与电子信息类专业群的学生,并且面向全省中、高级技工培训和鉴定取得职业资格证书。除此之外,学院还引进江苏天马高科技股份有限公司的产品生产线,学校提供场地,学校教师担任主要技术和管理人员,企业提供产品的制造技术、工艺、销售合同和生产资金,这样,学校与企业真正实现了利益共享、风险共担,学生也能够通过真实的生产环境培养职业技术技能。

(3) 构建各个专业群的校企合作关系。在信息社会背景下,学院的软件技术及计算机应用类专业群的就业前景较为广阔。为更好地促进学生就业,学院和电脑与软件技术技能教育集团——新华教育集团以及永创教育联盟大力合作,依托南京工业职业技术学院中山校区与新华教育集团南京电脑专修学院,共同创建了面向全省的软件人才培训基地。经过学校与企业的奋力打造,该基地被中国软件行业协会指定为华东地区软件人才培训基地。由此,学校与企业进行优质资源共享,把学历教育与职业技能培训相结合,学校与企业在人才培养上通力合作,实现了双方的共赢、共发展。另外,南京工业职业技术学院与永创教育建立了战略合作伙伴关系,永创教育联盟为学院提供资源和外包业务,学院则以软件技术及计算机应用类专业群为核心,借助企业力量,对该专业群的课程教学体系、项目化课程开发以及学生顶岗实习等进行深入改革和创新。

学院的工商管理类专业群也与商友资讯等多家公司建立了战略合作伙伴关系。各个公司为学院提供产品或软件，学院以此建设各类具有明确服务指向的实训室，由此，工商管理类专业群的学生也可以在校内实训基地训练职业技能，从而有利于学生将理论知识转化为职业技能，促进学生的后续就业工作。

除此之外，南京工业职业技术学院还注意加强与区域地方企业的合作，共同投资建设专业人才培养实训室，共同探讨、商定建设规划与实训项目研发等。经过多年发展，学院已经建成了若干所专业人才培养实训室，例如与长盛电子公司合建的智能仪器实训室、与格力空调合建的空调维修实训室、与周立功单片机公司合建的周立功单片机实训室、与 CISCO 公司合建的网络实训室等。在这些实训室中，学院的教师与企业的工程师及指导人员等合作教学，共同致力于专业人才培养，使其真正成为校企产学研合作的纽带。

（二）苏州工业园区职业技术学院企业家精神引领的“四化”办学模式

1. 苏州工业园区职业技术学院的发展：服务区域产业经济的转型。苏州工业园区由中国和新加坡两国政府合作创建。自 1994 年由国务院批准设立以来，苏州工业园区发展极为迅速，正逐步实现“建设成为具有国际竞争力的高科技工业园区和现代化、国际化、信息化的创新型、生态型新城区”的目标。作为一个大型的国际化工业园区，园区内云集了众多世界 500 强工业企业，其对技术人才的需求也极为迫切。在这种背景下，为服务园区产业经济发展的需要，苏州工业园区职业技术学院得以创办。学院以机械创造与精密加工为主的专业设置，较好地满足了园区初期发展阶段对技术人才的迫切需求，有效地提升了整个园区软性环境建设水平。

自 2004 年以来，苏州工业园区逐步加快了推进高新技术产业化的步伐，以电子信息产业为主，形成了以集成电路、平板显示、电子元器件等产业为基础，以计算机、汽车电子、电子专用设备和仪器为应用的产业格局。针对工业园区对电子信息类人才的庞大需求，苏州工业园区职业技术学院以江苏计算机及外设产业园为依托，投资建设北校区，设置电子工程系、信息工程系等专业系部，有效地满足了园区电子信息产业发展对人才的需求。至 2006 年，工业园区第三产业开始蓬勃发展，园区内的工业企业逐渐加强与职业院校的合作力度，园区南部产学研一体的科教新城由此崛起。苏州工业园区职业技术学院也乘势在独墅湖高等教育区成立了以工商管理系、外语系等文科系部为主的南校区。

“十一五”以来，工业园区加大了推进经济发展方式转变的力度，实施了制造业产业升级、服务业倍增、科技跨越等计划，并且重视科技研发与教育合作，实施“科教兴区”的战略，着力培养能够满足区域经济转型升级需要的技术技能型人才、具有现代管理理念的管理型人才。苏州工业园区职业技术学院抓住区域经济转型升级的机遇,利用毗邻科技园、纳米园、产业园等便利,创立了独墅湖科教创新区新校园,与入驻该区的十多家全国知名高校、科研院所,共同分享创新区的IC设计、软件评测、动漫影视等20多个公共技术服务平台。为适应产业转型的需要,苏州工业园区职业技术学院对学校专业设置也进行了大幅度的调整和优化,第三产业类的专业占学校整体专业比重已达到60%以上,学校紧跟产业的前沿发展动态,不断增设新型专业,例如医疗器械制造与维护、物联网应用技术等新设专业就是此类典型。①

2. 苏州工业园区职业技术学院发展模式的探索。(1) 高职院校"股东会、董事会与校长的共同治理模式"探索。如何适应市场经济的发展、校企合作的需要,构建有效的高职院校治理机制是一个迫切而又有价值的问题。苏州工业园区职业技术学院大胆创新,参照企业治理模式,成立了股东会、董事会,并允许学校管理层持有股份,创建了一种新型的企业型高职院校治理模式。

苏州工业园区职业技术学院是一家股份制的、民办性质的高等职业技术学院,基于其股权多元的现状,2007年8月学院对《苏州工业园区职业技术学院章程》作了修订,正式成立股东会。股东会由出资各方按出资比例协商委派7名股东代表组成,其中上海翔宇教育集团2名、光华集团2名、沸点公司1名、学院持股会代表2名,苏州市教育局、劳动和社会保障局轮流委派监事1名。股东会的职权或功能不同于董事会,它更多地关注学校的投资和发展。《苏州工业园区职业技术学院章程》规定:股东会决定学院的办学方针和投资计划,提名并确定学院董事会正、副董事长,选举产生由股东代表出任的监事,审议批准董事会的报告,审议批准监事的报告,审议批准学院的年度财务预算方案、决算方案,审议决定学院股东受益方案和弥补亏损的方案,对学院增加或者减少注册资本做出决议,对股东向股东以外的人转让出资做出决议,审议批准学院的基本管理制度,审议批准学院内部管理机构的设置,对学院合并、分立、解散和清算等事项作出决议,修改学院章程。

苏州工业园区职业技术学院自1997年筹建时即明确规定"采取股份制办学,企业化管理,实行董事会领导下的院长负责制,以探索中国高等职业技术教育产业化的有效途径"。自学院创建之日起,即参照新加坡南洋理工学院的管理模式,建立了学校董事会。截至2011年年底,学院董事会已多达29家单位。这些单位加入董事会的时间各不相同,1998年12月有13家加入,分别是:作为政府机构的苏州市教育局、苏州市劳动和社会保障局,作为教育界代表的东南大

① 孔明:《高职教育服务经济转型的探索》,《唯实(现代管理)》,2012年第3期,第52-53页。

学、苏州大学、复旦大学、清华大学、加拿大的尼亚加拉学院、澳大利亚的悉尼科技大学，作为企业代表的中新苏州工业园区开发有限公司、德国费斯托（中国）有限公司、德国安特优发动机工程（苏州）有限公司、美国伟创力（苏州）科技有限公司、美国艾默生环境优化技术（苏州）有限公司。2000年增加了3家董事单位，分别是作为主要投资方的苏州光华集团，来自美国的飞索半导体（中国）有限公司、德国的博世汽车部件（苏州）有限公司；2002年又增加了2家，即芬兰的诺基亚通信（苏州）有限公司和荷兰的威特力（原名飞利浦）创能科技（苏州）有限公司；2003年增加了来自台湾的明基电通信息技术有限公司；2004年增加了来自美国的安德鲁电信器材（中国）有限公司；2005年增加了来自韩国的三星电子（苏州）半导体有限公司；2006年增加了比利时的鲁汶工程联合大学；2007年增加了5家董事单位，分别是作为投资方的苏州沸点教育咨询管理有限公司、上海翔宇教育集团，美国超威半导体（中国）有限公司，德国梦奇达（苏州）有限公司，台湾亚德客公司。2010年，又正式邀请美国力特奥维丝保险丝（中国）有限公司、锦海捷亚物流公司加入董事会。①

在所有的董事会成员中，企业单位占69%，高校占24%，政府占7%。这样，企业、高校、政府三种力量在董事会的架构下相互融合，形成合力，为苏州工业园区职业技术学院的发展在经费、专业、政策三个方面提供了坚实的后盾。

（2）"校企共建团队，人力资源双向开发"人才培养方式的探索。职业学校与企业实际上是一对利益共同体，其利益连接的纽带就是人才。企业需要能够为其带来利益的技术技能型人才，而满足企业对于技术技能型人才的需求，保障本学校毕业生顺利就业是职业学校的利益所在。所以，作为利益共同体，学校与企业深入合作，共建团队，实现双向开发人力资源，是学院人才培养的基本方式。

苏州工业园区职业技术学院董事会拥有众多具有世界500强背景的企业成员，这为学院带来了具有"工程化"、"职业化"和"国际化"背景的专业教师团队。为打造一个具有优秀专业背景的师资团队，学院与企业开展了一系列深入合作的计划：首先是招聘优秀的企业工程师，学院利用与3 000家大型欧美公司毗邻的优势，优先招聘具有企业实际工作经验的教师，新教师招聘来自企业的人员不低于50%。当前，学院全部教师中有64%的人员具有企业工作背景，平均企业经验达5.7年。第二，开展企业访问工程师计划，对于没有企业工作经验的教师，学院要求其在第一任期必须有累计6个月的企业顶岗进修经历。第三，院内讲师工程师互转计划。对于一些并不具备企业工作经验的教师，学院对其进行专业化培训，使其能够达到工程师的级别。第四，进行校企讲师工程师互聘计

① 单强：《高职院校的治理：股东会、董事会、校长》，《高校教育管理》，2012年第7期，第31－37页。

划,对于紧缺专业的教师,学院通过到企业招聘外聘教师来解决,具有丰富企业经验的工程师来担任兼职教师可以有效解决学校的师资短缺问题,并能够推动学校的教学面向工作实践。

职业院校与企业合作是一个双向互动的过程,学校一方面从企业得到具有实践经验的专业工程师的支持,另一方面也为企业提供智力资源,以学校专业教师和企业技术、管理专家为骨干,组建教学科研团队,依托学校的实验室、基地和企业的生产车间,对企业存在的技术和管理难题联合攻关,有针对性地弥补了企业科研能力的不足,大量节约科研成本,从而提高了企业的管理水平及其产品的科技附加值。

(3) 职业学校为企业提供技能培训项目与科技研发服务的探索。随着产业升级的加快,以及现代服务业的飞速崛起,人力资源对企业发展起着越来越重要的作用,这促使企业更加关注员工的可持续发展能力。企业需要为在岗员工寻找合适的培训项目,以使其能够适应不断发展的技术要求。苏州工业园区职业技术学院的毕业生主要供职于园区的制造业及相关的服务业岗位,有效地满足了园区众多企业技术技能型人才的需求。同时,学院也为园区的近百家企业提供各种形式的在岗员工技能培训项目,已累计为园区企业培训技能型人才达49 009人次,较好地改善了园区企业在岗员工的技能素质。

工业园区内还存在着上百家世界500强企业,以及数以千计的中小企业,苏州工业职业技术学院着眼于园区企业对科技研发的需要,针对不同类型的企业提供各种技术研发服务。例如,学院2011年与三星电子(苏州)半导体有限公司共建了三星设备技术研修中心,学院获赠3 000余万元的先进半导体设备。学院的专业教师与企业的工程师在研修中心共同对半导体设备进行改造升级,并共同制定适应企业需要的课程培训体系,开创了“用科研换设备”的全新校企合作方式。①

(三) 昆山花桥商务城中等专业学校的地方性人才培养模式

昆山花桥商务城中专校位于高速发展的昆山市花桥经济开发区,自1983年创办以来,学校规模不断扩大、师资队伍逐步优化、教育科研稳步推进、办学成绩逐年提高,实现了学校的新发展。在其人才培养模式创新中突出了校本课程开发和ITO(Information Technology Outsourcing,信息技术外包)课程体系创建。

1. 地方性人才培养校本课程的开发。(1) 校本课程开发的背景。昆山花桥国际商务城作为我国最早的金融服务外包产业园区之一,连续三年荣膺“中国十大最佳服务外包园区”称号,被授予“中国最佳金融服务外包基地奖”,连续

---

① 孔明:《高职教育服务经济转型的探索》,《唯实(现代管理)》,2012年第3期,第52－53页。

承办四届“中国金融外包峰会”。近年来，花桥为加快形成“金融上海、后台花桥”的新格局，积极建设国家级金融服务外包先行区，全面打响中国金融“硅谷”品牌。万国数据、法国凯捷中国交付与共享中心、全球金融服务中心等企业落户花桥，加速了金融服务外包产业集聚，构建了产业链。根据规划，花桥商务城将于2015年力争实现金融服务外包产值超过140亿元、金融服务外包从业人员超过6万人的美好愿景。据调查，技能性人才的缺乏成为制约商务城加快发展的关键因素。

根据对花桥商务城金融服务外包业用工需求的调查，会计与金融事务、银行后台数据处理、呼叫服务等行业的技能性人才缺口较大。前者虽属传统行业，但社会发展日新月异，专业知识也需与时俱进，推陈出新，才不至于被淘汰。后者属新兴的行业和岗位，然而存在现有教材理论性有余而实践性不足、知识性较强而技能性较差、基础性凸显而时效性缺乏的现状，滞后于企业现有的发展要求，这就需要学校积极开发校本教材，以此弥补现有教材的空白与不足。

(2) 金融服务外包专业校本教材开发原则。校本教材开发要明确目标定位，一要满足企业岗位的用工需求，二要满足学生可持续发展的需求。

第一，注重实用性。根据传统教材培养出来的学生，之所以出现知识技能与实际工作岗位要求相脱节的现象，是因为课本的更新速度远远落后于知识的更新速度，所以校本教材的开发是传统教材向现实的拓展与延伸，因此一定要面向企业和劳动力市场，要与市场更新及企业岗位需求紧密地联系在一起，否则开发的校本教材就缺乏实际使用价值。校本教材开发过程中，既要注重基础性，还要考虑时效性和岗位性，使学生在学习过程中了解、熟悉并掌握企业行业的新知识、新技术、新工艺和新经验，方能学以致用。

第二，注重普适性。校本教材开发要坚持以学生为本位，关注其认知水平、能力及职业素养。比如，为满足当下和未来对复合型人才的需求，英国的职业教育课程特别注重对学生普适性职业能力的培养。“普适性职业能力指的是作为一般素质的关键能力，它是核心课程中的‘核心’，指所有学生都必须学的、核心的学习内容，以求掌握具有普遍性、可迁移性和工具性的能力。”所以，校本教材开发时要在原有《职业道德与法律》《生活经济与就业创业》的基础上，加入对学生岗位能力、职业素养的培养，包括人文素养、劳动素养、生活素养等，使学生“有能立身”，更“有德立足”。

(3) 金融服务外包专业校本教材开发的策略。

① 校本教材的编写程序（见图6-2）。首先，成立校本教材开发委员会。与普通学校不同的是，职业学校校本教材的开发要建立在校企合作的基础上，唯其如此，校本教材的开发才能更贴近市场，与行业岗位人才的动态发展合拍。委员

会由学校主管校长牵头,由专业教师和企业专家、教育专家等共同组成。专业教师先要进行市场前期调研,了解当前使用的教材与行业的工艺、流程、技术的异同,找准落差,明确目标。接着,根据对市场行业的前期调研,校企双方进行座谈,共同分析职业岗位的工作任务和要求,研讨教材的编写思路。

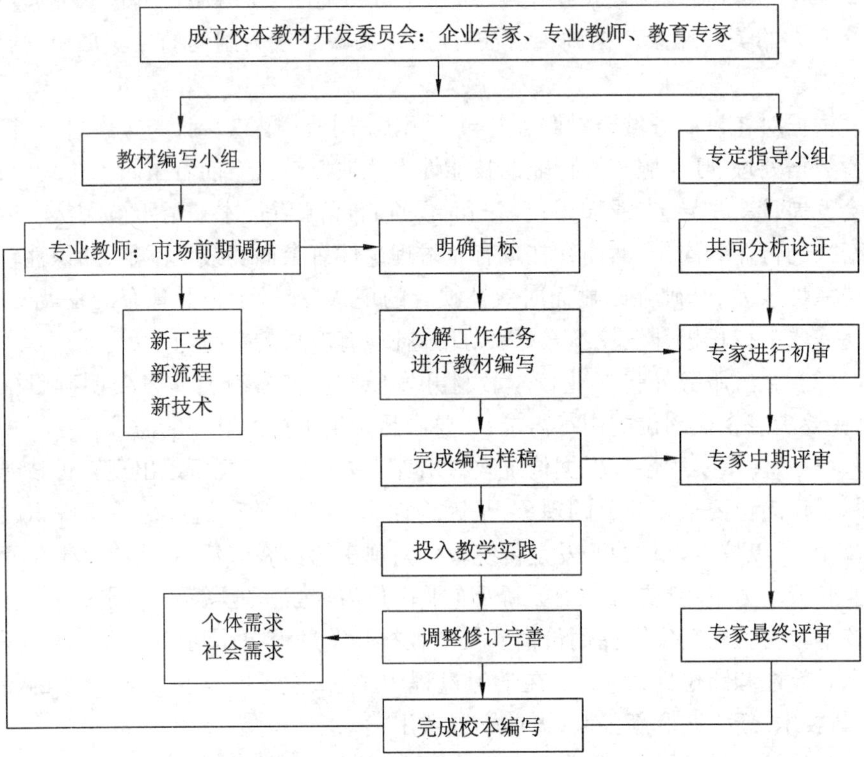

图 6-2　江苏昆山花桥国际商务城中等专业学校校本教材开发程序

其次,专业教师进行教材编写。编写人员分解工作任务,按照中职学生的认知规律、知识的衔接顺序、理论与实训的阶段顺序等,确定编写大纲,然后听取企业、教育专家的意见,完成教材编写的样稿。

再次,进行编写评审、实践和修订。编写完成后,邀请行业、教育专家进行评价反馈,查漏补缺。然后投入教学实践,并根据个体需求(学生的掌握接受情况和个性发展情况)和社会需求(行业岗位的动态变化)及时对校本教材进行调整修订,不断完善,最终定稿。

② 校本教材的编写理念。首先,专业与职业相结合,要体现拓展性。“校本教材的开发是基于区域经济、行业发展需要的本专业领域新知识、新技术、新工艺、新设备、新方法的介绍,是对统编教材的补充或延伸。”因此在编写过程中要

弥补现有教材知识点的不足。以金融服务外包专业的校本教材开发为例,“呼叫服务员”是一门新兴的专业学科,现使用的专业教材包括《财政与金融基础知识》(财经版,2006年)、《网络技术》(高教京版,2008年)、《呼叫服务员(国家四级)》(劳动版,2007年)、《销售语言与服务礼仪实训》(高教京版,2008年)等,但根据对花桥商务城呼叫公司的调查,掌握这些知识仅能够满足一般座席岗位的要求,对职员自身素质的提升和可持续发展远远不够。在呼入呼出过程中,绝不是简单地照本宣科,更需要一定的专业素养、营销技巧、应变能力及其他知识,但以上教材对培养学生的能力、提升其素养显然后劲不足。因此,为对接行业的发展,满足学生可持续性发展的需求,花桥商务城中专组织了部分专业教师和企业、教育专家共同开发了7本校本教材。

校本教材的开发,一方面从广度和深度上对专业知识进行了补充和诠释,既有对行业起源发展的概述,也有客服过程中的应变技巧和实战案例,同时加入认证考试的训练,为学生将来就业奠定了基础;另一方面,教材本身具有推广价值,为其他中职学校开设此类课程提供了思路,也为企业解决了员工岗位培训缺乏合适教材的问题。

其次,技能与岗位相结合,要体现场境性。校本教材的内容设计在注重基础的同时,要打破传统单纯的理论式讲解,坚持以就业为导向,结合岗位的要求和学校的实训条件,构建实际的应用情境,使教材内容完全贴近工作过程。因此教材的内容须简化理论性描述,突出实际操作过程,做到精简实用,以达到即学即用之功效。“校本教材的建设就是将校外的教育环境虚拟化、将企业的资源提取成教学资源,通过学校和合作企业双向介入,实现在学校的理论学习、基本技能训练与在企业实际工作经历的学习有机结合。”

2012年出台的《江苏省教育厅〈关于进一步提高职业教育教学质量的意见〉》中指出:要改革教育教学模式,推行项目教学、场景教学、主题教学和岗位教学。这一教学理念从提出到落实推广尚需一定时日,但校本教材有其自身的灵活性,可以及时贯彻这一理念并实施,因此在编写过程中做到了以生动具体的任务和逼真动人的场景设计来实现校企对接,实现教学环境企业化、能力培养专业化、教学内容职业化的目的。

所开发的校本教材,在贴近行业的同时,又需要与行业使用的培训教材区别开来。相比而言,企业使用的培训资料注重大量的案例呈现与讲解,而校本教材编写需考虑更多:一要遵循“必需”、“够用”的原则,从培养学生综合能力的要求出发,让学生理解和掌握本专业必要的专业理论知识和技能,以适应行业岗位的要求;二要把握多元发展的原则,从学生知识和能力的迁移出发,既要注意岗位的适切度,也要兼顾知识与能力的拓展度和迁移力,以免学生只知其一不知其二,将来再就业时受限;三要注意知识的典型性、递进性和完整性。面向市场和企业,并不是完全行业化,不能盲目追求“无缝对接”而忽视了知识的衔接性和学生的接受能力,要遵循“循序渐进、螺旋上升”的原则,以免在编写过程中出现知识断层。

再次,规范与创新相结合,要体现特色性。校本教材的开发绝非人云亦云,否则便失去了原有的意义和价值。在这一过程中,需对原有教材或资料进行调整、删减、增补,去粗取精,吐故纳新。尤其是新兴行业的涌现和新专业的开设都是具有地域色彩的,具有普遍性的同时更具有特殊性,因此校本教材的开发绝不能闭门造车,而要深入地区行业、企业进行广泛的市场调研,在行业专家的共同参与下进行开发。以金融服务外包专业的数据录入方向为例,除使用本专业须要掌握的计算机和财经知识外,根据企业人士的建议,学生还须掌握一定的行业后台操作技能,因此学校与企业共同研发了《行业后台数据录入实训》的校本教材,以强化学生的日常实训,提高岗位技能水平。一方面,企业的介入使校本教材具有企业化的特点,为学生的岗位实训提供指导;另一方面,校本教材的开发,也会加快专业教师的成长步伐,促使学校形成办学特色、打造服务品牌。

③ 校本教材的呈现形式。首先是项目式课本教材。项目式课本教材是以工作任务和项目为引领,“以生产岗位工作任务的相关技能训练为主线,链接相关的专业基本知识或生产技能,实现以专业理论为技能训练服务的特色目标”。这类教材编写需要行业技术人员的深度参与,企业负责提供案例项目,专业教师在教育专家的指导下按照课程教学的规律和需要、学生的认知学习规律、职业的成长规律等进行编排,确定编写内容和顺序,同时要确保“所选的教学项目必须有完整的工作过程,有清晰的轮廓,有明确而具体的成果,能将理论知识和实际技能充分融合,便于组织实施和自主学习”。项目式课本教材编写的框架包括:创设工作情景—明确教学目标—设置知识要点(理论知识和企业案例)和操作要点(技术指导)—进行知识拓展和技能巩固—实施评价标准。

其次是案例式活页讲义。案例式活页讲义是对统编教材和项目式课本教材的案例补充,这样的案例时效性更强、灵活度更大,具有随时补充、不断更新的功能。案例设置要具有一定的情境性,可正可反,但要完整、具体、生动、贴切,具有针对性、启示性和探索性,便于展开教学讨论和思考,拓展学生的思维,引导其发现问题、分析问题、解决问题,培养学生的职业素养和能力。

再次是指导式操作手册。手册式的指导教材主要是针对学生的实训、实习编写,包括知识及技能指导概要、工作任务单(书)、实训计划书、评价表、实习手册等。不同的专业可以结合相应企业岗位的工作手册进行编写制作,通过校企合作营造工作情境和氛围,使学生的学习过程变为工作过程,让学生适应定岗定位的角色转换。

第四是复习式补充习题。为提高学生的考级考证通过率，学校可以组织专业教师编写补充习题作为校本教材。目前中职类课本的配套教材较少，考工考证的复习指导更是少之又少，因此专业教师可按照考纲要求，整合知识点，精选习题，便于学生巩固复习，如花桥国际商务城中等专业学校编写了《呼叫服务员认证培训练习题》，方便学生通过国家职业资格“呼叫服务员”四级考试。复习式补充习题的编写要注意因材施教，要根据本校学生的实际情况及时调整，做到查漏补缺，如此将大大提高学生的考级考证通过率。

第五是综合式电子教材。校本教材除传统的课本、讲义等形式，还可以通过PPT、实训录像、多媒体网络等多种形式呈现。

2. 地方性人才培养的课程体系建立——ITO人才培养。花桥国际商务城中等专业学校ITO人才培养培训公共课程体系分为外语类课程、专业技能课程和拓展类课程三大模块。公共课程体系中的课程内容原则上由学校安排，部分课程如Oracle数据库课程、ERP课程等学校不了解或无法组织教学内容，可由花桥经济开发区企业提供教学内容，学校依据其提供的教学内容为其安排教学课程和课时。

ITO人才培养培训公共课程体系中，外语类课程分为英语课程和日语课程，英语课程的侧重点在于训练学生良好的听说能力、培养学生勇于开口的意识，日语课程的侧重点在于读写能力和基本的听说能力；专业技能课程分为开发语言类课程、Oracle数据库课程、软件工程课程、软件测试工程等课程。其中，开发语言类课程可要求学生选择其中的一种或几种进行学习，并配合相关的课程项目让学生进行程序开发实践；也可根据学生学习的开发语言为其划分技术方向，让学生选择一门语言深入学习了解。Oracle数据库课程建议作为数据库原理课程的后续课程，让学生在学校学习期间就能够了解Oracle数据库的相关知识。软件工程建议在软件工程理论课程的基础上增设软件工程实践课程，让学生模拟真实的软件开发流程。软件测试建议单独开设一门课程，在介绍软件测试基本原理和概念的基础上增加一种或多种常见测试工具的使用实践。拓展类课程可采用选修课程的形式进行开设，课程内容建议设置为部分金融、财务和管理类课程，SAP(起源于 Systems Applications and Products in Data Processing。SAP既是公司名称，又是其产品——企业管理解决方案的软件名称。SAP目前是全世界排名第一的ERP软件)系统ERP(Enterprise Resource Planning，企业资源规划)系统介绍，以及一些职业发展相关课程。SAP、ERP课程则侧重于SAP、ERP的概念和系统介绍，以及其中的一些模块，让学生对其有基本了解，以便进入企业后能够具备一定的背景知识。

花桥国际商务城中等专业学校的公共课程主要有以下几种模式：

① 学校接受企业委托培训。学校与企业签订委托培养协议，充分发挥其专业培训特长，根据企业要求实施订单式培训服务。在这种模式里，高校是培训主体，负责制订和安排教学计划、教学内容和培养方式。企业一般不参与培训，员工是企业预先招聘的，学员具备一定的基础知识，参加培训主要解决职业素质问题。这种模式一定程度上克服了以往高校培训目标不明确、培训结果不符合企业需求的弊病。学员培训结束，考试成绩合格后即可回企业上岗。这种培训时间短、见效快，实用性强。

② 企业根据自身需求定制培训。定制培训有的在企业内部完成，称企业内训或上岗培训，有的也委托给专门的培训机构实施。定制培训的特点是围绕自身需求设计课程，以项目开发为主线，全程引入项目开发，完全按照企业的过程管理和人才标准强化实训，实现定制化培养。一般来说，定制培训的规模相对较小，主要以企业新聘员工上岗培训为主，侧重于培养学员实际操作能力；培训内容和方式为适应单个企业发展规划量身定制，针对性最强，人才的适用范围也相对较窄。

③ 学校和企业合作定向培训。学校与企业签订人才培训协议，联合共建培训基地。这种模式最大的特点是产学结合，实现定向培养，培训与就业一体化，具有较强的针对性。一方面，学校凭借雄厚的师资力量优势强化学员的基础教育和理论教育，同时与企业合作进行教学改革，通过学分置换、学费转移支付等方式调动学生参加服务外包培训的积极性。另一方面，企业不仅参与研究和制定培养目标、教学计划、教学内容和培养方式，而且以强大的技术背景为依托，凭借丰富的项目开发和管理经验负责实训教学。这种模式能使学员接受全面系统的培训，理论与实践相结合，是学历教育和非学历教育互相补充的全新尝试。

第七章
区域职业教育发展模式创新的理论分析

职业教育是在一定的空间范围之内发展的,按空间范围的大小,可以分为国际职业教育、国家职业教育、区域职业教育以及区域内职业院校教育四个层次。国际职业教育是在世界教育资源的范围内,由各个国家分别实施和控制的职业教育。这类教育以不同国家间的职业教育交流为媒介,通过教育科学成果的传播而影响各国职业教育,通过共同的职业教育规律将各国的职业教育联系在一起。国家职业教育是以一个主权国家的领土为界,主权国家对本国公民实施的职业教育。区域教育则是一个主权国家之内,各个区域在国家职业教育制度约束和中央政府干预之下,对本区域实施的职业教育,也可以解释为是一定区域范围之内所形成的、打上这个区域烙印的职业教育。显然,区域职业教育是对国家职业教育的分解,是构成国家职业教育总体的部分,是地方职业教育。国家职业教育具有国家层面的教育利益和发展规律,并制约着区域职业教育的发展。另一方面,中国幅员辽阔,各地经济和文化发展不平衡,即便是在同一城市,由于区位条件、经济基础和文化背景等的差异,职业教育在操作和执行过程中也呈现出不同的模式。考察国家职业教育的发展,应充分重视区域职业教育发展的特殊规律,通过各个区域的职业教育发展来促进全国职业教育的发展。

我国职业教育事业主要是按行政区推进的,省、地区、县和乡每级行政区域都有不同的社会经济发展特点,甚至构成特殊的经济区域。同时,一定时期的行政体制特别是经济、教育和财政体制,又规定了各级政府的经济和教育利益、发展教育的权利和义务。在不同地区,无论职业教育发展的结构、规模还是教学内容都有自己的特点。因此,基于行政区划的区域职业教育发展模式创新绝不会凭空产生,不仅要遵循一定的原则,还要有特定的路径,这个路径一定是符合区域经济社会特点的。

一、区域职业教育发展模式创新的基本原则

区域职业教育发展模式创新是基于区域经济发展、人力资源配置等特点及

职业教育发展规律所进行的创造性工作。在分析区域职业教育发展模式创新过程的时候，应考虑职业教育发展模式的特点及其与外部环境之间的关系，遵循职业教育在区域背景下的发展规律。其目的是要保证职业教育发展模式创新既要遵循职业教育的发展规律，又要能够与区域经济社会发展、人力资源禀赋相匹配，还要能凸显本地区职业教育发展的特色与优势。

（一）遵循规律原则

区域职业教育发展涉及两层含义：一是职业教育作为教育的一部分，必然受到教育的基本规律的制约；二是作为与个人职业规划、区域经济发展联系紧密的教育类型，区域性产业结构、经济发展特点与优势、人力资源现状与特点等也必然影响职业教育的区域化进程。所以遵循区域职业教育发展的规律是进行区域职业教育发展模式创新的首要前提。总起来看，区域职业教育发展的规律有三方面内容：一是反映区域产业与经济发展特点，二是反映职业教育的内在特征，三是有比较固定的模式。其中区域产业与经济发展是职业教育发展的背景和前提，职业教育则是主体和内容，模式是实现区域职业教育发展最优化的中介与工具。

1. 市场规律、区域产业结构、经济发展特点与人力资源禀赋。职业教育是与经济发展、人力资源开发与配置等联系最为紧密的教育类型，服务社会生产是发展职业教育的重要使命。从宏观层面审视职业教育的核心属性，可以看出市场规律是主导职业教育发展的动力与指针。满足市场的需求决定了职业教育产品须要符合市场对于人力资源的供需与配置，进而影响当地职业教育的发展层次、结构特征，影响职业院校的办学特点、专业结构、规模质量、发展动向等。区域的产业结构、经济发展以及人力资源配置情况是在市场规律主导下的、凸显本地区资源优势的经济运行特征，是极具区域性特点的元素。区域职业教育发展模式的创新理应考虑到这些元素在运行过程中表现出的规律性的特点，并利用规律为职业教育发展模式创新服务。

2. 职业教育作为教育体系中一部分的内涵和规律。职业教育是教育体系的重要组成部分，是与基础教育、高等教育和成人教育平行的四大教育类型之一。职业教育是对受教育者施以从事某种具体职业（比如开挖掘机、操控机床、酒店里传菜等）所必需的知识、技能和职业道德的教育，有时候人们也称之为职业技术教育。职业教育的对象也是普通公民，在区域职业教育发展模式创新过程中，既要遵循受教育者的身心发展规律，同时也要符合职业教育课程开发规律、教学规律。模式的建构要从教育的基本规律出发，既要注重职业教育与其他类型教育的协调共生，又要重点突出职业教育独有的特点，尊重职业教育的办学规律。

由于其独特的教育内容、教育对象、教育时空等特点,职业教育在遵循基本教育规律的同时,也保持着自身独特的规律。职业教育与普通教育的重大区别在于,前者实践教学的分量大于后者,教学资源增多,管理难度加大,教学体系复杂化。如何更好地发挥实践教学的作用,帮助受教育对象在接受基本岗位知识的同时,在岗位劳动、职业生涯规划、自我人力资源开发方面也有更为突出的表现,以实现就业和随之而来的职业发展,这是区域职业教育发展模式创新时须要重点考虑的内容。创新的基本点在于排除旧有阻力、保持木原动力、挖掘新的潜力,抑或是转变固有的思维方式,从其他角度出发思考事物发展的方向。可以说,实践教学的开展形式,主体能动作用的发挥、引入市场机制等问题的解决,是提升区域职业教育发展模式总体质量的关键步骤。如何更好地展现实践教学的闪光点,应该成为职业教育区别于其他类型的教育、更好地服务于地方经济的发展与受教育者个人发展的落脚点。

（二）理论联系实际原则

理论联系实际原则指的是在进行区域职业教育发展模式创新的过程中要将区域的实际情况摆在理论基础构建过程中的首要位置。既然职业教育发展模式创新是基于区域发展的实际情况的创新,那么在模式创新的起始阶段及新的模式运行过程中,要充分考虑区域内部的经济状况、人力资源配置情况、职业教育发展传统、城乡资源多寡等因素所产生的影响。归结起来,区域职业教育发展模式创新涉及的现实要素大致有三个:经济发展、人力资源、教育传统。

1. 经济发展。经济发展是一个上位概念,经济的发展情况实际上包含了众多的微观元素。一般情况下,经济发展的总体状况会对职业教育发展发展模式创新的过程产生深远的影响。

(1)经济发展规模。经济发展的规模决定了职业教育发展的规模、布局与质量。2011 年 6 月国家统计局根据《中共中央、国务院关于促进中部地区崛起的若干意见》《国务院发布关于西部大开发若干政策的实施意见》以及党的十七大报告精神,将我国经济区域重新划分为东部、中部、西部和东北四大地区,以便更加科学反映我国不同区域的社会经济发展状况,为国家科学制定区域发展政策提供依据。东部地区包括北京、天津、河北、上海、江苏、浙江、福建、山东、广东和海南等十省市,中部地区包括山西、安徽、江西、河南、湖北和湖南等 6 个省市,西部地区则包括内蒙古、广西、重庆、四川、贵州、云南、西藏、陕西、甘肃、青海、宁夏和新疆等十二个省区,东北地区则包括辽宁、吉林和黑龙江等三省。① 从统计数据来看,我国四大经济区域的职业教育发展存在较为明显的区域差异。在职

---

① 王剑、吕一中:《我国职业教育的区域结构特征研究》,《中国职业技术教育》,2013 年第 12 期,第 30 - 34 页。

业学校数量方面,2010年,东部地区共有高职高专、成人高校、中职学校和初等职业学校4 538所,占全国所有职业学校总数的34%,中部六省有4 010所,占到了30%,西部地区有3 440所,占到了26%,东北地区最少,有1 390所,占到了10%;从单位国土面积来看,东部地区平均每千平方公里土地上有职业学校12.11所,中部地区则是3.96所,西部地区则为1.07所,东北地区为2.17所;在职校层次方面,东部地区在高等职业教育方面的优势较为突出,其高职高专、成人高校以及其他民办高校占到了全国总量的45.4%,中等职业教育则重点集中在东部地区和中部地区,初等职业教育则主要集中在西部地区;从学生数量上来看,截至2010年底,东部在校生占到了全国总量的39%,中部地区则占到了28%,东北地区仅为7%,西部地区为28%。此外,有数据显示经济发展导致的职业教育发展差异在区域内部也同样存在。所以,经济发展从资金投入、政策扶植、软硬件设施建设等多方面制约着当地的职业教育发展规模,这种制约是根本性的制约,是区域职业教育发展模式首先须要考虑到的现实因素。

(2)产业结构。一个地区的产业结构制约着这个地区职业教育发展的结构、规格、方向、层次等。在对职业教育发展模式进行创新的过程中,为区域服务的定位就要求我们将本地区的产业结构作为职业院校开设相关专业的参考。只有遵循地区经济发展规律、反映区域产业结构特征,职业院校的招生与就业工作只有与地区经济发展紧密对接,才能使职业学校培养出来的学生能够更好地适应区域经济发展的需求。这充分体现了职业院校与区域经济社会之间是一种共生共荣的关系。经济和职业教育发展得都很好的国家(比如日本、德国等),其经验之一就是在对本国职业教育发展进行规划的时候,充分考虑到了本国产业结构的特点,以此决定本国职业教育的组织形式、招生政策、培养方案、人才输出、学员就业等问题。

世界主要国家产业结构对职业教育发展的影响(摘选)①

美国:美国职业教育培养的人才属"宽专多能型",这与美国第三产业和高新技术产业发达,这些产业对劳动力素质的要求是多技能相适应的。随着经济的进一步发展,以及社会各方面的日趋成熟,美国职业教育呈现出新的发展趋势,那就是职业生涯与技术教育体系的发展,这一体系使得美国职业教育朝着两个重要方向继续发展,即职业教育的终身化与大众化。职业教育对个体而言是"全程教育",对国家而言是"全民教育"。

德国:德国"双元制"培养的人才为"专深型",这与其产业结构以中高端制

---

① 李富:《不同产业结构国家职业教育的模式选择——兼论世界职业教育的发展趋势》,《教育学术月刊》,2010年第3期,第74-76页。

造业为主密切相关。近年来由于经济增长缓慢,企业难提供足够的培训岗位,使得“双元制”在德国的发展面临困境,东西德合并也给“双元制”带来了新问题。但是,我国政府已采取了许多措施来解决这一问题,包括对“双元制”本身的改革。“双元制”在德国职业教育体系中的主体地位并未动摇。德国职业教育体系目前的发展趋势主要是职业教育后移,以及随之而来的如何建构更高层次“双元制”,承担这一任务的是职业学院。

澳大利亚:TAFE(Technical and Further Education 即职业技术教育学院)学院灵活多样、以能力为本的教学模式,与澳大利亚产业结构中服务业、制造业占主导地位相适应。近年来澳大利亚职业教育体系的一个重要发展趋势是培训机会大大增加,接受职业培训的人数越来越多。过去7年中,在财政和基本培训项目(infrastructure initiative)支持下,加入培训合同的青年和成人的数量大大增加。2000年,正在接受培训的学徒(apprentice)和学员(trainee)人数为27.5万人,这一数字对人口不多的澳大利亚来说是比较庞大的。此外,强化“客户为中心”、“就业导向”的职业教育与培训;强调提高职业教育质量,培养世界级的知识工人;在教育国际化进程中打“高职”牌,对外开拓“远程校园”,在内建设“国际化校园”。

英国:近年来英国职业教育发展的主要趋势有:政府继续扩展高等教育和继续教育的规模,丰富教育对象的组成,让更多不同背景的学员都能接受此类教育;借鉴德国“双元制”,积极发展现代学徒制度,现代学徒制在英国中等职业教育中的作用日见重要,大有成为中职主渠道之势;中学后的职业教育和培训重新受到青睐,义务教育后选择学习职业类课程,尤其是现代学徒制的年轻人在不断增加。

日本:现代日本社会的基本特征在其经济发展与就业政策上得以充分体现,追求高收入、高福利和高就业率成为主要的社会目标。但是,从全球经济结构的调整及世界经济发展的趋势看,伴随着日本中低端制造业向海外的转移,其产业结构也逐渐向中高端制造业和现代服务业领域集中。由于“产业空洞化”的形成,使得可以大量吸收就业人数的产业领域在日本国内逐渐减少,从而引起日本当前失业率增高,员工终身受雇于一个企业的现象将逐渐淡出。因此,日本企业的终身雇佣制已经受到经济全球化的严重挑战。这一变化无疑会对日本企业职业教育产生影响,甚至可能会触发日本职业教育体系的改革。

国内,针对区域产业结构的特点,地方政府在制订区域职业教育发展规划方案时同样也参考和借鉴了本地区经济特点(产业结构、经济总量等),以达到职业教育为区域经济发展方式转变和产业结构调整服务的目的。下面是天津市滨海新区的例子。

天津滨海新区的产业结构特征①

天津滨海新区位于天津东部临海区域，面积大约在2 270平方公里，外资大量进入使其成为中国北方发展最快的地区之一，2010年国内生产总值已经突破5 000亿，工业总产值达到10 603.5亿。

从产业结构看，近些年来第二、第三产业增长速度非常迅速，第二产业已经居主导地位。大家可以看到，从1994年到2009年，第二产业产值增长近22倍，第三产业产值增长近22.5倍。第二产业成为天津滨海区域经济发展的支柱产业，2009年三次产业结构比例是0.2∶67.4∶32.4。

从产业布局看，重点产业集中度提高，优势作用明显。以2009年为例，滨海区域的经济发展主要依靠电子信息、石化、冶金、装备制造业等产业带动，新区的产值占总产值的47%，现在制造业和研发转换基地初现规模，新材料、新能源等八大优势产业初步形成，成了滨海新区重点产业。

从产业资本结构看，产业外向型特征明显，外资成分居多。

从功能格局看，京津两市互补格局更加明晰，北京所特有的科技和人才优势，加上天津现代化制造和科技研发转化基地，北方的国际航运中心和国际物流中心等方面的优势将双方的竞争转化为了合作，功能互补互惠互利。

滨海区域产业结构对高职教育的要求。

第一，服务滨海产业发展趋势，滨海新区的人才主要集中在汽车制造、机械化工等产业领域，需要专业集中在机械制造、材料学、自动化、汽车设计、开发及制造等。

第二，对接重大的工程项目，为滨海发展提供了大批高技能人才的需求。这张表（PPT）给出的是天津滨海新区比较大的企业2009年用工需求……现在像空客320整个总装线在滨海新区，还有丰田三个汽车厂，还有化工、百万吨的乙烯，以及直升机、火箭的制造基地的需求。

第三，坚持职业教育与培训相结合，扩大高职服务功能。

（3）区域经济协调发展。区域内部的经济发展总体态势往往并不能准确地反映该地区经济发展的全貌。实际上，“被平均”现象已经成为中国经济发展水平评估的一大误区。不仅是区域与区域之间形成的差距在不断拉大，在区域内部，城乡之间、城市之间、乡村之间因资源占有、政策倾斜等方面造成的发展差距，也在影响着区域整体经济发展的规模、速度和质量，甚至在某种程度上影响了整个社会的稳定。促进区域内经济均衡协调发展已经成为各级政府排在前面

---

① 董刚：《高职教育应紧密对接区域经济发展》。http://goabroad.sohu.com/20110616/n310388564.shtml.

的施政目标。由于城乡二元结构的长期存在,直接导致了城乡经济发展的巨大差异,同时也致使区域间和区域内职业教育的发展定位与质量提升存在着天壤之别。区域内职业教育的发展被城乡两个巨大的怪圈限制在了各自不同的空间当中,不同空间中的职业教育不仅无法实现正常的交流互通,各自也在每个狭小的空间中陷入循环发展路径,要么“越来越好”,要么“越来越差”。区域职业教育发展模式创新要正视城乡之间经济社会和职业教育发展之间的差距,平衡职业教育城乡发展水平,将促进城乡职业教育在教学、资源、人才等方面的交流互通作为改革创新的重点。不仅要使职业教育服务好城乡地区的经济发展,更要在促进城乡人力资源流动、技术资源和基础设施共享等方面发挥独有的优势。基于城乡统筹发展需求的农村职业教育发展模式创新目前在中国各地区已经初显成效,如“政府介入的多向联动模式”、“城乡互动的多级网络开放模式”、“核心外围的区域中心辐射模式”、“五教统筹多层次衔接模式”等,都是建立在区域经济协调发展基本点之上的区域职业教育发展模式创新成果。

2. 人力资源。区域人力资源现状包括该区域人力资源基本结构、人力资源流动、人力资源环境、人力资源使用情况等。人力资源的存量、年龄结构、性别结构等决定了一个地区职业教育的规模;人力资源流动情况反映了本地区职业教育专业设置与教学成果的实际情况;人力资源环境体现了本地区职业教育毕业生的整体质量,以及本地区人力资源的软环境与硬环境建设情况;人力资源使用情况则可以反映政府部门在人力资源配置上的政策合理程度,以及本地区人力资源的使用效率。凡此种种,职业教育都发挥着枢纽的作用,职业教育的发展既影响着这个地区人力资源的培训质量和产出情况,也影响着这个地区人力资源的配置情况。区域人力资源能否和本区域产业结构合理对接,人力资源质量能否符合这个地区经济发展方式转变、产业结构调整对人才质量的要求,都与职业教育的发展有着千丝万缕的联系。区域新的职业教育发展模式的形成须要建立在对本地区人力资源整体情况的精准分析之上,这样才能使区域人力资源的发展与职业教育的发展保持同步。

3. 教育传统。职业教育发端于西方国家的工业革命,后被引介到中国,职业教育不管是在其发源地,还是在引介国,都形成了带有不同国家烙印的职业教育传统。一个区域的职业教育的传统是本区域职业教育特征的总体反映,也是该地区经济发展的变相反映。职业教育有着诸多的组织形式,各地区在进行职业教育办学的过程中也表现出了不同的特点和倾向性。这种在一定时期内形成的较为稳定的职业教育传统性要素,对于区域职业教育发展模式创新具有十分重要的参考价值。创新是在原有基础上的创新,既可以是推陈出新,也可以是另起炉灶。但无论如何均需要在占有大量原始材料的基础上方可找出现有模式中所存在的不足,进而提出创新模式。

(1) 办学主体与组织形式。一个地区教育事业的发展不是盲目的,每个地区都会根据本地区经济社会发展的总体状况、适龄人口变化情况规划教育(包括职业教育)事业的发展。这其中就包括需要哪些办学主体的参与,设计什么样的教育组织形式。以前是政府“大包干”,所有的职业院校都是政府主办。现在,职业教育的办学主体渐成多元化趋势,各种社会团体(组织)也加入到兴办职业教育的队伍当中来。在职业教育的组织形式中,以服务经济技术开发区建设而形成的“职教园区”,以职业院校、行业企业以及其他社会力量既自主独立又相互联合组成的“职教集团”等方式,都是根据区域实际情况形成的不同风格、不同特点的职业教育的组织形式,大大改变了单一的只有职业学校来承担职业教育职能的局面。

(2) 专业结构。一般情况下,职业院校的专业设置会参照本地区的经济发展优势与产业结构特点。如本地区以农牧业为主导产业,那么相应的如农垦、家禽类动物养殖、动植物病虫害防治等农牧专业将会成为职业院校首先考虑的专业。在进行区域职业教育发展模式创新的过程中,创新主体应该尊重原有的职业院校专业设置基础,在既有职业教育传统优势专业的基础上,根据本区域产业发展趋势,转变人才培养观念、调整专业设置、创新人才培养机制,强化人才综合素养的培养。

(3) 实践教学。实践教学是在特定空间进行的、旨在训练操作技能的最能体现职业教育特色的教学活动,也是职业学校教学过程的关键环节。实践教学的开展不仅要注重职业学校内部实践教学资源的开发与应用,更要注重职业学校外部实践教学资源的开发与关联。原有的职业教育发展体系当中对于如何利用各种资源开展实践教学已经积累了一些经验,这些在长期实践中总结提炼的宝贵经验,可以成为职业教育发展模式,尤其是与实践教学有关内容的创新的宝贵资源。例如原有的校企合作仅仅是简单的学校与企业签订学生实习协议,由学生在规定时间内到规定的地点开展实习,这种校企合作是较浅层次的合作方式,很难达到对于职业学校学生综合素质培养的最佳效果,往往还会造成学生与实习单位之间的矛盾。在新的职业教育发展模式中,创新主体可以对实践教学的实践主体的权力与义务、实践过程、实践目的、实践的基本步骤与实践效果的评价标准等内容做出更为详尽的规定,在利用原有体系内部建立的合作关系的基础上实现更深层次的合作,以巩固和提升实践教学的整体效果。

(三) 循序渐进原则

创新要循序渐进,不可急功近利。区域职业教育发展模式创新的目的是达到职业教育发展与区域经济社会发展的良性互动,最终促进地方经济的快速、健康、可持续发展。这就需要创新主体在构建和实施新的职业教育发展模式的过程中深思熟虑，逐步推进。由于职业教育涉及的利益相关者颇多，一旦在其中一个环节上出现问题，就很有可能产生"多米诺骨牌"效应，引起连锁反应，会对区域性职业教育体系的构建与职业教育的长远发展产生不利影响。所以，职业教育发展模式创新的过程是思路梳理的过程、是听取意见和建议的过程、是利益协调的过程、是不断深化和推进的过程，切不可因政绩需要、跟风需要而强行进行"创新"，设立无视实际的"创新时间表"。在不开展实地调研和制定基本操作规范的情况下贸然进行"创新"，造成的后果只会是"揠苗助长"、"适得其反"。

实际上，"循序渐进"表达了三个层次的含义：一是量上的增长，二是质上的提升，三则是维持发展的可持续性。这三个层次的含义层层递进，前后呼应，下一层次的发展以上一层次的变化为基础，这反映出了职业教育发展模式创新过程的基本规律。

1. 量的扩展。从职业教育的产出来看，在区域职业教育发展模式创新中，量的扩展主要包括符合区域经济社会发展需要的劳动者和技能人才的培养与当地经济效益的提升两个方面。区域经济社会持续的发展必然要求区域产业结构的不断优化与升级，对于传统的高投入低回报的粗放式经济增长方式带来的弊端，若要求得区域经济的可持续健康发展，必须不断升级产业层次、完善产业结构，从劳动密集型产业逐步升级到技术密集型产业，提升产品的附加值和科技含量。这也要求相应的人力资源的匹配供应以及教育层次的高移化，区域经济发展方式转变和产业结构调整必然加大对相应人才在数量和质量上的需求力度。区域职业教育发展模式创新应该促进本地区对较高层次职业技能人才的需求，同时明确各层次职业人才培养的路径及基本特征，在不断接纳本地人力资源进行系统培训的同时，能够保证职业教育的质量与速度符合本地区对技术技能人才的需求。

2. 质的提升。在模式创新的过程中，除了从投入产出的比例关系等直观数据检验模式是否达到预期效果之外，还可以从职业教育系统本身的运转质量来看。模式的创新是将一系列方法论进行系统整合、总结归纳，并在此基础上提出更新的理念和模式的过程。对于区域职业教育的发展来说，职业教育发展模式的创新实际上也是更好地促进本地职业教育运转体系不断优化、升级的过程。实际上，职业教育发展模式质的提升主要体现在区域职业教育系统本身的运转当中。职业教育发展模式创新既要实现系统区域职业教育内部的"和谐统一"，又要注重区域职业教育系统与其外部环境的信息和资源的交流，实现区域职业教育系统的"负熵运转"。①

① 负熵即熵减少，是熵函数的负向变化量，它是物质系统有序化、组织化、复杂化状态的一种量度。齐拉德首次提出了"负熵"这个经典热力学中从未出现过的概念和术语。

3. 可持续发展。可持续发展(Sustainable Development)概念的明确提出,最早可以追溯到1980年由世界自然保护联盟(IUCN)、联合国环境规划署(UNEP)、野生动物基金会(WWF)共同发表的《世界自然保护大纲》。1987年以布伦兰特夫人为首的世界环境与发展委员会(WCED)发表了名为《我们共同的未来》的报告,这份报告正式使用了可持续发展概念,并对之做出了比较系统的阐述,产生了广泛的影响。迄今为止,有关可持续发展的定义计有一百多种,但被广泛接受的、影响最大的仍是世界环境与发展委员会在《我们共同的未来》中的那个定义。该报告把可持续发展定义为:“能满足当代人的需要,又不对后代人满足其需要的能力构成危害的发展。”它包括两个重要概念:需要的概念,尤其是世界各国人们的基本需要,应将此放在特别优先的地位来考虑;限制的概念,技术状况和社会组织对环境满足眼前和将来需要的能力施加的限制。可持续发展涵盖范围包括国际、区域、地方及特定界别的层面。在中国,可持续发展战略已成为当今一个应用范围非常广的概念,不仅经济、社会、环境等方面运用,而且教育、生活、艺术等方面也经常运用。在职业教育发展模式创新过程中,我们也要将可持续发展的核心理念贯穿始终,职业教育发展模式创新者要认识到创新的过程就是一个模式优化的过程,其目的就是要让区域职业教育能够循着不断优化、升级和可持续的路径发展,并最终形成一个新的职业教育自身和外界环境良性互动的模式。这一新的模式既承续了以往职业教育发展模式的优势,同时也能够不断适应本地区经济社会和人力资源发展的要求。此外还拥有健全的预测与调整机制,能够敏锐地感知区域内经济、社会、政治等领域未来可能会发生的变化,并随着这种变化对模式进行调整。

(四) 系统性原则

区域职业教育发展模式的创新不是一个单向度的“流程表”,也不应该成为封闭僵化的“死胡同”。模式的构建必然是一个内部各组成部分运转正常且与外部沟通顺畅的系统。在这个系统中,与职业教育利益攸关的多方力量以既有模式为共同的行动框架,共同为发展模式的顺利运转与不断更新服务。正如我们在前面讲到的,区域职业教育发展模式创新必然要注重系统性的特点,无论模式的创新点如何,其构建出的职业教育发展模式都应能够在自我运行的同时保持与外部环境中资源与信息的交换。创新的前提是保持既有发展模式的稳定,创新可以为稳定的系统提供更为强劲的发展动力与更加丰富的素材源泉,创新后的模式能够更好地保证区域职业教育的发展。

一般来说,职业教育系统拥有四个主体:一是教育者,二是受教育者,三是两者之间的关系所依托的物质基础,四则是前三者之间拥有的关系。职业教育系统的运转既受到外部环境大系统的影响,又会因系统内部的变化而发生正向或负向的改变。如图 7-1 所示,对于职业教育系统来说,受教育者主要包括职业学校的学生以及社会上接受短期或长期职业和实用技能培训的在岗、脱岗或转岗学员。教育者则主要包括职业院校的教师、社会职业培训机构的培训师等。所依托的物质基础则包括教育行为发生的时空条件(如校园、培训场所、受教育时间等)、教育行为依托的物质资源(如教材、在线教学资源、设施设备等)、政府发布的相关政策及其投入的资金、媒体机构的社会宣传与导向、企事业单位提供的较为便捷的实践条件等。这些物质基础为教育行为的发生与发展提供了坚实的平台。当然,除此之外也存在阻碍职业教育行为发生的物质存在,如职业院校享受到的与普通高等院校不平等的待遇等。前三者之间拥有的关系则指这三者之间互动所产生的积极或消极的效应。例如教育行政部门出台了鼓励职业学校校企合作的相关文件,并提供一定的资金和政策条件。企事业单位与职业院校便达成一定的合作协议,在此基础上由企事业单位提供岗位接纳职业院校学生前来实习,并和职业院校商定培训的内容、实践教学的课时、地点与具体安排以及双方合作解决学生实习后的就业等相关事宜。而学生在进行了一定的知识学习和实践学习后,再次进入工厂成为正式员工,会为企事业单位带来更高的发展效益。职业教育受到整个大环境的影响,区域职业教育依托本地区经济发展方式和产业结构,受到包括科学技术(尤其是高新技术发展)、本地区的自然禀赋、传统产业结构以及产业结构的再调整等带来的间接性、长远性冲击,使得我们不能孤立于区域经济现状、产业构成和人力资源而谈职业教育发展模式创新。要用系统的观点和方法创新区域职业教育发展模式,促进职业教育系统内部各要素以及职业教育系统与其外部环境各影响要素之间的良性互动,使职业教育系统在不断的失衡与平衡中实现自身的整体提升。

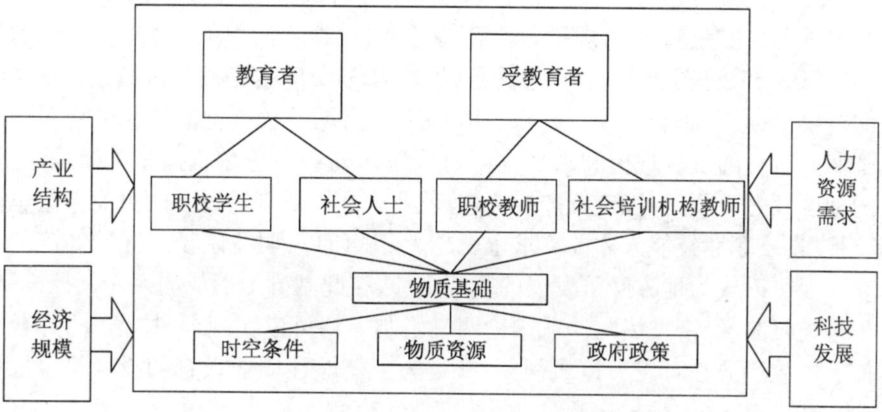

图 7-1　职业教育系统构成主体及其运转机制

二、区域职业教育发展模式创新的目标定位

区域职业教育发展模式的创新究竟应该达到什么样的目的？涉及的创新主体应该在哪些方面有所成就？抑或是创新结果应该涉及哪些领域，创新结果会造成哪些影响？以上问题均涉及区域职业教育发展模式创新的目标定位。目标定位，实际上就是为区域职业教育的发展设定应该达到的标准或效果。就区域职业教育发展模式所涉及的各利益群体来说，在设定创新目标定位时应充分考虑到职业教育各利益相关者的想法，同时兼顾职业教育发展模式创新本身的目标，形成“主体—辐射型”区域职业教育发展模式创新的总体目标，在纵向和横向、时间和空间上达到创新的最佳成果。

1. 职业教育的区域适应性与突破

职业教育立足于区域，以服务本地经济发展与人力资源开发为主要职责，二者形成相辅相成、互相促进的影响模式。区域职业教育发展模式创新的首要目标就是要实现职业教育对区域性特征的适应，并在适应的基础上引领或者促进区域职业教育和经济社会的突破性进展。

2. 区域经济的发展

职业教育通过与当地产业结构相对接，与当地经济发展模式相适应，达到促进区域经济发展的重要目的。职业教育的规律之一就是，职业教育与经济发展休戚与共，一个地方职业院校的人才培养目标、专业设置、课程内容、实习实训等方面均应与经济发展水平和特点保持一致。反过来，一个地区的经济发展阶段和水平也与该地区职业院校办学规模与层次紧密相连。有研究证明，一个地区的职业学校总数与其 GDP 总量、总就业人数、固定资产投资规模在 α 系数小于 0.01 水平上显著相关，相关系数分别为 0.63、0.85 和 0.748。在 α 系数小于 0.05水平上与财政收入和规模以上工业企业个数显著相关，相关系数分别为 0.431和0.435，见图7-2。有意思的是，虽然人均GDP也是衡量区域经济发展水平的重要指标，但职业学校总数和人均 GDP 没有明显关联性。这充分说明一个地区职业教育的发展规模和水平主要与该地区的经济总量直接相关，经济越发达的地区其财政收入、固定资产投资、总就业人数以及规模以上的企业数量也越多，对高素质职业技能人才的需求也就越大。① 所以，职业院校与区域经济的互动和互促可以成为地方经济发展的重要支撑，在此基础上形成的人才调控机制、院校调控机制、经济发展与产业结构调整机制等均可以实现即时“预警”并合理调控。区域职业教育发展模式创新，既是为了能够让职业教育的投入符合区域

---

① 王剑、吕一中:《我国职业教育的区域结构特征研究》,《中国职业技术教育》,2013 年第 12 期,第 30－34 页。

经济高位运行的要求,同时也可以对职业院校本身起到预警作用,在合理控制区域职业院校发展规模及发展层次的基础上,优化其发展路径与发展层次,实现二者的良性互动。

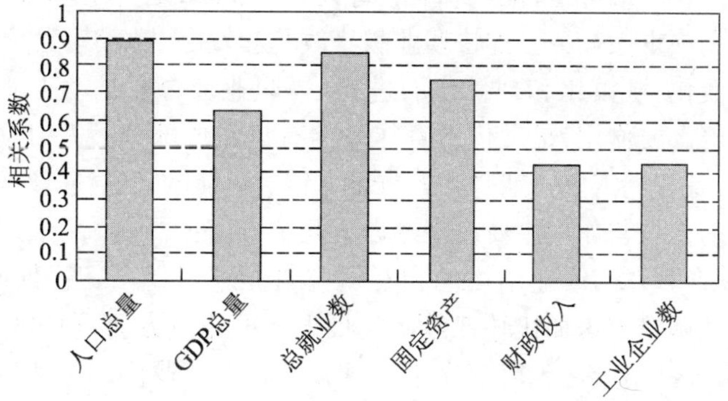

图7-2　一个地区的职业学校总数与人口总量等因素的相关系数

（1）职业教育在经济发展中的地位与作用。在社会经济发展的各种要素之中,人是社会经济发展的主体,而人的素质作为影响社会经济发展的重要因素,在经济社会发展的进程中起着十分重要的作用。著名美籍华裔经济学家刘遵义使用柯布-道格拉斯生产函数分析了教育对一个国家经济增长的作用,他对1960年至1985年之间的58个国家的国内生产总值的影响因素进行了分析,结果发现,教育对这些国家的总产出做出了很大的贡献,全民平均受教育程度每增加一年,即可使国内生产总值提高3%。另据一些学者对29个国家的研究发现:在这些国家,经济增长的25%应归功于教育的作用。① 可见,教育在提高人的素质,提高劳动生产率,进而促进经济社会发展方面所发挥的作用是显而易见的。

职业教育与经济活动是两个复杂的非线性系统,两者之间也具有非常复杂的非线性关系。当代职业教育和经济活动这两个复杂非线性系统都具有"混沌"、"分形"、"突变"等复杂性状,都具有系统论中的"涌现性"与"涨落"两个根本的特征。在职业教育的外部环境中,经济环境与职业教育的相互作用最为紧密和直接。职业教育直接为经济社会培养生产、服务、技术和管理第一线的应用型人才。同时,职业教育具有转化现实生产力的功能,是先进的科技、设备和人力资源转化为现实生产力的桥梁。从理论上说,科学技术是第一生产力,但是潜在的生产力。根据马克思主义的观点,经济社会发展的根本原因是生产力的提

① 雷家、马肃、冯婉玲:《知识经济学导论》,清华大学出版社,2001年,第252页。

高,而掌握了科学技术、运用劳动手段作用于劳动对象的生产者是生产力的核心要素。人才培养,基础在教育,应用型人才和直接生产者的培养,基础在职业教育。正因为职业教育是一种与经济社会联系最为紧密的教育,所以应处于优先发展的地位。在新形势下,推进职业教育改革与发展,是实施科教兴国和可持续发展战略的一项重大任务。加快职业教育改革和发展,提高劳动者素质,直接关系到我国工业化、城镇化和现代化的进程。"职业教育在推动工业化和信息化过程中发挥着重要作用,是现代教育体系的有机组成部分。大力发展各种形式的职业教育,是我们需要长期坚持的重要方针。"①具体来说,职业教育在经济发展的过程中的地位与作用主要表现在以下几个方面:

第一,职业教育与产业结构的相互适应与促进。"十二五"期间,我国经济结构的战略性调整成为加快转变经济发展方式的主攻方向,通过推动产业结构优化升级,使经济增长逐步向依靠第一、第二、第三产业协同带动转变。为了应对这一挑战,我国职业教育致力于构建"专业系统"围绕"产业系统"转、专业对接产业的开放的职业教育体系。首先,区域经济发展有着较为系统的产业分配格局,依据此格局形成的经济发展总体布局就要求职业教育设置相应的专业,并适当调整职业教育的发展层次。如我国中东部地区重视高新技术产业的发展,这就要求部分职业院校提升人才培养层次,重点扶植高等职业院校培养经济社会发展需要的紧缺型专业人才,而对于西部地区第一、第二产业的兴起与发展就需要职业教育提升当地劳动者的基本素质并具备基本的劳动技能,以便满足区域经济的发展与产业升级的需要。反过来说,职业教育同时还具有教育的性质和功能,也就是说职业教育本身应该具有预测行业发展趋势、经济运行和劳动力市场变动走向的某种功能。站在教育这个行业的角度来看,职业教育自身所具备的学术性、前瞻性等特点也应该使得职业教育担负起相应的职能。所以就职业教育而言,设置对地区经济发展有促进作用的专业,为当地培养"留得住、用得上、有前途"的职业技能人才是职业教育促进区域经济发展和产业结构优化升级的又一举措。

据统计,南昌地区现有各级各类职业院校 89 所,其中国家级改革发展示范校 6 所,国家级重点中等职业学校 14 所,省级重点职业学校 5 所,省级示范职业学校 6 所。南昌地区中、高等职业院校共设有 700 多个专业,其中中职有 163 个,高职有 537 个,骨干示范专业有 265 个,覆盖了南昌市全部一、二、三产业,52% 的是按市场急需新设立的专业方向。在校学生 38 万人(高职 21.8 万人,中职 16.2 万人),每年为企业输送近 10 万中高级技能型人才,为地方经济发展和

① 彭江、张鸿:《职业教育与经济发展的非线性作用》,《教育与职业》,2008 年第 26 期,第 5－7 页。

社会稳定做出了积极的贡献。在学历教育规模持续扩大的同时，各职业院校还充分发挥资源优势，积极参与农村劳动力转移、就业与再就业培训计划等，中等职业学校每年培训约 10 万人次，并推荐就业，产生了“转移一人，致富一家”的良好社会效益。

近年来，南昌市教育局科学指导学校，一是抓专业的布局调整。按照“一校一品”、“一校一业”的要求，改造部分传统专业，减少部分重复专业，增设部分新型专业，强化学校的品牌专业。二是抓专业基础能力建设。按照部颁专业设置标准，配齐配足教学所需的设施设备，按照教学一体化要求，突出“学中做、做中学”的职业教育特点。三是抓课程改革。遵循“一年学基础、一年学专业、一年顶岗实习”的培养模式，积极推进以“公共课程 + 核心课程 + 项目教学”为主要特征的课程改革，推行学分制、分层教学制和毕业生“双证制”，学生的整体职业素养和动手实践能力有了明显提高。四是抓专业示范引领。南昌市启动了“市级示范专业”评审工作，对符合示范专业标准的专业向社会公布，并一次性奖励 20 万，以促进学校专业化建设进程，目前全市已评选出示范性专业 28 个。由于加大了学校专业建设，学生的职业道德水平和动手能力得到了不断的提升。据不完全统计，在历届全省职业技能大赛中，南昌市成绩均名列前茅，代表江西省参加全国大赛也有极佳的表现。南昌市职业院校毕业生就业率保持在 96% 以上，学生深受企业的欢迎。

南昌全力打造核心增长极，明确提出南昌将着力打造汽车及零部件、食品和生物医药、新材料等 3 个千亿产业。积极探索职业教育规模化、集约化、连锁化的办学路子，推动南昌市汽车、机电产业的快速发展，实现校校合作、校企合作、共同发展的目的，充分发挥职业教育为全市经济和社会发展服务的作用，经市教育局批复同意，决定由南昌汽车机电学校牵头，联合有关职业院校、企业集团、行业协会等部门和单位，组建南昌汽车机电职业教育集团，以促进校企间的深度合作和可持续发展，形成院校与企业间的良性互动，有效推进职业院校依托产业办专业、办好专业促产业，推动职业院校和企业共同发展。①

南昌职业教育发展的轨迹反映的便是职业教育依托区域产业发展，“以产业动向为指针，以校企合作为中介，以产业发展为目标，以校企共赢为愿景”，形成的职业教育助力区域经济发展的良性运行机制。正如上面材料中所述，“52% 的是按市场急需新设立的专业方向”，“明确提出南昌将着力打造汽车及零部件、食品和生物医药、新材料等 3 个千亿产业”，南昌职业教育为积极服务地方经

① 《对接大产业——南昌大力发展职业教育》。http://www.caigou.com.cn/Exhibition/Detail/100870.shtml.

济，率先成立"南昌汽车机电职业教育集团"。"积极探索职业教育规模化、集约化、连锁化的办学路子，推动南昌市汽车、机电产业的快速发展，实现校校合作、校企合作、共同发展的目的。""有效推进职业院校依托产业办专业、办好专业促产业，推动职业院校和企业共同发展"。以上措施的终极效果就是要使职业院校的发展与区域产业结构的优化与调整吻合，实现职业教育与经济发展相辅相成、互利共赢的目的。

第二，职业教育与经济发展规模间的调节与适应。区域职业教育的发展与当地经济规模有着天然的联系。前已述及，一个地区的职业教育发展规模和水平主要与该地区的经济总量直接相关。由于职业院校的创办、职业院校专业的设置、职业院校实习设备的购置均离不开一定的财力支持、企事业单位的倾力协助以及本地区职业教育已有的发展基础，所以职业教育应该与区域经济发展规模间形成相互促进、不断调节与适应的共生模式。此外，职业教育与经济发展规模间是否呈现线性关系仍值得商榷。由于职业教育和经济发展本身均为非线性复杂系统，尤其是经济发展过程中遇到的影响因素更是复杂，对其发展趋势的预测需要基于多层面、多维度的数据和实证分析。就职业教育发展而言，从辩证法中"量变引起质变"的原理出发，我们可以简单推断出职业教育人才培养也必定经历从量变到质变的过程，即对人才的需求会从一个层次的量变逐渐演变成更高层次的质变，在更高层次的量变的基础上继续进行量变与质变的运动，所以职业教育与经济发展规模间在一定程度上会维持大致的线性关系，在因为产业结构升级所导致的人才需求变化的背景下，经济发展规模的扩大会要求职业教育在更高层次之上继续另一阶段的量变，如果无法满足对人才层次转变的需求，那么职业教育对经济发展的贡献将会呈现下降的趋势，甚至会出现反作用。从有关研究者对杭州职业教育发展规模与其经济发展之间的关系的研究中，可以清楚地看到这一点。① 虽然职业教育与经济发展之间有着本质的、直接的联系，即两者之间存在着高度相关性，但是从构建出的回归模型上来看，这种高度的相关性并不是简单的线性相关，而是维持在一定程度内的线性相关，在超出某个层次人才培养规模之后，由于经济转型和产业结构升级带来的职业院校人才培养模式的转变，使得职业教育单纯量的增长并不能为经济发展带来促进作用。所以，与经济规模相适应的职业教育发展并不能只单纯注重规模上的扩张，而应该从量变、质变的角度出发，通过提升人才培养质量，适应并促进区域经济的健康、可持续发展。

第三，职业教育对城乡统筹发展的支持。城乡发展失衡是当前制约我国经

① 葛雷军：《杭州职业教育规模与经济发展模式实证研究》，《理工高教研究》，2008 年第 3 期，第 142－145 页。

济社会和谐稳定的关键因素。为此，统筹城乡经济社会发展是我国"后改革时代"的核心议题。在城乡统筹发展进程中，职业教育凭借其独特优势，在协调城乡关系、促进城乡共同发展方面比之其他教育形式能够发挥更大的作用：一方面，职业教育是城乡统筹发展的强大支撑；另一方面，城乡统筹发展又为职业教育提供了广阔的发展空间。为此，职业教育的"城乡联动"与我国城乡统筹应当成为一种互惠双赢的发展模式。

2011 年，重庆 322 万农民转变为城镇居民。目前，重庆城市化率达到 55%，预计到 2020 年，重庆城市化率将达到 70%。去年，重庆到外省务工人员从 2010 年的 450 万人降至 398 万人。可以预见，未来重庆劳动力供给的主流将不是城市新增劳动力，而是农村劳动力的转移。可以说，数量庞大的农民工已经成为推动重庆城市化、工业化和经济发展的生力军。目前认识到这个事实相当重要，从政策上把农民工问题由边缘问题转向主流问题，是大势所趋。农民工进城，若能形成有效的合力，对城市发展、解决"三农"问题是双赢的途径。但正如马克思主义政治经济学所指，具有生产经验和劳动技能的人，是生产活动的主体。在劳动力因子中，越来越多的不是取决于劳动力的数量，而是取决于劳动力的质量。目前重庆的现状是，"用工荒"与"就业难"问题并存，其背后的一个现实原因是企业难以选择到胜任岗位需求的技术型人才，折射出职业教育与人才择业的诸多不适应状况。①

重庆遇到的"难题"在全国范围内具有一定的普遍性。在城乡统筹发展的过程中，由于城乡发展资源本身存在的不平等分配等历史原因导致的城乡居民在知识、技能和素养等方面出现的差距，让城乡一体化发展变得举步维艰。一些地区在经济发展上出现的飞跃式成果却不能掩盖民众在基本素养和劳动力质量上的缺失。尤其是部分地区（比如中、西部）对于承接产业转移所存在的"积极性高，准备不足"的现象更需要我们反思劳动力质量的提升问题。随着进城务工人员数量的不断提升，抑或是新型城镇化建设步伐的加快，对进城务工人员的进一步培训和劳动力再造计划就已经提上了日程。党中央、国务院高度重视进城务工农民培训工作，要求把农民工培训作为一件大事来抓、作为一件实事来办。早在 2003 年，《中共中央国务院关于做好农业和农村工作的意见》（中发〔2003〕3 号）就强调，"随着产业结构升级和现代化建设步伐加快，城市对进城务工农民素质的要求越来越高，各地和有关部门要加强对农民工的职业技能培训，提高农民工的素质和就业能力"。2005 年 8 月 1 日，时任教育部部长的周济在

① 《大力发展职业教育　加快城乡统筹发展》，载《重庆日报》。http://cqrbepaper.cqnews.net/cqrb/html/2012-04/26/content_1525574.htm.

进城务工人员职业教育和培训现场会上指出:“当前,我国正处在加速工业化、城镇化和现代化的关键时期,正处在完善社会主义市场经济体制和构建社会主义和谐社会的关键时期,我们要把开展进城务工人员职业教育与培训放在这样的历史背景下、放在这样的战略高度上来审视,进一步统一思想、提高认识。”并提出解决务工人员培训问题的创新性思路:“要在企业中建立工学结合的职工继续教育和培训体系,面向在职职工开展普遍的持续的文化教育和技能培训;要大力推行日校办夜校,充分发挥职业学校和成人学校的骨干作用;要努力形成以企业为主体、以院校为骨干、以社区为基础的进城务工人员职业教育和培训的网络体系;要坚持为进城务工人员服务的方向。”①最近几年,政府几乎每年都会有关于进城务工人员职业技能培训的相关政策出台。由此不难看出,职业教育在统筹城乡发展上扮演着极其重要的角色。可以说,城乡统筹发展是对国家宏观经济快速发展在微观方面的利益诉求,也是经济发展由“效率优先、兼顾公平”向在新形势下“公平优先、兼顾效率”的政策转向,其意义不止于在经济层面,更是渗透进了人文、社会、民族、伦理等各个层面。

(2) 职业教育发展模式创新对促进区域经济发展的影响效果。先发国家和地区的经验已经证明了职业教育是可以对经济发展做出贡献的。但是区域职业教育的发展本身就是一个在“充满变数”的环境中,努力遵循一定“规律”变化的曲折历程,如果职业教育始终处在不稳定的外部经济社会环境当中,单纯的对外在环境的适应与调整将会给职业教育带来诸多不可预知的元素,其发展也将会偏离既定轨迹。区域职业教育发展模式创新就是让职业教育的发展以相对固定的模式化的方式进行,探索出职业教育发展模式与经济社会发展模式之间的良性互动,使之既对区域经济的发展产生长久、持续、稳定的影响,同时也能实现自适应和自调整。职业教育发展模式创新可以,也应该对经济发展产生如下的积极效果:

第一是正向效果的可持续性。持续性是时间维度的考量,是衡量区域职业教育发展模式创新对经济发展产生影响的时间长短的指标。职业教育发展模式本身就是从职业教育发展的过程中抽象出来的具有规律性的范式或程序,且经过系统化处理后形成的具有一定可传播性和可重复性的事物。从这个意义上说,区域职业教育发展模式创新,不仅要继承其原本具有的可重复性特征,同时要将可重复性上升至可持续性。区域职业教育发展模式的这种可持续性包含两个层面的含义:一是表层意义,也可以称之为“量级增长”,即模式所产生的正向

---

① 教育部:《大力开展进城务工人员在职教育和培训——周济部长在进城务工人员职业教育和培训现场会上的讲话》。http://www.moe.edu.cn/publicfiles/business/htmlfiles/moe/moe_1147/200604/14478.html.

效果要能够对经济发展起到持续性的促进作用，即可重复性；二是深层意义，也可称之为“质级增长”，即这种效果是健康可持续的，不仅要单纯的重复，更要在重复中实现模式的不断升级以及与周围环境的相互协调，将多层次、多元化的职业教育发展模式贯穿在区域性职业教育的发展历程之中。近年来，区域职业教育发展模式正向效果的可持续性典型地体现在“校企合作的长效机制”的制定与完善、国家和地方职业教育法律法规体系的建设、城乡统筹发展背景下的职业教育发展以及产业升级背景下的劳动者技能提升培训等方面，海南省的实践部分地说明了这一点。

据海南省教育厅厅长胡光辉介绍，2007—2009 年，海南全省职业教育总投入分别为 7.13 亿元、5.1 亿元和 5.2 亿元，支持了一批骨干学校和 16 个市县职教中心增加实训设备、招聘和培训教师，并资助家庭经济困难学生达 20 万人次。

随着政府投入力度不断加大，海南职业教育办学能力大大增强，职业教育规模快速扩大。海南的中等职业教育在校生已从 2006 年秋季的 7.8 万人增加到 2009 年春季的 11.6 万人。

中等职业教育规模的快速发展，促使海南省高中阶段教育毛入学率和初中毕业生升学率快速提升，职业学校毕业生就业率也连续 3 年达到 95% 以上。

胡光辉说，经过几年发展，海南省的职业教育办学模式创新成就斐然，形成了学生第一年在市县职业学校学习基础文化知识，第二年到城市学校学习专业技术技能，第三年到企业实习的“新三段式”办学模式。

同时，海南省职业学校以城市重点示范学校为龙头，联合市县职教中心、一般学校、民办学校，吸收企业参加，以专业为纽带，组成办学联合体，实现多方合作，以强带弱，做到优势互补，资源共享。

海南省农业学校还积极寻求与市县组织部门、农业部门合作，开展针对基层干部、农村致富带头人的学历教育，开办了以“村官”和农村致富户青年为对象的农村“双致富带头人”学历班，走出了一条符合当前新农村建设要求的办学路子。

如今，以海南省工业学校等 9 个龙头示范校为首的海南工业、农业、商业等 9 大职教集团和 16 个市县职教中心，不断深化海南特色的“三段式”办学模式，制订联合办学方案，优势互补，实施以城带乡、校企合作的方式大力发展职业教育，现已初步构建起覆盖全省的多层次、多元化的职业教育体系。①

第二是正向效果的稳定性。稳定性是空间维度的考量，是衡量区域职业教

---

① 新华网：《海南积极创新职业教育办学模式　实现跨越式发展》。http://news.xinhuanet.com/edu/2010-03/24/content_13238277.htm

育发展模式创新是否在长时期内实现政策稳定、方向一致、力度均一、措施恒定的指标。职业教育发展模式创新的动因是为了探索出一条职业教育可持续发展的路子。所以,在创新职业教育发展模式的时候要将稳定性融合进与创新伴随的动荡性的过程中,尽量消除创新带来的教育系统、经济运行系统中出现的不稳定因素的影响。

需要强调的是稳定并不是墨守成规和裹足不前。而是在遵循区域经济发展规律基础之上制定的具有内在稳定性和创新性的模式。稳定是创新的前提,如果创新一味地追求超越,追求不切实际的目标,那么势必会导致新的模式有悖于区域经济社会发展趋势。区域职业教育发展模式创新对于当地经济发展的促进应该是持久的、稳定的,而不应该是短暂的、变动不居的。

第三是正向效果的灵活性,这是区域职业教育发展模式创新的亮点所在,也是区域职业教育发展模式创新的重点所在。如何达到模式创新的理想目标,我们认为,简单来说就是“人无我有,人有我优,人优我特”。如果区域内没有系统化、模式化的职业教育发展路径,则可以通过探寻规律、创新实践达到模式化运营的效果;如果某区域已经形成了相对固定的职业教育发展模式,就应该在此模式的基础上结合宏观经济发展基本面和政府相关政策,将模式进行灵活化处理,以“模式优化”代替僵硬的“运营模式”。

近年来,海南在实践中摸索出了一条“1+1+1(县级职教中心+示范性中职学校+企业)”的“三段式”职教模式,即学生一年在农村职业学校学习,一年在城市职业学校学习,一年在企业顶岗实习,教学效果良好。

说起这一模式的由来,海南省教育厅副厅长李红梅笑着感叹道:“我们这是被‘逼上梁山’,在没有办法的情形下闯出来的一条路!”

李红梅介绍说,前些年,海南职业教育基础相当薄弱。由于长期投入不足,不少学校只能靠收取学生杂费维持基本的教学运转,用于改善办学条件的资金基本上处于空白状态。据2007年3月份的一份调查显示,全省2/3的中职学校在校生人数达不到国家设置标准①,有的学校仅有几十名学生。学校规模小、条件差、结构不合理等问题让海南职业教育发展步履维艰。

如何在短时间内让海南的职业教育走上一条健康持续发展的大路呢?海南省采取了因地制宜的“截优”法,重新整合省、市、县和企业的各自资源优势,发挥其所长。“三段式”把海南职业教育现有每段的优势聚集在一起,第一年学生在市县职校打基础;第二年利用国家级重点中专学校或是省示范中职学校师资

---

① 教育部2001年发布《中等职业学校设置标准(试行)》的第六条规定:中等职业学校应当具备基本的办学规模。其中,学校学历教育在校生数应在1 200人以上。

和教学设备的优势，采取“以城带乡”联合办学的方式，让学生到省城学校学技能；第三年利用省城示范中职学校与各企业单位的“人脉”优势，让农村学生顶岗实习，并由此走上就业岗位。①

海南省的职业教育发展依存的大背景，就是海南国际旅游岛的开发及其附带的一系列优惠政策（如离岛免税政策）的实施，而海南面临的职教发展资金短缺问题以及职教发展底子薄的传统，也给海南省职业教育发展带来了不小的困难，大量的人才需求与有限的人才培养条件之间的矛盾使得海南职业教育发展举步维艰。要想在条件并不完全具备的情况下，使海南省的职业教育走上一条健康持续发展之路，就应该从海南省的实际情况出发，探索灵活变通的职教发展模式。文中引用的材料讲得就是海南省因地制宜创新职业教育发展模式的案例。

3. 区域人才资源的整合与优化

（1）职业教育发展对人才资源优化的作用。职业教育对经济发展起到的推动作用主要是通过两种方式：一是职业教育通过提高劳动者素质，促进经济发展。在生产力诸要素中，人的因素即劳动者占有十分重要的位置。所以马克思主义者历来认为劳动者是生产过程的主体，是生产力构成中的主导因素。正如65年前，毛泽东在《唯心历史观的破产》一文中指出的，“世间一切事物中，人是第一个可宝贵的。在共产党领导下，只要有了人，什么人间奇迹也可以造出来”。而劳动力的智力和能力又是如何发展起来的呢？主要是依靠教育，尤其是与劳动能力相关的职业教育。职业教育是在一定时间的普通教育的基础上，着重培养各行各业劳动者生产技艺的教育，在培养劳动者的劳动能力上效果显著；职业教育可以使劳动者的劳动能力改变形态，以适应科技进步和经济发展的需要。社会生产不能只停留在原有规模和水平上往复循环，必须不断扩大再生产，向更深、更广的领域发展。因应生产不断地发展与扩大，劳动力自身生产的广度、深度也必须相应扩大，这就是劳动力的扩大再生产。可以说，劳动力的扩大再生产是物质资料扩大再生产和经济发展的前提条件。

随着科学技术的不断进步，特别是现代科学技术的发明创造在生产中的广泛应用，对扩大再生产具有决定意义的已不再是劳动力的数量，而是劳动力的质量，单纯依靠劳动力规模的增长，社会生产力只能获得有限的增长，而依靠劳动力质量的提高，社会生产力才能取得持续稳定的发展。生产技术的更新、生产部门的重组和产品的改型换代，必然要求生产者的劳动能力随之更新。因为劳动

---

① 中国教育新闻网：《海南："三段式"模式走出职业教育发展的新路》。http://www.jyb.cn/cm/jycm/beijing/zgjyb/1b/t20080321_149906.htm.

者原来形成的劳动能力，已不能再完全适应新的生产环境和需要，所以不间断的改变劳动者的劳动能力形态，是科学技术进步、生产向前发展的必然要求。职业教育在其中就扮演着优化劳动者结构，提升人力资源质量的角色，推动着“人力资源”向“人才资源”的转变。①

高技能人才是指在生产、运输和服务等领域岗位一线，熟练掌握专门知识和技术，具备精湛的操作技能，并在工作实践中能够解决关键技术和工艺的操作性难题的人员。高技能人才短缺是一个世界性的问题，而我国的高技能人才短缺情况尤为突出。在产业结构调整的大形势之下，未来我们对高技能人才会有更大需求。如果现在不采取有效措施加以应对，那么高技能人才短缺的情况会更加严重。从高技能人才的培养方式上来看，我国高技能人才的主要来源还是职业教育。因此，我们须要千方百计地推进高技能人才资源的开发，尤其要注重盘活职业教育资源，加快高技能人才的培养。

盘活职业教育资源促进高技能人才的培养，应从多个层面入手同时推进。首先，高技能人才资源开发是一项长期工程，需要系统的开发战略。有了明确的工作目标、计划、方案，才能把高技能人才资源开发工作落到实处。其次，应盘活社会资源推进高技能人才的开发。加大政府部门对高技能人才培养工作的投入，协调金融机构为推进人才资源开发提供金融服务，完善人才选拔评价、福利待遇、考核鉴定等各项机制，为高技能人才培养提供良好的外部条件。最后，应盘活职业院校现有教学资源。通过资产置换、校企合作、资源共享等形式，盘活职业院校的教学资源，提高高技能人才的培养效率。②

（2）区域职业教育发展模式创新在人才资源整合与优化过程中的角色与目标定位。如何更好地盘活区域人力资源，并逐步提升人力资源的整体质量，使人力资源转变为人才资本，是区域职业教育发展模式创新对人才资源整合与优化的总体目标。创新职业教育发展模式，是对人才资源的进一步优化整合，可以提升人才资源的利用率和利用质量。区域职业教育发展模式创新中有一块重要的内容就是根据区域经济社会发展现状和趋势创新人才培养模式。如图 7-3 所示，在区域职业教育发展模式中，对人力资源的培养与输送可以由以下两个方面内容经过系统化整合进行：一是劳动力要考虑到自身的基本因素，如自己的兴趣爱好、自然条件、劳动基础、社会经验等，以此作为开发自我劳动力资源的最基本成分。二是职业院校要在更宏观的角度考虑区域经济及人力资源开发的现状，

---

① 纪芝信：《职业技术教育学》，福建教育出版社，1995 年，第 59 – 60 页。

② 张家界在线：《盘活职业教育资源　推进高技能人才开发》。http://www.zjjzx.cn/news/zjjplhot/297617.html.

并评估区域自然资源优势、产业机构与升级结果、区域教育传统与优势。在此基础上，在政府和企业双重合力作用下，职业院校对人力资源的数量、层次、特定技能、输送方向等进行科学合理的规划，进而制订人才培养方案并着手培养接受通识教育后的专业技能人才。学员毕业后被输送到当地企业或其他非企业单位进行价值创造，对当地经济发展产生推动作用。一句话，区域职业教育发展模式创新就是要立足于人才资源本身的特点，强调职业教育技能人才培养模式的可循环性和螺旋上升的特点，在职业教育发展模式不断的优化和调整中，实现提升人力资源技能水平和促进区域经济发展的目标。

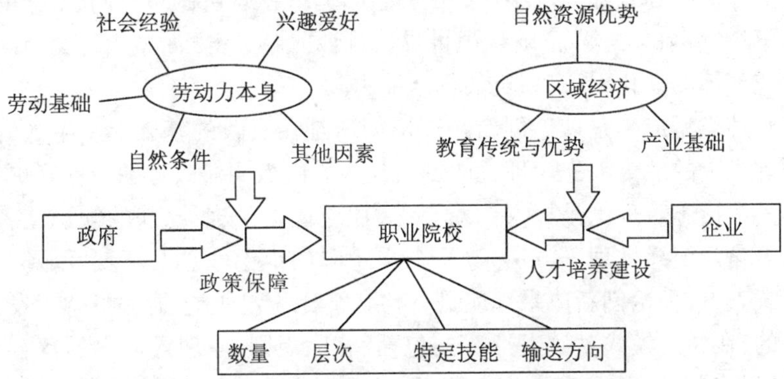

图 7-3　职业教育对区域人力资源的培养与输送

4. 区域职业教育发展模式创新成果的辐射与迁移影响作用

(1) 区域职业教育发展模式创新成果的分类。区域职业教育发展模式创新究竟能够产生哪些类型的成果？从成果形态上来看，可以分为以下三个类型：

第一种类型成果是理念创新。创新本身就包括冲破固定的思维模式、转变陈旧的理念。在区域职业教育发展模式创新的过程中，必然会伴随一系列解放思想基础上的新理念、新想法的诞生。这些理念是新的区域职业教育发展模式的源头，它将引领新的区域职业教育发展模式的形成。从追求区域职业教育可持续发展的时代背景来看，一方面，我国社会主义现代化建设正面临着新的机遇和挑战，经济发展方式正处于重大转变的关口，以改善民生为重点的社会发展成为我国可持续发展的重大战略目标，这一切都要求不断提高职业教育质量，推进职业教育的可持续发展，以同全面发展的经济社会各项事业相适应；另一方面，国际市场环境也出现了新的变化，发达国家经济增长乏力，需求不足，使我国经济发展的动力发生变化，外向带动经济增长模式遇到瓶颈，就业压力巨大。国内外两种不利因素交织促使我国转变经济增长方式，从注重经济短期的高速增长到注重经济长期的可持续增长，这就要求有一种可持续发展的职业教育模式与之相适应,即职业教育可持续发展必须具有可以应对周期性变动和长期稳定性的能力,必须具有灵活的反周期和创新型战略。从区域职业教育可持续发展的理念来看,其本质就是以人为本,促进人不断提升自我发展能力,以人的需要为最终目的。职业教育以人为本主要体现在三个方面:一是坚持教育公平,体现面向所有人的发展。必须从公平正义出发,以“人人有知识、个个有技能”为目标,服务于所有公民特别是弱势群体的生存、尊严和发展。二是着力提升质量,促进学习者素质全面发展。三是创新发展模式,构建终身学习的“立交桥”。面向人的终身发展,要求职业教育既要关注人的职业生涯发展中某个领域知识的学习,也要关注全面的综合知识的学习;在促进个体知晓、理解困难和问题所在并创造性提出解决问题的方案,正确认识世界、自己和他人等方面做出努力,促进个体不断适应环境的变化,具有一定的创新能力。①

第二种类型成果是理论创新。理论创新是在实践的基础上产生的,同样也离不开理念上的敢为人先。理论的创新是指导区域职业教育朝着更好更快方向发展的具体措施。理论是指人们对自然、社会现象,按照已知的知识或者认知,经由一般化与演绎推理等方法,进行合乎逻辑的推论性总结。就区域职业教育发展模式来看,理论创新成果理应是一整套符合各方利益,能够可持续发展和自我调整的,在原有模式基础上形成的包括制度、规则、原理等内容的集合。这套模式可以是单独运行的系统,也可以是一系列模式、机制(如人才培养模式、利益分配机制、权责分配机制等)组成的体系集。这些体系构成了区域职业教育发展模式创新的理论框架,指导着职业教育发展模式创新的实践。

第三种类型成果是实践创新。不管是理念的创新,还是理论的创新,最终都要在实践上得到反映,接受实践的检验。实践创新成果可以是区域职业教育发展的尝试性举措,在取得成功后获得的经验性成果,也可以是理论作用于实践后产生的行之有效的一套做法。实践创新通常都会形成一些实物性成果,例如区域职业教育的政策法规、职业院校的校本课程、编写的校本教材、职业学校学生在技能大赛上的获奖、区域职业教育人才培养方案、促进校企合作的政策文件等。实践创新成果是区域职业教育发展模式创新的直接体现,也是创新理念与创新理论发挥作用的载体,直接促进了区域职业教育的发展、技能人才的成长和经济社会的发展。

(2)区域模式创新成果的辐射与迁移。区域职业教育发展模式创新成果具有理论抽象性和实践具体性。虽然模式的创新具有鲜明的区域性,不可能被其他区域直接照搬,但是对一些在产业背景、发展前景、政策背景上有着相同禀赋

---

① 马成荣:《区域职业教育要坚持可持续发展理念》,《职业技术教育》,2013 年第 24 期,第 20 - 22 页。

的地区,可以在职业教育发展模式创新的理论和实践方面相互借鉴和模仿。这是区域职业教育发展模式创新成果有效运用的过程,更是创新成果得以不断丰富、充实、完善的过程。区域职业教育发展模式创新成果的辐射与迁移大致在以下三个背景中发生:

第一,区域间产业背景相同。前面几章中我们也提到,作为经济学的"产业"概念,有复杂的内涵与外延。在传统社会主义经济学理论中,产业主要指经济社会的物质生产部门,一般而言,每个部门都用特定的工艺和流程专门生产和制造某种独立的产品,在此意义上讲,每个部门也就成为一个相对独立的产业部门,如"农业"、"工业"、"交通运输业"等。对于产业来说,在经济研究和经济管理中,经常使用主要有两大领域、两大部类分类法、三次产业分类法、资源密集度分类法与国际标准产业分类等几种分类方法。产业背景主要指的是本地的产业结构。产业结构,亦称国民经济的部门结构,即国民经济各产业部门之间以及各产业部门内部的构成。社会生产的产业结构或部门结构是在一般分工和特殊分工的基础上产生和发展起来的。研究产业结构,主要是研究生产资料和生活资料两大部类之间的关系;从部门来看,主要是研究农业、轻工业、重工业、建筑业、商业服务业等部门之间的关系,以及各产业部门的内部关系。两个地区在产业背景上的相似,亦指产业结构上的相似或相同。对于产业结构相同或相似的两个地区,在职业教育人才培养结构、模式、数量等方面可以相互借鉴。

第二,区域间发展前景相同。对于一个地区来说,未来经济发展的方向、产业结构的调整和升级情况、政府政策的倾向性、人口流动的趋势等都是非常重要的影响职业教育发展的变量。如果两个地区的经济处在相同或相似的发展阶段和发展水平,那么在上述那些更为微观的层面也可能会有着相同或相似的发展趋势。好比某地区在进行产业承接转移的过程中着力发展制造业,那么该地区对中高级职业技能人才的需求就会增大,这就要求职业教育采取措施培养更多的满足产业发展需要的技术技能型人才。如果另外一个地区有与之相似或相同的产业布局规划,那么这个地区就可以借鉴该区域职业教育在人才培养模式改革上的措施。

第三,区域间政策背景相同。某地区在政策颁布和政策的倾向性上是否存在着相同之处,也是职业教育发展模式创新成果辐射的前提条件之一。职业教育的发展需要政府在资金、土地、宣传、校企合作、就业等方面给予支持,同时区域职业教育行为也需要法律法规的规范和约束,既可以是全国范围的法律(如职业教育法),也可以是具有地方特色、立足地方实际制定的制度、规章、条例等。两个地区在政策制定和实施上具有相同的背景,可以为一个地区的职业教育发展模式辐射到另外一个地区提供便利。

三、区域职业教育发展模式创新的政府主导

中国共产党的第十六次全国代表大会提出了“全面建设小康社会”的奋斗目标(包括经济、政治、文化、科技、社会等领域的具体目标),并要求政治文明建设与物质文明建设、精神文明建设协调推进、整体实施。按照党中央勾画的我国现代化建设的宏伟蓝图,到2020年前后,要把我国基本上建成学习之邦。到2030年前后,要瞄准发达国家的水平,在更高的水平上全面建成和谐社会、知识社会和信息社会。要想达成上述目标,就必须大力发展教育,其中就包括建立现代职业教育体系。要以渐进的方式完成对现行职业教育发展模式的改造,形成与市场经济体制、知识经济、信息时代、全球一体化时代基本相适应的现代职业教育发展模式,满足国家未来几十年经济社会转型发展的要求。创新现代职业教育发展模式并不只是国家层面的事情,同样是各级地方政府的事情。只有充分发挥地方政府作为模式创新主体的积极性、能动性,现代职业教育发展模式的建设才能取得成效,长江三角洲高等职业教育发展模式创新、江苏省职业教育发展模式创新、贵州省高等职业教育专业设置创新、常州市职业教育发展模式创新、江苏省宜兴市职业教育发展模式创新、浙江省慈溪市职业教育发展模式创新以及几所中高等职业院校办学模式创新的案例都说明了这一点。

(一)地方政府主导型职业教育发展模式创新

在中国的国情中,地方政府是职业教育发展模式变革的主导者。职业教育发展的外部环境变了,其制度内容也要变化,那就是要建立现代职业教育发展模式。按理说,有现代职业教育发展模式,一定有传统职业教育发展模式与之相对应,其实职业教育发展模式没有“现代”与“传统”之别,职业教育发展模式的建立本来就是现代社会工业化以后的产物,传统的农业社会里面没有专门的职业教育发展模式。所谓构建现代职业教育发展模式中的“现代”,不是历史学中对人类社会演化进程划分为古代、近代、现代、当代中的“现代”,也不是现代化理论中与落后的“传统社会”相对应的先进的“现代社会”中的现代,那个“现代”有价值观的判断在里面,也即现代有文明的、先进的意思。本书中的“现代”不是一个价值观判断的词语,只是一个时间表述中方便的称谓,而且它只适用于中国这样一个正在急剧转型的国家,在西方国家的文献中没有现代职业教育发展模式的提法,实际上西方国家的职业教育发展模式自诞生之日起就是现代职业教育发展模式。确切地说现代职业教育发展模式中的“现代”是指中国改革开放(20世纪80年代),特别是建立市场经济体制以来这样一个并不算长、但须要持续很长时间的时期。行文至此,我们可以认为现代职业教育发展模式是指与社会主义市场经济体制相适应的,用来调节、约束职业教育主体行为的一系列规则

的总和,它主要是和计划经济体制背景中的职业教育发展模式是相对的。因为计划经济体制和市场经济体制是两种不同的资源(劳动力、财、物等)配置机制,不同的机制(体制)要求职业教育主体有不同的行为方式,会有不同的关系模式,也就需要不同的规则规范。现代职业教育发展模式是现代职业教育系统的基本框架和运行原则的组合,决定了教育资源配置方式的基本内涵与配置效率。

职业教育资源配置方式是指形成教育资源配置状态的途径和手段。从经济制度和教育制度变迁的过程看,什么样的产权制度就决定了什么样的资源配置方式。在传统的国有产权制度下,计划型资源配置的主体是政府,配置的原动力是政府计划产生的供给驱动,配置决策方式是政府集中决策。现代职教的产权结构是多元的、主体是多元而自主的,与职教有关的资源配置的主体是市场,配置的原动力来自于市场的需求拉动,配置的决策方式是分散式的。根据市场需求来配置职业教育资源,是社会主义市场经济体制给职业教育发展带来的新的价值动力。创新现代职业教育发展模式的核心,就是让市场机制成为职业教育资源配置的主导方式。随着职业教育产权属性的界定和澄清,由政府、私人、企业及其他经济成分为主体提供的职业教育必然导致办学形式的灵活化、内容的多样化。因而整个职业教育系统不可能用统一的计划去安排生产和分配,必然要通过市场来配置职业教育资源。

在社会主义市场经济体制下,职业教育的运行机制必然受到社会主义市场经济规律的制约。与职业教育有关的市场主要有四种类型:一是职业学校毕业生的就业市场,二是职业学校的招生市场,三是职业学校内部劳务市场,四是职业学校办学需要的资金、设施等生产要素市场。所谓市场机制,是指市场主体在市场上相互联系和相互作用的经济活动所形成的价格、竞争、供求等方面的联系和制约方式。市场机制包括一系列机制,其中,价格机制、竞争机制和供求机制是最基本的机制。价格机制是市场机制的核心机制,市场的导向作用主要通过价格机制来实现,而价格机制又是通过价格与供求之间相互依赖、相互制约的联系而发挥作用的。价格机制在职业教育市场运行中的功能是多方面的,首先,对于职业教育机构来说,价格是竞争的工具,职业教育机构的低廉价格在职教服务和职教产品销售上可以争取更大的市场,从而带动职业教育产品成本的降低和职业教育劳动消耗的节约。其次,价格机制是各级各类职业教育机构调整办学规模、专业设置和层次结构的信号。在市场状态下,价格能充分反映人才的培养成本和供求变化。如果某一类人才缺乏,市场价格就会上升,职教机构对这类人才的培养就会增加;如果产业结构和技术结构发生变化造成某一类人才过剩,其市场价格必然下降,这一信号会使这类人才的培养减少。再次,对职业教育服务和产品的消费者来说,价格机制是改变需求方向和需求规模的信号。个人购买职业教育产品的行为取决于劳动力市场上的人力资源价格,价格水平的上升和下降,影响消费者的购买意向,从而调节消费者的需求规模和需求结构。最后,对政府来说,价格机制以价格总水平的变动来反馈宏观调控信息,从而调节职业学校的教育教学活动,职业学校是调整专业还是改革课程端赖于此。竞争机制是市场机制发挥作用的条件,竞争是市场内在矛盾运动的结果,只要有市场就必然有竞争,通过有序的竞争,可以合理配置职业教育资源,实现优胜劣汰。比如职业学校之间的竞争可以提高办学效率,导致职业教育资源流向效益高的教育机构,降低单位生产成本,实现投入产出最优化。市场经济条件下,职业教育的竞争就是毕业生的就业竞争,在双向选择的劳动力市场上,劳动者知识的多寡、技能水平的高低决定其竞争能力的大小,也决定了其收入的高低和就业机会的多少。而劳动者职业技能水平的高低与其所在职业学校的办学质量有关,毕业生职业技能水平高无疑说明其所在职业学校教学质量高。供求机制是职业教育市场运行的保证机制,职业教育产品供给包括两方面内容:一方面是指各级各类职业教育机构给学生提供多少受教育机会,另一方面是指职业教育机构为社会培养的各种技术技能型人才的数量。职业教育需求是指需求主体在市场上对职业教育服务和产品有支付能力的购买力。供求机制和价格机制有着十分密切的关系,在职业教育产品市场上,如果某一类型的产品供给超过了当时的社会需求,生产这种产品的一部分社会劳动时间就不为消费者所承认。因此,这些产品就会出现价格下跌或滞销。如果职业学校某个专业的毕业生供给不能满足社会需求,结果就相反。

现代职业教育发展模式的建立首要的是靠模式移植,也就是把别的地方的或者别的行业的模式拿过来,为我所用,所谓的"拿来主义"即如此。除此以外还可以通过模式创新来完成,参与职业教育发展模式创新的主体一般有政府、企业、职业学校、行业协会、家长等。一般来说它们要承担两种角色,即第一行动团体和第二行动团体,前者制订行动方案,并说服第二行动团体与之合作,职业教育发展模式创新带来的好处在这两类组织中分配。在自下而上的改革中,第一行动团体是有关的利益集团,比如地方政府、职业学校、企业等,第二行动团体是作为立法者和执法者的政府。在自上而下的职业教育发展模式变迁过程中,第一行动团体是地方政府,第二行动团体是其他组织,如职业学校、企业,也可能直接就是民众。总之,在职业教育发展模式创新过程中,最后都离不开政府的作用。

一个地区选择什么样的职业教育发展模式,受制于有着特定偏好和利益的模式创新主体之间的力量对比关系。在中国的政治体制下面,政府拥有绝对的政治力量优势,而且还拥有很大的资源配置权力,政府能通过行政、经济和法律的手段在不同程度上约束其他社会行为主体的行为。因而,区域职业教育发展模式供给在很大程度上取决于地方政府的偏好及其效用最大化。通过对第六章中介绍的各级各类区域职业教育发展模式创新案例的分析我们发现，区域职业教育发展模式的创新有明显的地方政府主导特征，主要表现在：1）由政府设置职业教育发展模式变迁的基本路向和准则，比如慈溪市政府和同济大学签订职业教育合作框架协议，由同济大学对慈溪市职业教育进行模式再造；2）政府以职业教育发展模式供给者的身份，通过法规、政策手段实施职业教育发展模式供给；3）政府有选择地放宽职业教育发展模式创新的的条件（放权），促进企业、学校等职业教育微观主体投身于职业教育发展模式创新的活动中去，并提高其创新的规范化水平。

政府主导型职业教育发展模式创新有许多优点，比如政府对职业教育发展模式变迁路线的确定，可以使职业教育发展模式创新活动在一个相对稳定的环境下进行，避免出现大的波动；可以解决职业教育发展模式短缺，快速提供变迁过程中所需要的职业教育发展新模式；可以降低职业教育发展模式创新的成本；等等。但它也有不足之处，比如在政府主导模式下，宏观职业教育发展模式创新的主体——行政机关不容易调动其他主体创新的积极性。

虽然不能说职业教育发展模式创新就完全包括上述几个方面的内容，但个中道理大致是一样的，只是不同区域在实践过程中有所取舍和补充。

（二）区域职业教育发展模式创新过程中地方政府角色和作用

1. 区域职业教育发展模式创新中的地方政府角色。政府在区域职业教育发展模式创新中扮演着什么样的角色？在回答这个问题之前，我们首先考虑以下两个问题：

（1）创新是行政力量的推动，还是市场主体的自主行为？创新行为的发生一定有其内在的动力。就市场行为的主体性来看，抛去个人主观因素，政府和市场两大主体都在职业教育发展模式创新过程中扮演着主导型的角色。但是创新的动力到底是源自行政力量的推动？还是市场主体的自主行为？在社会主义市场经济的环境之下，创新主体的行为往往既来自于市场和自身带来的灵感，也来自于政府出台的激励政策。如果单纯依靠行政力量的推动，那么市场的决定性作用将会被漠视，创新必将成无源之水。因为有市场就有需求，有需求就要有创新，有创新才能维持需求并创造更多的价值。但是如果单纯地依靠市场主体的自主行为，会使得创新失去良好的发展环境，其主要的动力源也将发挥不了应有的作用，尤其是创新的成果不能及时有效地得到市场运用，最终也不利于创新主体行为的发生与发展。所以行政力量的推动与市场主体的自主行为应该合力推动职业教育发展模式的创新。这也同时回答了职业教育发展模式创新“应该是政府的责任还是市场主体的责任”这个问题。

（2）坚持创新与依法行政的关系如何？依法行政是依法治国的重要内容，对于发展模式（涉及体制）创新行为，作为行政部门理应发挥应有的管控和引导作用，但这有可能与创新的实质含义相悖。从辩证法的角度说，创新包括肯定和否定两个方面，从而也就包括肯定之否定与否定之肯定，前者是从认同到批判的暂时过程，后者是一种自我批判的永恒阶段。从这个角度来说，创新就是一种"怀疑"，是永无止境的怀疑，这恰恰与中国行政传统中强调的"稳定"与"渐进"相违背。关键在于模式创新是否应该限定在某个范围之内，如何处理好依法行政和模式创新之间的关系。笔者认为，这涉及政府相关部门的角色定位问题，即政府是服务者还是管理者的问题。政府行政职能转变的大背景要求政府机关及直属事业单位转变工作思路和作风，也就是说在市场环境下，政府机关少"插手"、多"服务"。按照这样的思路，政府就应该在模式创新的过程中提供包括思路、物质上的支持，并在政治方向和发展方向上给予引导。对于模式创新内部的构建以及模式与外界的各种合理关联，只要不涉及需要官方协调的因素或敏感因素，就应该交由市场主体（或创新主体）完成。但是创新的范围与程度也并非毫无边界，需要考虑的是创新成果的政治方向及其创新方案的可操作性、性价比，《孟子·离娄上》中"离娄之明，公输子之巧；不以规矩，不成方圆"，此之谓也。简而言之，职业教育中的"依法行政"是"坚持创新"的外界环境保障，不会也不应该成为职业教育发展模式创新的阻碍。

分析了上述两个问题，再回到我们对地方政府角色定位问题的讨论上。可以看出，地方政府在职业教育发展模式创新行为中的角色是一种外围的、服务性质的角色。政府既要站在整个模式创新行为的外部，为创新行为创设环境，同时，也要出现在创新职业教育发展模式过程的内部，协调和处理各创新主体之间可能出现的利益冲突。一言以蔽之，在区域职业教育发展模式创新的过程中，政府应该是一个"服务提供者"和"利益调节者"的角色。这种服务既包括职业教育信息资讯上的服务，也包括职业教育政策资金上的服务，同样也涵括作为公共服务平台的政府所独具的利益调节者角色，协调模式创新主体以及模式受益者之间错综复杂的社会利益。

2. 区域职业教育发展模式创新过程中地方政府的作用。明确了角色定位后，政府应根据这种角色定位按照一定的规则执行任务。这里所说的地方政府行为的规则，主要强调政府在职业教育发展模式创新的过程中发挥什么作用、如何发挥作用以及发挥作用的程度如何。让我们把职业教育发展模式创新行为及其结果看作一个整体，参照政府的角色定位，描绘出地方政府在区域职业教育发展模式创新中的作用机理。如图 7-4 所示，在观念和政策环境影响之下，政府应扮演好服务提供者和利益协调者两大角色。作为服务提供者，政府主要在财政、人力、知识产权保护、信息资源共享、对外交流等方面提供支持。这种服务的提供主要以外围支撑为主,政府将依托各相关部门对职业教育发展模式的各个环节进行技术支持。作为利益协调者,政府要积极扮演"疏通管道"和"利益平衡器"的角色,首先要在了解区域经济发展水平、人力资源现状、产业布局规划的前提下,制定科学的、适应本区域的职业教育发展政策,此政策要引导区域职业教育的发展,并预留使职业院校和企事业单位发挥作用的创新空间。其次要在校企合作上狠下功夫,校企合作是职业教育发展的主要途径。对于职业教育发展模式中的主要内容之一的校企合作来说,政府要因势利导,为形成先进的符合区域经济社会发展和企业经营特点、最大程度上达成双赢局面的校企合作模式提供便利。此外,制定区域性的政策法规也是协调不同群体利益,促使区域职业教育发展的有效方法。比如宁波市出台的《宁波市职业教育校企合作促进条例》,就是地方政府考量各方面的利益,规范职业学校和企业之间合作的范例。另外,政府同样还要扮演督导评估的角色,对职业教育发展模式创新过程中出现的不合格、不合规甚至不合法的行为和结果要及时制止,保证模式创新的顺利进行。

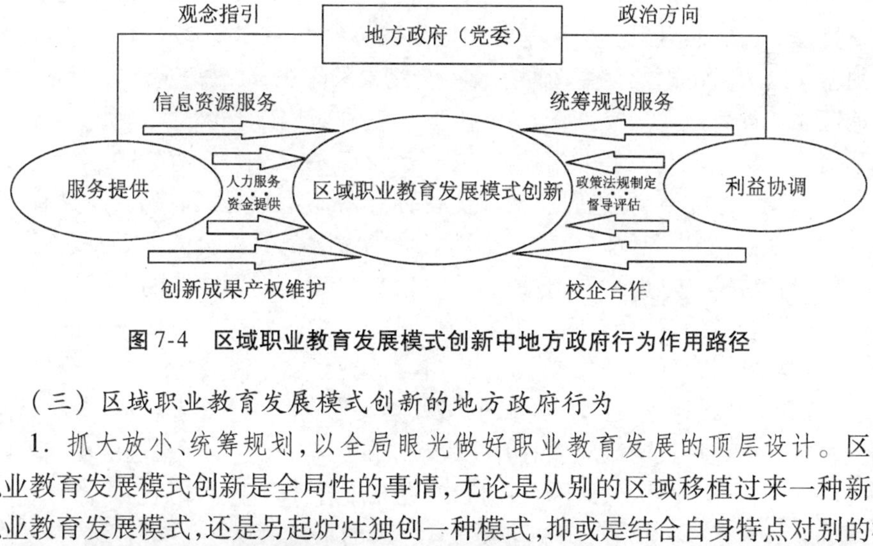

图 7-4　区域职业教育发展模式创新中地方政府行为作用路径

（三）区域职业教育发展模式创新的地方政府行为

1. 抓大放小、统筹规划,以全局眼光做好职业教育发展的顶层设计。区域职业教育发展模式创新是全局性的事情,无论是从别的区域移植过来一种新的职业教育发展模式,还是另起炉灶独创一种模式,抑或是结合自身特点对别的模式的修正,都离不开各级政府的主导和助推作用。政府在职业教育发展模式创新的过程中应立足于顶层设计,做到统筹规划,全局部署,抓大放小,简政放权。

统筹规划、全局部署就是政府要了解区域内各行各业、各从业主体的行为准则与利益诉求,立足于区域经济的可持续发展、人力资源的充分利用、产业结构的优化升级,对于涉及职业教育的企事业单位、职业院校、社会培训单位等利益群体,按职能、贡献、需求等进行分类,使其各按其类,尽展所长;对于新型城镇化过程中的职业教育发展，要做到城乡统筹、城乡互动、城乡一体。城乡统筹的核心是城市，关键在农村，城市职业教育和农村职业教育的互动与各类资源要素的结合是城乡统筹的必然要求。由于城市的经济发展状况要好于农村地区，所以在发展职业教育的过程中，应该充分认识以城带乡的重要性，建立反哺农村职业教育的机制，利用城市优质职业教育资源反哺农村职业教育，依托城市职业学校的资源优势，在市县乡村户之间形成辐射网络，构建起信息传播、科技培训、生产示范、项目推广的立体交叉网络体系。①

抓大放小、简政放权是对政府职能转变的要求。政府在进行与职业教育发展模式创新有关的顶层设计时，要统筹考虑职业教育发展模式各层次和各要素，追根溯源，统揽全局，在最高层次上寻求模式的创新之道。例如模式运行的社会环境、区域校企合作的现状与优势、区域经济社会未来发展趋势对职业教育发展的影响等。应放手让创新主体大胆实践，不断地尝试，让创新的成果不断涌现。例如校企合作的方式方法、职业学校校本课程的开发及其校本教材的编写、学生的顶岗实习等问题都要放手让学校和企业自主决定。

2. 解放思想、转变观念，结合区域特点创新职业教育发展的思路。创新职业教育发展模式须要突破传统观念的束缚，尤其是要冲破既得利益集团在模式创新过程中造成的阻碍。这就需要领导层面解放思想，在职业教育发展过程中牢固树立以中国特色社会主义理论体系为指导的思想，冲破旧观念，大胆地谋划本地区职业教育改革发展蓝图；先一步探索实践，冲破旧框框，大胆地尝试各项改革措施。从一定意义上讲，解放思想没有止境，先试先行没有禁区。凡是有利于深化职业教育改革，促进职业教育发展的想法都应该鼓励和提倡；凡是有利于实施素质教育，促进职业院校学生全面发展的做法都值得尝试和坚持。就区域职业教育发展模式创新来看，政府的思想解放决定了创新主体的发挥空间。就社会层面来看，转变社会对职业教育的偏见应成为政府在思想解放上的主要内容之一，要做好长远计划；在学校层面，中、高职学校在区域内的开设数量与布局、学校自主开设课程及校本教材的开发、学校与企业关于毕业生实训及就业的相关事宜等都应该成为政府关心并予以解决的问题；在企事业单位层面，企业如何与职业学校建立持久健康的合作机制，在校企合作过程中如何引入激励机制、做好利益分配工作，也是政府要花大力气去做的事情。总之，在职业教育发展模式创新的过程中，政府的解放思想往往起到引领的作用。

3. 部门联动、协同创新，构建立体式服务职业教育发展的体系。职业教育发展模式创新需要多部门的联合作用，如何形成良好的部门联动机制，加强各部

① 刘新智：《城乡统筹中农村职业教育发展模式创新研究》，《职业技术教育》，2010 年第 13 期，第 57 - 61 页。

门之间的协同创新，构建立体式的服务职业教育发展模式创新的体系就成为决定模式创新能否顺利进行的关键点。如图 7-5 所示，政府中的发展改革委员会是统筹发展的总协调，在各利益群体中进行利益协调，其中行政职能部门主要包括教育部门、建设部门、人力部门、科研部门和经济部门。在行政机构之外还存在另外两大利益群体：职业院校以及企业（行业）。在服务体系中，教育行政部门为职业院校提供教育资源分配、教育政策制定和发布以及教育信息咨询等服务，为企业和行业承担搭建与维护校企合作平台的工作；建设部门支持职业院校建设实训平台；人力资源部门的任务是指导职业院校人才培养模式以及人才使用政策的制定，为相关企业或行业提供区域人力资源的供求信息，并指导区域内人力资源的输入与输出；科研部门发布、提供与经济社会发展关系密切的重大课题并组织招投标工作，为职业院校和行业（企业）开展合作研究服务；经济部门指导职业院校的人才培养与专业设置工作，为企业正常运行提供经济信息、政策支持和金融服务。当然，这种服务是双向的，在获得行政部门服务的同时，职业院校、企业也应该向政府相关部门提供信息反馈，以促使政府相关部门提高决策的效益。重庆市永川区积极创新职业教育发展模式的做法就说明了这一点。①

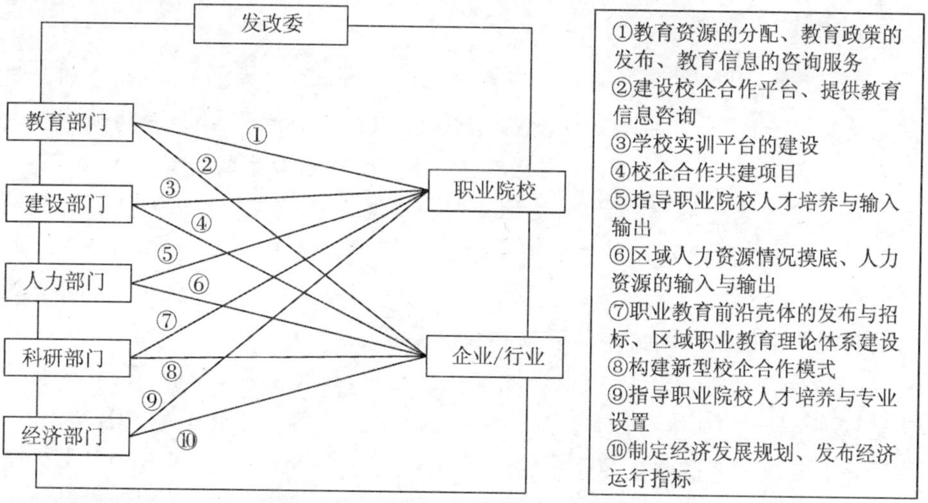

图 7-5　行政部门立体式服务体系

在大力实施“科教兴渝”和“人才强市”战略，加快全面建设小康社会和“富民兴渝”步伐，推进新型工业化和城镇化及农村劳动力转移的伟大进程中，我市

① 重庆市政府公众信息网：《永川区积极创新职业教育发展模式》。http://www.cq.gov.cn/zwgk/zfxx/20060215226.HTM.

把加快职业教育发展作为重庆经济社会发展的重要基础和教育工作的战略重点，按照全市三大经济圈的经济发展战略，着力构建"一体两翼一组团"的职教发展战略格局。在加速推进主城区职业教育发展，努力提升主城区职教发展水平的同时，重庆市委、市政府于2004年9月做出了在渝西地区的永川区打造重庆职教基地的战略决策，并规划在渝东地区的万州区、涪陵区构建重庆三峡库区职业教育与移民技能培训基地，在渝东南打造少数民族职业教育组团，形成区域性、集约化、规模化发展态势，推动和促进永川区职业教育全面协调和可持续发展。永川区在重庆职业教育基地建设中的主要做法是：

一、模式——城校互动，资源共享

在推进城镇化和大城市建设过程中，结合永川区区域经济和城市特点，确定了"城市发展以职业教育为特色，职业教育发展以城市为依托，校区建设与城市发展融为一体"的"城校互动、资源共享"的发展模式。

（一）城校互动发展。职教基地建设不是简单的学校叠加、圈地扩张、人口集聚。按照节约资源、减少投入、注重实效的原则，把城市资源与区域内职业院校融合在一起，城市规划建设体现了职业教育的特点，职业院校发展为城市建设提供了有力的支撑，形成了职业教育与经济建设相互促进、与城市建设协调发展的格局。

（二）城校共享资源。城市把职业学校发展作为自身发展的内涵，为职教提供建设发展平台、资源共享平台、优质服务平台、文化交流平台；职教为城市提供人才智力支持、社区发展内涵、文化繁荣空间、群体消费市场和招商引资环境。通过规划建设职教基地，着力解决职业院校布局分散、规模较小的突出问题，从"混合赛"转向"团体赛"，促进职教资源的合理有效利用。坚持在教育设施、科研设施、生活设施、文体设施、实训基地、后勤服务和人才市场、职业技能鉴定等方面实现职业院校之间的整体互动和资源共享。

（三）城市形象提升。在推进城市化进程中，通过发展职业教育，扩大城市容量、改善城市人口结构，走出了一条具有永川特色的城市化道路。目前，永川区每万人口中有职教学生800人，是全国平均水平的8倍，加上城区的教师和各级各类教育在校在籍学生，教育人口占城区人口的比重近50%。职业院校主动对接农村劳动力转岗培训，有一半多的农民接受职业培训后进入城市，城市人口结构不断优化，有效提高了人口素质，提升了城市形象，推动了学习型城市建设。

二、统筹——搭建平台，综合服务

为进一步加快职业教育基地建设，重庆市级有关部门和永川区加强统筹协调，抓好综合服务，为职业院校发展营造良好环境。

（一）坚持统一规划。在加快发展职业教育的进程中，把职业院校建设纳入城市总体规划，统一实施。城市建设中的文化、体育、商业设施，既服务广大市民，又服务职业院校，使有限资源得到综合利用，效益得到充分发挥。2005年，永川区又把职教基地建设作为实施“文化兴市”战略的重要支撑，作为当前和今后一个时期一项中心工作来抓。为此，永川区与市教委共同制定了《重庆职教基地事业发展规划》和《重庆职教基地园区建设规划》。

（二）注重政策扶持。永川区出台了一系列发展职业教育、民办教育的优惠政策，扶持和鼓励职业学校扩大规模，快速发展。凡到永川发展职业教育、民办教育的个人、企业，土地实行成本价供给，教学用房免交城市建设配套费。

（三）搞好综合服务。充分整合、利用各种社会力量，全方位培养技能型人才。搭建了行政服务、对外宣传、合作交流、基础设施、招生就业、教学改革、投融资等公共服务平台，建立了部门参与、专人负责的工作机构，出台了加快职业教育发展的优惠政策。劳动部门建立了专门的劳动技能鉴定指导中心，为职教学生提供技术资格鉴定；人事、劳动部门建立了人才市场，免费让企业和学生入场，每年组织开展毕业生“双选”会，吸引全国上百家企业到校招聘人才；农业部门在农村劳动力转移中，直接与职业院校对接，建立了15个农民工培训基地，2004年培训农民工10 428人次，转移率86.7%；允许公办和民办学校教师合理有序流动，通过统筹协调，为发展职业教育营造了宽松的环境。

（四）促进招生就业。职教基地统一组建职业院校招生网络，制订招生办法，明确招生纪律，统一招生宣传和招生接待，实现了统筹招生，规范了招生行为。采取政府搭台方式，在贵州、云南、四川的10多个县市建立了招生平台，2005年招生总人数突破30 000人，同时，还积极引导职业院校推行“订单培养”，与全国300多家企业达成定向培养、培训协议；组织“双选”会，直接推介学生就业。2005年，重庆职教基地职业院校毕业学生15 300人，就业率达98%。

三、建设——面向市场，多元发展

坚持面向市场，走多元发展之路，推进职教基地建设。

（一）投资主体多元化。基地建设按照“政府投、学校筹、社会助”的方式，多渠道投入建设资金。据不完全统计，自2004年启动职教基地建设以来，总投入达57 000多万元，共征地1 500多亩，修建校舍25万余平方米。在总投入中国家投入近2 000万元，重庆投入了17 400万元，永川投入了16 360万元，社会投入达21 410万元。办学主体上，目前，重庆职教基地公办职业院校和民办职业院校各13所，在校学生数各占一半，有国家办，有个人办，也有企业联办，还有股份合作制办学。采取政府支持、市场运作、校企结合等方式建成实训基地8个，年参加实训学生达到12 000余人。

（二）办学层次多样化。重庆职教基地有各类职业教育及培训机构70个，有应用技术本科、高职、中职、短期培训及农业技术推广培训等多种办学层次，形成了完整的培训体系，能够培养市场需求的应用型、技能型人才。

（三）专业设置特色化。职教基地紧紧围绕汽车摩托车、装备制造业、资源深加工、高新技术产业及现代服务业等重庆市优势产业、支柱产业发展需要，着力打造数控加工技术、汽车制造与维修、模具设计与制造、建筑装饰、计算机应用与软件技术、电子技术应用、旅游服务、家政与社区服务、园艺工程和特色养殖等10个特色专业，还新开设了"会展经济"、"国际护理"、"现代物流"等一批新型专业，以适应经济发展和产业结构调整对人才和劳动者素质提出的新要求。

四、创新——完善机制，打造品牌

为把职教基地建设成为职业教育改革试验区，重庆市教委和永川区不断改革创新，增强职教发展活力。

（一）创新管理体制。为落实国务院《关于大力推进职业教育改革与发展的决定》提出的"分级管理、地方为主、政府统筹、社会参与"的职业教育管理体制，正在建立市教委、行业主管部门和永川区政府共建共管职业院校的体制。整合劳动部门的技能鉴定、人事部门的人才交流、农业部门的农村劳动力培训职能，成立了人力资源开发办公室，加强对技能型人才培养的统筹。

（二）推进教育改革。引导职业院校加大学校人事和分配制度改革，大胆探索"公办民助"、"民办公助"、集团化的办学路子。调整专业设置，创新课程设计，实施学分制、选修制、多证制。成立职教基地职业教育研究会等跨校组织，增强院校间的联系，推进产学研工作。在重庆文理学院建立职教师资培训基地，加强职业院校的师资培训；建设职教师资流动站，推进各类专门人才的有序流动。

（三）坚持开放办学。广泛开展国际国内合作交流，拓展教育市场。2004年，重庆职教基地与加拿大、澳大利亚的合作交流有了良好开端；与常州市政府签订了两市职业教育合作交流协议书；与贵州遵义市，四川泸州市、内江市、彭山县等地区达成职业教育合作意向，积极推行"1+2"、"1+1+1"等联合办学模式。

（四）打造职教品牌。按照"一年起步，三年见效，六年成型"的建设步骤，力争到2010年，使"学技能来永川、选人才来永川、办职教来永川"的重庆职教基地品牌在国内有较高知名度，初步建成规模化、集约化的中国西部职业教育基地。同时，着力打造"永川技师"人才品牌，每年选择300名左右的优秀毕业生，建立"永川技师"人才库，跟踪调查学生就业的职业道德、劳动技能、创新能力，向社会广泛推荐，扩大对外影响。

（四）地方政府主导型职业教育发展模式创新应注意的问题

尽管存在政府主导型职业教育发展模式创新的不足，但基于中国的实际，在区域职业教育发展模式创新过程中，还是要发挥地方政府的作用，“政府不是万能的，但没有政府又是万万不能的”。既然模式创新离不开政府，解决这一问题的有效途径，就要恰当地定位政府在职业教育发展模式创新中的作用，构建多元主体参与的职业教育发展模式创新的框架结构，并注意职业教育发展规划和模式选择。

1. 构建多元主体的职业教育发展模式创新框架结构。在政府主导的职业教育发展模式创新过程中，创新主体是单一的，其他创新主体只是被动地接受政府创新活动的结果，未能形成与政府之间良性互动的多层次创新结构，不利于发挥职业教育对社会和谐的促进作用。因此，为适应社会发展需要，必须建立多元主体的职业教育发展模式创新框架结构：一方面，宏观职业教育发展模式创新主体除政府外，还包括立法机构、司法机构、社会团体、企业行业等。这些主体之间应明确各自职权，各司其职，互相配合，有助于互相制约、互相作用的多层次框架结构的形成。另一方面，宏观职业教育发展模式和微观职业教育发展模式的创新主体之间形成协调与合作机制，保障职业教育发展模式创新的合理速度。在这一结构中，政府只是创新主体之一，受其他国家机构、社会组织、行业企业等组织的制约。政府的作用在社会改革的初期最为重要，是启动职业教育发展模式创新的重要建议者、决策者与立法者。因此适当扩大政府的职权使其易于突破既定职业教育发展模式的束缚，加速新的职业教育发展模式的形成。但随着制度变革的进行，政府在职业教育发展模式创新过程中受其他创新主体及其创新职业教育发展模式制约，作用也发生变化，从而应该与其他创新主体配合，完成创新过程，达到制度创新的目标。

2. 正式制度创新与非正式制度创新并重。正式制度是指一些成文的规定，包括国家中央和地方的法律、法规、合同等，包括职业院校、企事业单位的规则、规定、法令、政府命令、公司章程、科研合同等，一般靠法律、权力等刚性手段的强制来保证。非正式制度，又称非正式约束、非正式规则，是指人们在长期社会交往过程中逐步形成，并得到社会认可的约定成俗、共同恪守的行为准则，包括价值信念、风俗习惯、文化传统、职业道德、意识形态等。在非正式制度中，意识形态处于核心地位，因为它不仅可以蕴含价值观念、伦理规范、道德观念和风俗习性，而且还可以在形式上构成某种正式制度安排的“先验”模式。对于想进行职业教育发展模式创新的地方政府来说，意识形态有可能取得优势地位或以“指导思想”的形式构成正式制度安排（或正式约束）的理论基础和最高准则。职业教育发展模式创新的一个重要内容是相关制度创新，制度创新不只是针对正式职业教育制度而言，正式职业教育制度只有在与非正式职业教育制度相容的情况下才能发挥作用。正式职业教育制度的完善受非正式职业教育制度的制约，当正式职业教育制度与非正式职业教育制度之间存在矛盾冲突或不相容时，正式职业教育制度难以实施，很多正式职业教育制度“移植”失败就是这个原因。政府职业教育制度创新如果获得了非正式职业教育制度的支持，可以大大减少其创新成本和实施成本，可以很容易地获得其自身的权威性和新的职业教育制度的合法性。

3. 主体职业教育发展模式创新与配套职业教育发展模式创新相结合。职业教育发展模式创新不是孤立的，一项职业教育发展模式安排的效率不是独立于其他职业教育发展模式安排之外运作的结果，而是职业教育发展模式结构整合的结果，比如企业用工职业资格证书制度、企业员工培训制度。每项职业教育发展模式安排都必定联结着其他职业教育发展模式安排，共同融合在职业教育发展模式结构之中，其效率还取决于其他职业教育发展模式安排的完善程度。在地方政府的职业教育发展模式创新中，必须集中精力抓住核心职业教育发展模式的创新，在核心的职业教育发展模式确定后，接下来工作重点应是设计配套的职业教育发展的制度。

4. 自创式职业教育发展模式创新与借鉴式职业教育发展模式创新兼顾。我们说地方政府职业教育发展模式转变是地方政府主导型的职业教育发展模式创新，这并不是说中国不存在一定的由微观主体自愿的合作性职业教育发展模式安排，也即自创式职业教育发展模式创新，比如县级市与大学合作进行职业教育模式改革就是一个创新，又比如慈溪职业高级中学把车间引进学校的做法。自创式职业教育发展模式创新是依赖自我设计、自我建构的职业教育发展模式安排。这种制度创新没有现成的职业教育发展模式创设经验及其绩效可供参考，职业教育发展模式创新在很大程度上是依据理论的预期分析。自创式职业教育发展模式创新的初始成本较高，预期可信度较低，具有较大的风险性，进行这类职业教育发展模式创新需要统筹规划、慎重行事。借鉴式职业教育发展模式创新是借鉴他方已经创设的、具有一定效率的职业教育发展模式的职业教育发展模式转变。当其他地方职业教育发展模式运作产生强大的示范效应，具有较高的可信度和说服力时，借鉴式职业教育发展模式创新就会出现。这种职业教育发展模式创新的初始成本较低、风险性小，可以在比较大的职业教育发展模式空间里进行理性的选择。

四、区域职业教育发展模式创新的激励机制

教育改革其实就是转变教育发展模式。为了贯彻落实《国家中长期教育改

革和发展规划纲要(2010—2020年)》(以下简称《规划纲要》)制定的教育改革目标,教育部相继立项了多达425个教育改革试点项目,分十大领域进行系统教育发展方式的创新探索。这425个教育改革试点项目分别由31个省、市、自治区以及各省市区下辖的部分市区承担。在《规划纲要》颁布两年多,教育改革试点项目进行了一年多的时候,随着各级地方教育改革的进行,我们不禁要问,如何确保地方政府"一以贯之"地保持教育发展模式转变的热情?也就是如何激励区域教育发展模式转变的问题。

(一)教育发展方式转变过程中的激励困境

任何人做几乎所有的事情大概都需要激励,要么是物质上,要么是精神上的,要么是其他的东西。人们需要的激励内容和方式不同,但相同的是都需要激励,激励虽然重要,但是要真正发挥激励的作用却不容易,如何调动员工的积极性一直是管理者一件头疼的事情。激励问题,通俗地说,就是如何调动人们的积极性的问题,比如企业经理如何调动工人的工作积极性,中央政府如何调动地方政府转变教育发展方式的积极性,学校校长如何调动教师的积极性,教师如何调动学生学习的积极性,等等。经济学把激励问题抽象地理解为委托—代理关系,即委托人(委托人是指委托他人为自己办理事务的人,既可以是个人,也可以是组织,如上述企业、中央政府和教师等)把某项特定的任务或工作交给代理人(这里的代理人是指为委托人做事的人,既可以是个人,也可以是组织,如上文述及的工人、地方政府和学生等)去完成,并相应地授予代理人某些决策权的契约关系,而任务和工作完成的好坏取决于代理人努力的程度。在经济研究领域,激励问题之所以引起关注有两个原因:一是委托人和代理人的目标不一致,如雇主可能关注企业的利润,而工人关心的是薪水和工作是否舒适;中央政府可能关心增加教育规模,促进教育公平,使人人有学上、有好学上,而地方政府关心的是如何吸引更多的外来投资,刺激本地区GDP的增长;学校里的教师关心的是学生的学业成绩,而学生关心的是学习内容是否满足自己的兴趣。二是委托人关于代理人努力程度的信息是不完全的,或者说关于代理人努力程度的信息分布是不对称的,只有代理人知道自己工作是否"出工不出力",而委托人则不知道,或者说委托人想知道也很难。

委托人和代理人之间是目标冲突和信息不对称的,这两者必须结合起来才能导致激励问题或委托—代理问题:首先,委托人和代理人之间允许存在一定的目标冲突,如果两者目标完全一致,不管信息分布如何不对称,代理人总会像关心自己的利益一样关心委托人的利益,那么委托人自然就不用操心如何调动代理人积极性的问题了。在现实当中委托人和代理人目标完全一致,"心往一处想、劲往一处使"的理想状态几乎不存在,有的只是接近这种理想状态。所以,一般说来,现实当中的民办职业院校内部的授权所面临的委托—代理问题比公立学校要小一些,因为民办学校的领导和一些中层管理者都是自己人,他们之间的目标更倾向于一致,所谓“上阵父子兵、打虎亲兄弟”是也。其次,如果代理人的行为可以完全被委托人观察到,代理人不掌握任何私人信息,完全透明,那么激励问题的解决也非常简单,委托人只要根据代理人的努力程度给予相应的报酬就可以了。但是,如果委托人和代理人之间存在信息不对称(这是常态),即委托人只能观察到代理人的产出(结果),而不能确切知道代理人的努力程度(产出的过程),加之委托人与代理人的目标不一致,激励问题就变得颇为复杂了。

再者,在现实生活中的代理人要完成的任务往往是多方面的,或者是任务要达成的目标是多维度的。比如在大学里,一般要求教师既要搞好教学,又要搞好科研工作。做一个中学语文教师除了上好课以外,还要负责管理学生。当代理人面临多个任务,且各个任务业绩的可考核程度存在差异时,代理人就有可能将所有的努力都花到业绩较容易被观察的任务上,而减少或完全放弃在其他任务上的努力。比如政府官员面临着促进经济发展和促进社会进步的任务,但是由于社会进步(福利、教育、文化等事业的发展)等指标很难考察,所以在官员的政绩考核中经济建设往往被视为是唯一标准,而不顾及社会进步标准的考核,造成经济增长一枝独秀,而其他方面欠账太多,这样的例子我们见得已经很多了。

从这个意义上说,激励问题产生于社会分工(包括劳动分工)、授权和信息的分散化。而当今时代,任何一个社会或一个组织,不管是国家、政府机关、企业还是学校,其内部成员之间的分工、授权和信息的分散化都是不可避免的事实,因此激励问题也就成为一个组织、群体要达成既定目标所必须寻求解决的中心问题。在现实生活中,有哪些办法可以解决激励问题呢? 相关的激励理论对于我们建立区域教育发展模式转变过程中的激励机制有帮助。

（二）相关的激励理论

1. 激励契约理论。激励契约是委托人为了引导代理人更加努力工作而制定的契约(法律上讲契约是双方或多方共同协议订立的有关买卖、抵押、租赁等关系的文书),它将代理人的薪酬与代理人的业绩以某种方式挂起钩来。激励契约适应的环境是,虽然代理人努力程度不能直接被委托人观察到,但其工作产出或绩效是可以观察的,且可以写入契约,即能够被第三方验证。代理人的产出是由代理人的努力程度和其他一些因素共同决定的。例如,一个语文教师的教学成绩一方面取决于他的努力程度,另一方面也和他不能控制的试卷的难度有关,更为重要的是试卷是由另外的人(不是他自己)设计的。

通常情况下,激励契约由两个部分组成,其中一部分规定了代理人可以取得的固定报酬，相当于基本工资，它与代理人的具体业绩无关（干多干少都一样），而另一部分规定了和代理人产出相关的报酬支付方案（干多干少不一样）。委托人在设计这样一个激励契约时须要考虑两个约束条件：第一个约束条件是代理人出于自身利益的计算愿意接受这项契约，这也叫"参与约束"；第二个约束条件是，委托人在设计激励契约时所期望的代理人的努力程度，必须是代理人在此契约下选择的最优努力水平，这也叫"激励相容约束"（获得诺贝尔经济学奖的美国经济学家哈维茨创立的机制设计理论中提出"激励相容"概念，是指在市场经济中，每个理性经济人都会有自利的一面，其个人会按自利的规则行为行动；如果能有一种制度安排，使行为人追求个人利益的行为，正好与企业实现集体价值最大化的目标相吻合，这一制度安排，就是"激励相容"。通俗地讲就是"个人目标和集体目标一致"）。至于代理人的报酬如何与产出挂钩，是激励契约涉及的难点所在。从理论上讲，激励契约设计可以是高度复杂的。但是在实际生活中，我们看到的激励契约往往是线性的，也就是说，报酬的计算往往是和工作成果成正比的线性关系，比如"计件工资制"其实就是一种线性的激励契约，完成的件数越多工资就越高。

在现实生活中，我们经常可以看到，委托人同时将相同或类似的任务交给了多个代理人去完成，例如，同一所学校中教同年级语文的老师有多位，教数学的老师有多位，每位教师工作的内容和环境也非常相似。以此类推，在中国，各个地方政府负责其管辖范围内的经济社会发展，地方政府所从事的工作和环境也非常接近。在这种情况下，委托人可以采用相对绩效评估的方式设计每个代理人的激励契约，从而实现比在绝对绩效评估下更高的激励效果。这个时候的代理人所能够得到的报酬就不仅取决于自身的工作业绩，也取决于其他代理人的工作业绩。比如此次《规划纲要》规定的同一个教改内容就有多个地方政府承担，它们相互之间就有一个对照。相对绩效评估之所以普遍存在，其原因是：每个代理人的工作业绩除了受到自身努力水平和某些特有因素影响之外，还会受到一些共同干扰因素的影响。因此，每个代理人自身的努力水平，不仅通过其自身的工作成果得到局部的反映，其他代理人的工作业绩也将包含着这个代理人努力程度的信号。再以学校教师工作为例，教师所教学生的考试成绩不佳可能是由于自身工作努力程度不够引起的，也可能是由于试卷太难或者学生不用功引起的。如果所有学生的成绩都不好，那么就表明试卷偏难，不能因此怪罪教师工作不努力；而如果其他教师所教学生的考试成绩都比较好，就不能说是试卷有问题，业绩不佳更可能是教师自身工作努力程度不够造成的。因此，在设计激励契约时把其他代理人的平均绩效考虑进来，有助于剔除一些共同因素的干扰，从而对代理人的努力水平形成更准确的估计，相当于减少了测量代理人极小的误差水平。但是这样的相对绩效考核也有一些不足。比如,代理人为了提高自己工作成果的相对水平,可能会故意对其他代理人的工作进行干扰破坏。所以,有人建议将代理人的报酬至少部分地和所有代理人的平均工作业绩挂钩,这样就可以较好地抑制代理人的互相破坏行为。为了应对上述激励扭曲现象,对于较容易观察业绩的任务也采用弱化的激励,即将代理人的报酬与容易观测绩效的关系减弱,如此就可以使代理人在多个任务之间较为平衡地分配努力。

2. 职业前景理论。职业前景理论是在解决职业经理人的激励问题时被提出来的。这种理论认为,企业中经理人工作的回报不仅来自于现在获得的工资,而且更多地来自于其将来的升迁和转化工作的可能性。需要说明的是,职业前景可以给经理人带来足够激励的前提,是存在一个有效运作的经理人市场。市场上潜在的雇主无法知道各位经理的内在能力,只能根据观察到的经理已有业绩表现推断其潜在的能力,进而决定开出的价码。在这一条件得到满足时,经理人为了给潜在的雇主创造一个好的印象,说明自己是一个有很高能力的经理,就会努力工作,尽量表现,即使当前所能获得的报酬较低,也会为了将来获得更好的工作机会和报酬而努力工作。根据职业前景理论,职业前景对于刚刚步入职业生涯的年轻人是最能起到激励作用的。这些刚刚出道的新人,其能力、水平、经验都不为外人所知,所能向市场表现的空间是最大的,在这个意义上,这些新人有着最为广阔的职业发展空间,将来事业的前景能带给他们的激励将会远远高于现有的工资激励。而相反的,对于一个工作经历丰富的人,其工作能力已经被外界充分了解,再也不需要,也不可能通过努力工作来表现自己了,所以对这些人而言职业前景激励的作用会相对较小。

职业前景理论虽然看上去很简单,但是它可以帮助我们解释日常所见到的一些不能用传统理论解释的现象。举一个简单的例子,现实当中大量存在所谓无薪实习(这不同于职业学校打着实习的幌子把学生送到富士康公司充当“学生工人”)的现象。根据传统的激励契约理论,这一现象很难得到解释,而根据职业前景理论这种状况就很容易理解了。职业前景理论特别适合解释政府官员的激励和行为。有一个大家比较熟知的“新官上任三把火”的现象。为什么新官上任后大多都要放“三把火”,而老官却很少“放火”呢?因为新官须要通过“放三把火”好好表现一番,给上级留下一个好的印象,也给下级和群众一个“我是能够做事情”的印象,为以后晋升创造机会,而老官则无须表现了。为什么同样是新官上任,又会出现“萧规曹随”的情况呢?因为曹参接替萧何担任丞相时虽然是履新,但他已不是真正意义上的新官,在其他职位上的优异表现早已使其成为尽人皆知的朝中能吏,自然不须要放几把火来显摆自己。

职业前景理论可以为我们分析地方官员激励和国家组织人事政策的影响提

供一个独特的视角。中国改革开放以来在干部人事管理制度上,最引人瞩目的政策是干部“四化(年轻化、知识化、专业化、革命化)”,其中最重要的是年轻化。为什么干部年轻化如此重要,仅仅是因为年轻人精力充沛和思想活跃吗?职业前景理论告诉我们,年轻人和老年人的人力资本的差别只是一方面,更主要的是两者激励结构的差别。一个刚刚踏足仕途的年轻人和一个临近退休的老年人,在同样的职位上所面临的激励和机会是很不一样的,让年轻人担纲重要的职位,那些被选任的年轻人的职业前景激励较年老的人要强烈得多。当然,这一政策也同时会造成一些负面效果:干部年轻化使得年龄较大的干部的职业前景缩短了,因此可能降低他们努力工作的激励,甚至使一些干部滋生“升官无望,不如在任上捞一把”的想法,有可能导致腐败。

(三)区域教育发展模式创新过程中的激励

从传统的观点看,关于政府治理有两个基本问题:第一个问题是,政府职能的有效边界在哪里?换句话说,哪些事情属于政府管辖或直接供应的范围,哪些应该交给市场?第二个问题是,政府公共部门应该采取怎样的治理结构,政府官员应该面临怎样的激励方式?用当代经济理论的眼光看,这两个问题其实是紧密联系在一起的,政府职能的有效边界和公共部门的治理结构是相互作用和联合决定的。

关于政府职能的边界,传统的观点认为,凡是市场失效的地方(如义务教育、国防等公共产品的供应),政府都应该干预,或者政府直接管理和经营,比如政府直接经营的公共企业直接提供社会需要的公共产品,或者政府设立专门的管制机构对企业进行监督。后来的一些经济学家,特别是公共选择学派的经济学家(如布坎南)指出,政府干预也会带来政府失效问题,比如企业的寻租行为导致政府官员被私人利益或特定公共利益所俘获,官员腐败、行政效率低下等。如果政府失效特别严重,即使存在市场失效的情况,那还不如减少甚至取消政府干预。从社会福利的角度看,其结果也许比政府干预还要好。其实,政府组织的边界问题也可以在科斯和威廉姆森提出的交易成本经济学的框架中进行思考。① 按照他们的观点,相对于一个原子式的竞争市场,企业的起源是利用市场机制的成本即交易费用,但企业的最终边界(企业的最优规模)决定于企业治理成本和交易费用的比较。由此生发开去,我们要问:政府治理的边界在哪里?决定政府职能范围的因素有哪些?从技术角度看,政府行政治理的边界应该与地方公共产品的有效覆盖范围大体一致,但这只是问题的一个方面,另外一个方面是行政治理成本。行政治理成本来自政府组织内部对于政府雇员、上下级政府

① 曹淑江:《教育制度和教育组织的经济学分析》,北京师范大学出版社,2004年,第23-36页。

之间关系的治理成本，它的核心是政府官员的激励和委托人的利益协调一致的问题，也即政治领域的委托代理问题，行政治理边界和最优政府层级的设计，除了涉及传统意义上的地方公共产品的溢出效益、地方民众的偏好显示和信息分散等维度以外，还必须考虑政府失效问题，比如行政权力的过度使用、滥用，等等。

根据不完备契约理论，公共服务既可以由政府自己提供，也可以通过服务外包由市场提供。无论是政府直接提供还是私人部门提供，都须要考虑公共服务的成本和质量。如果政府直接提供公共服务，那么就要雇佣一批雇员来工作；如果交由私人单位提供公共服务，政府只要和这些私人单位签订一个契约，将质量、成本要求以及面对各种可能发生事件应该采取的应对策略等事宜，都在契约中加以说明就可以了。但问题在于，契约一般很难是完备的，其质量难以衡量①，并且在面对不同的情况时需要完全不同的服务方案。在这种情况下，作为私人部门，会更重视成本节约问题，所以他们更加乐于钻契约的空子，从契约所没有提及的内容里挖掘出对自己有利的内容，尽量减少提供服务的成本。而对于政府而言，其主要关心的内容是公共服务的质量，而对成本的考虑则相对较少。如果再加上教育是地方公共产品的因素，那地方政府就更要承担主办教育的责任了。

确定了地方政府必须提供适当的教育服务以后，接下来的问题就是地方政府应该采取什么样的教育治理结构呢？也就是说用什么样的方式提供教育服务呢？长期以来，大多数国家（中国也是如此）采取的是韦伯意义上的官僚制，即基于理性原则设计的层级式管理结构。政府直接管理学校，学校是政府公共部门，是政府的延伸。这种管理结构有以下特点：一是分工明确和设计合理的职位体系和等级结构，具有专业化职能的行政部门各司其职，在上级的指令和协调下运作；二是行政官员的选任基于专业技术资格，进入行政机构必须通过专门的考试（就是现在讲的“逢进必考”）或凭借资质证明（任职资格证书），官员是上级任命的而非通过选举产生，官员的报酬是固定工资，升迁以业绩和资历为标准；三是整个管理机构强调形式化和规则约束，行政程序依据法律规范而设立，必须严格执行。② 既然这些机构的职员面临的是固定的薪酬制，工作流程又是照章办事。那么他们工作的动力在哪里呢？也就是说为什么地方政府承担一定的风险而进行教育发展方式转变呢？

对于在薪酬相对固定的政府部门工作的公职人员来说，促使其努力工作的

---

① 曹淑江：《教育制度和教育组织的经济学分析》，北京师范大学出版社，2004 年，第 58 – 62 页。

② 庄西真：《科层制与关系网络：学校中权力和资源的配置》，《当代教育科学》，2005 年第 8 期，第 17 – 22 页。

主要激励是不同的,也就是说他们被多元目标所激励,诸如权力、金钱收入、声望、便利、安全、工作的自豪感、为公共利益服务的渴望等。根据动机不同,美国著名政治学家唐斯把官员分为“完全自私的官员”与“混合动机的官员”两大类和权力攀登者、保守者、狂热者、倡导者、政治家五种类型。① 借鉴唐斯的分析,我们简略地把地方政府官员分为“职业官员”和“以官员为职业者”两类。前者是一些决定长期从事政府工作的人,而后者是一些将政府工作当作一个职业,也许有机会就去从事其他职业(比如“下海”经商或者到高校任教)或者在这个岗位上与世无争的人。对于前者来说,对其工作的激励可能主要是升迁,掌握更大的权力。经过多年的发展,中国形成了一系列的激励地方政府行为的模式,比如社会事务的地方分权和财政包干体制,还有地方官员之间的竞争机制(即让同级官员之间竞争),哪个地方的经济社会发展绩效好,就把这个地方的官员提拔到更高的位置上。我们认为,中国目前的地方政府具有为辖区微观主体服务的内在动力,但是这种动力不是来自纳税人和公共产品受益人直接的监督和评价。这种动力来自把这种投资环境和公共服务质量的提高转化为辖区经济的高速发展,进而转变为政绩显示的指标。在这种状况下,地方政府官员要想进一步在政治上谋得前途,或者想进一步被提拔,或者继续被任用,就必须在地方任期内取得一定的政绩,以彰显自己办理地方事务的能力,而这些能力只能通过“做一些事情”来体现,正所谓“为政一方,造福一方”。因此地方政府官员,特别是地方一把手为了取得较好的政绩,获得较多的政治资本,都会千方百计在“创新”上想办法、在“改革”上下功夫,在中央高层极力提倡促进公平、改善民生、促进就业的背景下,创新职业教育发展模式是一个不坏的选项。因此,出现一些“教育省长”、“教育市长”、“教育县长”也就不难理解了。

五、区域职业教育发展模式创新的模仿移植

如果稍稍留心,就不难发现,新中国成立以前及至新中国成立以来,我国职业教育发展的理念、制度、体制、方式等大都是从别的国家或地区借鉴过来的,比如说新中国成立初期“一边倒”地学苏联职业教育发展模式,改革开放后学欧美等国家的模式,我们通常赋予这种做法一个很好听的借口,即借鉴吸收各民族的优秀文明成果。我们称这种一个国家向另一个国家、一个国家的某一地区向另一地区学习“怎么办职业教育、怎么管理职业教育”的现象为职业教育发展模式的移植。“移植”一词的中文含义较复杂,据《辞海》解释有两层含义:其一,移栽,是指将植物从一地移植到另一地,这是植物学意义上的移植。其二,移植术,

---

① 安东尼·唐斯:《官僚制内幕》,郭小聪等译,中国人民大学出版社,2006 年,第 92 - 111 页。

指将身体的某一器官或某一部分，移植到同一个体（自体移植）或另一个体（异体移植）的特定部位而使其继续生存或生活的手术，这是医学意义上的移植。根据移植的这两层含义，相关学者对制度移植的理解也存在着二种不同的观点：一是植物学意义的制度移植，"有整体移入的意思"。二是医学意义上的制度移植，即以供体和受体之间存在着共同性，都受同一规律的支配、互不排斥、可互相接纳为前提的，不能简单照移。职业教育发展模式创新要么是前所未见的，要么是改革多年未见成效的，都是些"老、大、难、新"的问题，不出意外，在照顾中国国情基础上向别的国家或地区学习并移植其职业教育发展模式是此次改革有所成效的主要路径。

榜样的力量是无穷的，在一个信息沟通顺畅、人员交流频繁的当代社会，职业教育发展模式移植是一个国家，特别是后发国家或地区建立现代职业教育制度和设置相关教育机构的一种重要途径，先发国家或地区是职业教育发展模式的输出地，后发国家或地区是职业教育发展模式的输入地，因为后者包括核心制度和组织设计在内的诸多职业教育发展模式都是从外面习得的，不是内生的。诚如马克思在《资本论》中所说："工业较发达的国家向工业较不发达的国家所显示的，只是后者未来的景象……一个国家应该而且可以向其他国家学习。"①尽管新制度主义理论（不管是经济学上，还是社会学上的新制度主义）强调模式（包括制度和规则）是"内生的"，其形态和运行是由治理模式产生和存续的环境与条件决定的，但这并不意味着模式是不可以移植的，持不可移植观点的人的理由是特定的模式与其环境是不可分的，除非连环境一起移植，但那是很困难的。依据政治学相关观点，现代民族国家治理模式在全球范围的建立就是一个制度规则和组织样式跨地域、跨文化的移植过程。归结起来看，所谓的职业教育发展模式移植指的是某种职业教育发展模式从其原生地转移到其他环境并被实践的过程。一般来说，职业教育发展模式移植有两种类型：一种是自主型，另一种是强制型。二者的根本区别在于模式的采纳者是主动的还是被动地接受了外来的职业教育发展模式。在自主型职业教育发展模式移植中，流入地和流出地构成了基本的对应关系，而在强制型移植中，会存在除前两者之外的第三方，并且职业教育发展模式移植是由后者安排的，借助某种力量强迫采纳者接受的。当然，在很多情况下，第三方往往来自模式的原生地。在殖民统治下，殖民地的诸多治理模式都是通过强制移植完成的。② 二战后日本学习美国的国家和社会治理模式也是强制型移植的例子，而美国在日本崛起后学习日本的企业管理制度则是

① 马克思、恩格斯：《马克思恩格斯全集》（第44卷），人民出版社，2001年，第8－9页。

② D.埃莉诺·韦斯特尼：《模仿与创新：明治日本对西方组织模式的移植》，李萌译，清华大学出版社，2007年，第6页。

自主型制度移植。

自主/强制这种二分法是从职业教育发展模式采纳者与模式的关系着眼的，它揭示了接纳者在职业教育发展模式移植过程中的立场与态度，有助于从历史的角度对职业教育发展模式移植进行总体性分类。但是“世界是平的”，随着全球化进程的深入，交通工具的发达导致时空距离的缩短，民族国家之间、同一国家的各地区之间以及不同文化之间交往的频繁和联系的日益密切，已经很难用自主/强制尺度来区分诸多跨地区或国家的职业教育发展模式移植了。更多的职业教育发展模式移植实际上是不同的治理主体相互主动学习的结果，或者是学习者“自愿”学习的结果。同时，由于社会交往的加深和参与的扩大，职业教育发展模式移植已经不再是单个治理主体或管辖权威所能独自决定的，成为包括模式采纳者、模式所规范和影响的对象等众多利益相关者博弈和相互学习的过程。因此，职业教育发展模式移植不应该被简单地视为一种模式“照搬”或模仿，而是一个通过不断的社会交往与相互学习逐步“内化”的过程，是从一套通过法律文字表述的规则和组织设计逐渐转化为利益相关者可以分享的知识、认同以及愿意服从的价值的过程。这样的话，被移植的职业教育发展模式才能真正地“活起来”，并产生相应的功效。在这个意义上说，跨地区的职业教育发展模式移植就是一种具有很强目的性的模式学习。

（一）区域职业教育发展模式移植的必要性分析

1. 有利于提高地方政府职业教育治理的效率。所谓治理，就是多元主体的协同管理，也即发挥多元主体的管理作用。地方政府是指省、市、县等行政单位，地方政府治理包括两层含义：一是它意味着政府对人们行使属于社会的权力。政府代表社会施政，社会获取权力以促使全体社会成员履行自己的义务并使他们服从法律；二是它也意味着政府及其公职人员切实履行社会契约规定的条件，即保障社会利益促进社会公共意志的实现。① 地方政府治理不仅包括发展经济，也包括对文化、教育事务的治理。本书前面已经提到，地方政府职业教育发展模式是政府职业教育发展理念、职业教育制度安排和职业教育组织设计的总称，换言之，职业教育发展模式就是在某种规则（比如说《中华人民共和国职业教育法》）约束下的各类型职业教育利益相关者（包括组织类的职业教育管理部门、职业院校、企业和非组织类的家长、教师、学生等）的行为样式。职业教育发展模式可分为有效率的职业教育治理模式和无效率（或低效率）的职业教育治理模式，不同国家和地区之间职业教育发展模式的差距，主要体现为职业教育治理模式效率的差距。有人认为，不同治理模式安排之间实际或潜在的竞争，将保

① 张成福：《责任政府论》，《公共行政》，2000 年第 4 期，第 75－82 页。

证有效治理模式的出现,这里暗含的意思是说在职业教育领域中,现存的治理模式安排一定是有效率的治理模式。实际的情形是,职业教育发展模式并非总是“有效率”的。既有职业教育发展模式的僵化和惰性会长期存在,甚至会长期阻碍职业教育发展模式为适应社会环境变化而做的自身调整(即职业教育发展总跟不上经济社会发展对高质量职业教育需求的增长),并导致职业教育发展模式无效,甚至负效。由于有效职业教育发展模式可能不为人知,或者即使为人所知,也可能被一个社会的禀赋因素所剔除,所以没有理由相信职业教育发展模式都是有效的这样的假设是普遍正确的。而且,一些现存职业教育发展模式的无效率(比如高考属地化)可能为其社会成员所熟知,但是这些成员可能没有足够的动力来进行变革,甚至当治理模式变迁的利益足够大,或至少是有巨大的潜在利益时,也不意味着他们必须这么做。因为,他们会受到下列因素的阻碍:一是在所有可能的补偿方案中很难鉴别和达成最佳契约,二是有可能与现有社会习俗发生冲突,三是评估潜在的成本收益难度很大。

低效率职业教育发展模式之所以能够长期存在,有供给和需求两方面的原因。从职业教育发展模式供给角度看,一是既得利益集团作为旧有低效率治理模式的获益者,阻碍旧有职业教育发展模式的改革,使低效率的旧有治理模式长期存在。二是权力中心提供新的治理模式安排的能力和意愿,这是决定治理模式变迁的主导因素,而这种能力和意愿主要决定于一个社会的各既得利益集团的权力结构或力量的对比,比如说下层民众参政权的缺失根本不能左右强势集团采取有利于他们的职业教育发展模式。三是实际职业教育发展模式供给与意愿职业教育发展模式供给的不一致,强制性治理模式变迁并不是建立在一致同意基础之上的,这恰是强制性的特点。在供给主导型职业教育发展模式变迁中,由于信息不对称、不确定性、地方差异等因素的影响,权力中心的意愿治理模式供给与下级、学校对治理模式创新的需求可能并不一致,下级往往会对新职业教育发展模式做出符合其自身利益的理解,以机会主义、实用主义的态度对待旧的职业教育发展模式。从职业教育发展模式需求角度看,低效的治理模式之所以长期存在,一方面是由于一些特殊的团体总能将有利于他们的治理模式强加给大众,他们会通过一切可能的手段积极地维护这些职业教育发展模式;另一方面对公众而言,按照集体行动的逻辑,公众要达成一致的行动,有两个制约因素,即一致同意的费用以及集体行动中的“搭便车”问题。集体行动的困境使公众对低效的职业教育发展模式无能为力。

2. 有利于消解区域职业教育发展中的路径依赖。路径依赖的概念是由人口统计学家布雷思·阿瑟在其1988年发表的论文《经济学中的增强机制》中提出来的。在那篇文章中,阿瑟运用自然科学中的非线性动力学的方法研究经济现象,并提出了多态均衡、技术演进的轨迹依赖、锁定以及路径依赖等方面的重要概念。1990 年,美国经济学家诺斯在其《制度、制度变迁和经济绩效》一书中,将阿瑟的思路推广到了对制度的解释——制度变迁中同样会存在着路径依赖的问题。沿着这个思路走下去,加上对实际的观察,我们可以认为,各级地方政府的职业教育发展模式变革也同样面临着路径依赖问题。由于沿用原有的职业教育发展模式,向着既定的方向前进,比重新选择新的路径、模式要容易和方便得多,没有风险。因此,初始的职业教育发展模式选择便会产生一种类似于惯性的作用,进而强化现存的职业教育发展模式,使之固定化。同样道理,由于政府为推行一项新的职业教育发展模式肯定要付出一定的设计成本、组织成本、实施成本,而沿用旧的模式是轻车熟路,因而,原有的职业教育发展模式就会继续发挥着自己的作用。比如说改革开放接近 40 年了,社会主义市场经济体制也初步建立起来了,可我们各级政府的职业教育管理制度还依然延续计划体制下面的那一套,该放的权舍不得放,该管的事又管不起来。

在地方政府的职业教育发展模式创新过程中,路径依赖影响的痕迹之所以仍很明显,深层次的原因就是其中的利益因素的影响。事实上,一种职业教育发展模式实施之后,必然会无形中形成一系列在现存教育体制中的既得利益集团,他们从本身利益出发,往往倾向于保持和巩固现存模式以及阻碍进一步的改革,而根本不顾新的职业教育发展模式是否会带来更高的效率。由于职业教育发展模式的变革经常会给不同的群体带来权力、财富方面的重新分配结果,因而不同的利益团体便常以自己的利益为出发点,来决定其对新职业教育发展模式的具体态度,或反对或支持。在政府主导的职业教育发展模式变革中,如果现存的职业教育治理结构中形成了一种既得利益格局或是一个竞争有力的既得利益集团(比如私人企业主集团),那么政府在职业教育发展模式变革的进程中,这些既得利益集团就会加强现有模式的优势,进而坚决反对不同于现有模式的职业教育发展模式。而受到强有力的社会集团,尤其是来自政府主要依靠的社会利益集团的压力,即便是政府有能力去推行一种新的更高效率、更加公平的职业教育发展模式,权力中心一般也不会将之付诸实施;相反,它们都宁可容忍现存的、可能是低效率的发展模式。现实社会中,为什么有相当一部分已被实践证明了是十分不合理的职业教育发展模式,却仍有着顽强的生命力,关键性的原因即在于社会上有相当一部人能够从中获取自己的好处;而其他社会群体即使已意识到了需要及时进行变革的必要性,但也可能由于难以独自承担创新成本或者是评估潜在的得失,最终又不得不保持制度经济学上所谓的"理性的无知",并进而自觉与不自觉地维持原有的不合理发展模式的继续存在。

我们可以把诺思关于技术演变过程中的自我增强现象的解释推广到区域职

业教育发展模式创新上面来,地方政府职业教育发展模式的演进过程中,同样存在着自我增强与路径依赖的机制。职业教育发展模式演进一旦走上某一路径,会在以后的发展中自我强化。沿着既定的路径,职业教育发展模式的变迁可能进入良性循环的轨道,但也可能顺着错误路径往下滑,甚至被锁定在某种无效率状态之下。职业教育发展模式变迁中的路径依赖的政策意义,在于已有的职业教育发展模式的改变要么靠外在的力量与方式实现,引入外生变量,要么要有一个政治强人推动政府的"自我革命"。前些年无锡市职业教育发展模式"管办分离"改革就是地方政府一把手强力推动的产物,有的人称其为一场政府的"自我革命"未免言过其实,但将之视为新的历史条件下一次重要的职业教育发展模式变革,旨在科学定位地方政府职业教育管理职能,推动职业教育又好又快发展的一个有益探索,确有可取之处。

（二）区域职业教育发展模式移植的可能性

1. 职业教育发展模式的普适性。不同国家和地区职业教育发展模式具有特殊性,也具有普适性。职业教育发展模式的普适性主要表现在制定治理模式的基本原则、理念、内容和技术手段具有普适性,比如所有国家承担教育的职能大都是制度化的学校组织。职业教育发展模式的基础在于理性与价值,是人的理性和价值的外化。人类存在基本的普适价值,"绝大多数人都追求某些普适性基本价值,如自由、正义、安全、和平和繁荣。这些都是普遍的、压倒一切的偏好。大多数人都将这些偏好置于优先地位,并使自己对其他事物的追求从属于它们。这些价值支撑着社会的结合,并在人们的生活追求中激励着他们"①。"每个人自己特有的目标都不同于他人的目标,并随时间不同而发生变化。但当个人追求自己的特有目标时,他们的行为一般仍要服从并依赖于大体相似的基本价值。不管人们的背景和文化是什么,绝大多数人,在选择范围既定的情况下,都会将实现若干极普遍的基本价值置于高度优先的地位上,甚至不惜为此损害其他较个人化的愿望。这里所说的价值就是人们通常所追求的终极目标。它们构成了人类行为的强劲动力,它们对人的日常行为具有压倒一切的影响。"②诸如个人免受恐惧和强制的自由、公正、安全、和平、经济福利(或繁荣)、宜人的自然环境和人工环境等价值,体现了人权的基本要求。③

职业教育发展模式作为地方政府社会事务治理的内容同样具有普适性,从形式上看它是一种理性工具,是一些法律法规和各种组织结构,但在这种工具的

① 柯武刚、史漫飞:《制度经济学:社会秩序与公共政策》,韩朝华译,商务印书馆,2001 年,第 83 页。

② 柯武刚、史漫飞:《制度经济学:社会秩序与公共政策》,韩朝华译,商务印书馆,2001 年,第 84－85 页。

③ 联合国开发计划署:《2000 年人类发展报告》,《2000 年人类发展报告》翻译组译,中国财政经济出版社,2001 年,第 13 页。

背后起支持作用的则是我们想要追求的教育价值，比如教育公平、受教育权利、通过教育促进人的发展等，职业教育理念和价值的“普适性”是有效职业教育发展模式的本质特征。基于这样的分析，职业教育发展模式的普适性包含三项准则：一是职业教育发展模式应具有一般性。即是说，职业教育发展模式不应该在无确切理由的情况下对个人和情境实施差别待遇，比如说倾向于权势阶层。违背这一准则的职业教育发展模式一般都会削弱人们对它的服从，并因此降低治理模式的效率。二是职业教育发展模式应具有确定性。治理模式要富有效率，就必须易于理解，为此，相关条款和说明应当是简单而确定的，便于传达和理解。三是职业教育发展模式应当既具有稳定性，又具有一定的开放性。总在变化不定的规则难以被了解，在指引人们的行动上效率比较低。因此，与教育治理有关的规则应当稳定，但为了避免稳定性的另一面——治理模式僵化的弊端，还必须要有一点调整的余地，以便允许行为者通过职业教育发展模式创新行动对外在环境新的变化做出反应。

2. 原发地的职业教育发展模式溢出。借鉴新制度经济学理论，职业教育发展模式供给不足的主要原因在于“搭便车”行为。“搭便车”倾向是人们普遍厌恶的旧治理模式迟迟不能被更好的治理模式替代的原因，谁都不想重打锣鼓另开张地进行模式创新，谁都想图省劲从别的地方拿来新模式以规避创新的风险。搭便车行为对于一个封闭区域而言是阻碍职业教育发展模式创新以及导致职业教育发展模式供给不足的重要因素，并由此决定职业教育发展模式创新的主体是政府而不是社会单位或个人，但对国（地区）与国（地区）间借鉴、模仿、移植而言，搭便车行为则具有明显的正效应，既不会阻碍先发国的职业教育发展模式创新，又成为后发国家或者地区职业教育发展模式变迁的强大动力。国（地区）与国（地区）之间移植的职业教育发展模式具有公共产品属性。

根据西方公共经济学中“公共物品”的定义，“公共物品”具有“非排他性”与“非竞争性”的特点。一是非排他性，职业教育发展模式移植能够降低信息成本、界定权利边界和监督制裁机会主义行为，从而降低交往成本。职业教育发展模式的相似性带来的利益是发生关系的各方共同享有的，我们很难把参与的某一方从职业教育发展模式移植活动带来的收益中排除出去，从而具有了非排他性。二是非竞争性，增加一个国家或地区对于某个职业教育发展模式的分享，一般不会导致发展职业教育的成本的明显增加，或者说，增加一国或地区对其分享的边际成本是比较低的，比如说很多国家对德国“双元制”职业教育模式的学习，并不会减少德国职业教育给本国带来的收益。因此，一般而言，职业教育发展模式也具备非竞争性的特点。职业教育发展模式具有非排他性和非竞争性，属于公共产品，但又是一种特殊的公共产品，其特殊性就在于它的扩展效应和学习效应。职业教育发展模式的模仿创新实际上是一种合法的搭便车行为，但与技术模仿这种搭便车行为不同的是，率先创新者并不一概反对这种利益外部化的溢出，甚至有可能给予一定的支持来鼓励职业教育发展模式的移植，以谋求发展模式的规模效益，减少国际社会中国家与国家之间职业教育发展模式不同引致的交流成本与摩擦成本。

3. 社会科学的开放性。社会科学（包括教育科学）是关于人与人之间关系的科学，发展模式（包括经济治理、政治治理、社会治理、教育治理、环境治理等）作为人与人之间的某种契约关系的总和，是渗透在经济、政治、社会、文化等各方面的比较普遍的人与人之间的关系。可以说社会科学在本质上是关于发展模式的科学，发展模式构成社会科学最基本的研究对象，设计和推动发展模式转变已成为社会科学研究的最主要的任务。正如自然科学通过技术变迁贡献于经济增长和社会进步，社会科学则通过发展模式创新贡献于经济增长和社会进步。具体到职业教育发展模式创新上面，这种作用表现为：其一，优化职业教育发展模式的目标设计。职业教育发展模式决定着职业教育如何发展，进而影响区域经济和社会的发展（反过来也是成立的），对新的更加合理的职业教育发展模式的不断追寻，是政策科学、教育科学的主要目标之一。上述这些社会科学研究的主要任务，就是从理论上寻找最优的职业教育发展模式。从管理学与职业教育发展模式的变迁关系来看，二战以后职业教育发展模式的丰富、变化与完善，是与教育学、政治学、经济学、社会学、组织行为学等相关社会科学的不断探索分不开的。其二，节约职业教育发展模式变迁的成本。在缺乏社会科学指导的情况下，职业教育发展模式变迁只能通过不断试错的办法进行，必然付出极高的探索失败成本。社会科学研究有助于寻找到一种利益摩擦较小的职业教育发展模式变迁方案。其三，扩充职业教育发展模式选择集合。考察包括教育科学研究在内的社会科学发展和职业教育发展模式演进的历史，就会发现政治学、管理学、社会学、经济学、教育学等社会科学的每一次重大进步，都会导致职业教育发展模式选择集合的扩大，都会带来职业教育发展模式的重大变革或影响职业教育发展模式的演进。其四，提高职业教育发展模式供给能力。社会科学可以影响人们的价值偏好和效用函数，有利于改变人们对职业教育发展模式创新中的成本—收益计算和目标选择，同时能够改进他们的有限理性和认知方式，改善职业教育发展模式供给的技术状态，从而提高区域职业教育治理能力，促进地方职业教育事业发展。

总之，职业教育发展模式模仿与技术模仿一样，也是后发展国家或者地区职业教育事业后来居上的必由之路。应该说，中国的改革开放过程也是后发优势的发挥过程，既包括技术后发优势的发挥，也包括职业教育发展模式后发优势的发挥,还包括资本、劳动、制度、经济结构乃至价值观念方面后发优势的发挥。同时发展模式移植还体现在意识形态领域,人们的效率意识、竞争意识、公平意识,以及民主和法治意识都得以大大提高。可以说,没有职业教育发展模式移植,不借鉴发达国家(地区)先进的发展模式,中国的职业教育不可能取得今天这样的成就。"中国特色"主要体现在将发达国家先进的职业教育发展模式与中国国情结合起来,而不是另起炉灶搞一个"全新"的职业教育发展模式。整体上看,对先发国家而言,由于没有经验和先例可循,他们都以职业教育发展模式创新为主,多为内生的,比如双元制职业教育之于德国,应用性大学制度之于美国等。而后发国家则可以结合自身实际,大量借鉴先发国家通过无数曲折换来的职业教育发展模式创新的有益经验,其职业教育发展模式变迁多为外生的。但后发国家职业教育发展模式的外生性,并不是要"全盘西化",并不排斥必要的模式创新,模仿别的发展模式必须与自身的传统与经济社会发展阶段相结合,与基本政治制度相契合,才能真正达成职业教育促进经济社会发展的目标。

（三）创新主导者的认知模式

为什么地方政府有很大的积极性实施本区域内职业教育发展模式的创新,进而促进区域内教育(包括职业教育)的发展?大致说来,除了在地方分权的背景下,地方政府职业教育发展决策者由于政治锦标赛体制以及晋升激励①而想做一些事情的考虑外,此种发展模式转变还源于对既有职业教育发展模式存在弊端的不满。这种不满有时源于政府之外的群体——特殊利益集团、公民群体组织或国际组织;或源于政府官僚体系(包括教育行政部门)当中的不满群体,不满于既有职业教育发展模式的颟顸低效或者不公平。但是,有了对旧的职业教育发展模式的不满,或者是有了在职业教育改革进程中"大干一场"的想法并不等于教育发展模式就会自动转变,还需要有对旧的职业教育发展模式存在问题的评估和认定及对能够替代旧的发展模式的新的职业教育发展模式的认识、学习和选择,以及职业教育发展模式转变决策者们对新的职业教育发展模式达成的共识。

地方政府主要领导是职业教育发展模式转变的发动者和当事人,当他们认识到通过创新引入某种新的职业教育发展模式,能够给他们自身和所在地区带来明显的好处时,他们将尝试引入新的职业教育发展模式。比如说,各地都在大力建设职教园区,因为这样可以吸引投资、抬高周围土地价格等。在诸多转变职业教育发展模式的好处(当然也有可能是风险)中,提升政治精英人物个人以及所在区域的竞争地位,是地方政府进行职业教育发展模式转变的主要考量之一,

---

① 陈潭、刘兴云:《锦标赛体制、晋升博弈与地方剧场政治》,《公共管理学报》,2011年第2期,第21－33页。

而职业教育发展模式转变的过程是对既有职业教育结构的调整，涉及对已延续多年职业教育制度、规则的修正和相关教育组织的变革，是一个需要一定专业知识的工程。因此，职业教育发展模式转变的起点是地方政府决策者的认知结构和学习能力。不仅如此，职业教育发展模式转变能否成功进行，还取决于与该发展模式转变有关的其他当事人的集体学习和共享知识的积累。在这个意义上，区域职业教育发展模式转变（或者创新）的基础，是地方政府精英和其他利益相关者，在认知和学习中相关共同知识与信念的形成和演化，以及把这种共识变成有关教育政策并予以落实的能力。

人类对现实环境的感知是以已有的认知结构为基础的，认知结构是人类心理长期演化的结果，它既与人类长期应对自然环境的变化而形成的基因结构有关，又与特定社会结构框架下，人类有意识创造的以规范社会环境的文化结构相关。由于各自面对的环境不同和与环境互动过程中积累的经验的差异，认知结构构成了个体感知、解释和解决外部环境问题的心智模式。所谓心智模式是指个体对信息进行加工和处理的模式，包括信息编码规则、抽象规则和解码规则，它使得行为人能够运用相同的认知模式来感知和解释其所处的场景。个体感知的信号既来自物质环境，也来自社会文化环境，心智模式对这些信号做出解读，并对环境变化做出主观解释、预期和提出解决问题的方案，在实际行动中，个体还将根据环境的反馈，反思已经做出的解释、预期和解决方案，并根据反思的结果，修正、强化或者摈弃现有的心智模式，这个过程就是个体的学习过程。通过反复的学习—反思，个体将积累那些在解释和解决某一环境中特殊问题时的有用知识，并将之应用到解释和解决更为广泛的问题和疑惑。一个人的心智模式对外部环境新的问题的解释和解决不一定都成功，因而学习是一个在试错中不断演化的过程，对某一问题解决的失败，会导致新方案的提出和试验，如果这些新方案有利于问题解决，就会被充实到已有心智模式中，导致心智模式的优化，从这个角度看，心智模式本身是一个可变的弹性的认知结构。外部环境的反馈不断证实哪些知识和“信念”是“有用”的，再由这些相互关联的知识和信念构成个体的知识和信念体系。这些都作为个体行为的依据，构成了个体的决策前提。因而，个体决策行为的依据和前提是个体在持续学习过程中形成的信念及信念体系。

职业教育发展模式转变的路径特征，也是人类上述认知过程在职业教育发展的决策执行中的反映。如前所述，职业教育发展模式是一套与教育发展有关的、约束教育利益相关者行为及其相互关系而人为设定的一些规范制度、规则和组织设计的体系，其主要作用是通过建立一个人们相互作用的稳定结构来减少职业教育发展的不确定性。在这种比较固定的范式里面，交互作用的各方（教师、家长、学生、学校、教育行政部门、企业和社区等)共享解决问题的方式、知识和信念。因而,构成职业教育发展模式的首要因素是共同知识、共同信念和共同信念体系,没有这种共识就不可能有发展模式的真正转变,而共同信念的形成又是集体学习的结果。图7-6描述了通过集体学习,作为共同知识和信念的新职业教育发展模式的理念形成和具体转变过程,它代表了现实的模式变迁和演化的轨迹。因此,我们可以把职业教育发展模式转变的轨迹概括为:现实→观念→发展方式→具体政策→结果(被改变了的现实)的学习和反馈过程。

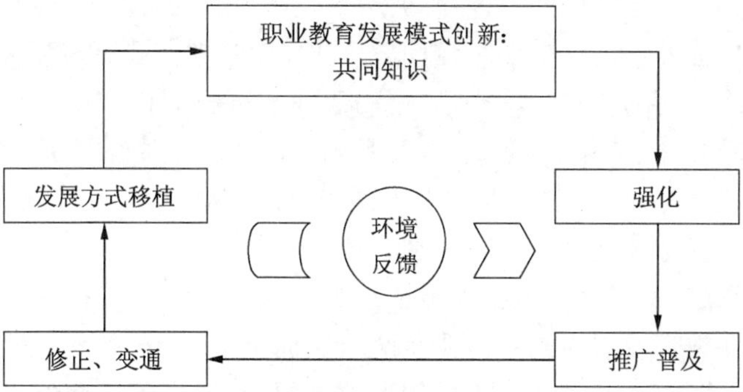

图7-6　新的职业教育发展模式的创新过程

与理论分析不同,现实的职业教育发展模式创新是一个在复杂环境中演化的过程。在不确定条件下,转变发展模式是互动各方当事人之间集体认知和在学习中形成共同知识和信念的结果。由于共同知识和信念在很大程度上属于缄默知识,新的发展模式形成是内生的,既不可能照搬某种已有的方式,也无法最优化,这是一个不断探索、模仿、试错和创新的过程。因而,地方政府推动的区域职业教育发展模式转变的最终路径取决于两个因素:一是地方政府及其主要领导面对竞争压力对改善其竞争地位的机会、条件和途径的认知,并通过集体学习把这种认知所形成的心智模式转化为群体的共同知识和信念;二是在地方政府之间以及在地方政府内部各部门之间互动的过程中,转变职业教育发展模式所表现出来的报酬递减或递增特征,即职业教育发展模式转变的路径依赖和锁定。由于竞争压力、所处的物质条件、文化环境以及内部组织结构的差异,不同历史时期的区域共同体信念的形成和转变路径是不同的(从这个角度看,所谓改革的初始条件,不仅包括自然资源,而且还包括既有的历史文化、组织结构和共同信念在内的各种约束)。同时,职业教育发展模式转变的路径依赖和锁定决定了不同时期、不同区域的人们,与职业教育有关的共同知识和信念具有不同程度的刚性,并对环境变化做出程度不同的反应。因而,从个体或群体认知和学习的角度看,现实的职业教育发展模式转变将受到两个方面的成本约束:与某项职业教育发展模式创新对应的共同信念的形成、普及、修正和摈弃有关的学习成本和实施成本。影响学习成本的因素包括既有共同信念的刚性程度、外部竞争压力、环境复杂性和集体学习的能力，而影响实施成本的因素，则主要是既有组织结构所决定的利益格局对共同信念的抵触。

这说明，不管是另外一个地方的职业教育发展模式，别的国家的职业教育发展模式，还是中央政府大力提倡的职业教育发展模式，甚或是本区域借鉴上述模式结合自己愿景的一种“独创”的职业教育发展模式，只有经过集体学习并在相关各方形成共同信念的条件下，才能被纳入到当地的发展模式框架范围之内，否则就会被排斥在外。这再次证明，由地方政府之间、地方政府与其管辖范围内其他群体或组织之间的集体学习，所决定的职业教育发展模式创新路径更多的是内生性的，在学习成本和实施成本约束下，中国区域职业教育发展模式创新路径在不同地区之间是不一致的，时间上不同步，样式和内容上也不同，这可能也是导致区域职业教育发展水平不同的原因之一。

（四）区域职业教育发展模式移植机理

地方职业教育发展模式移植涉及两个层面上的学习：第一是职业教育发展模式采纳者向职业教育发展模式原创者的学习，它决定了一套外来的模式能否在法律上得到本地的确认，比如说浙江长兴县对美国“教育券”模式的学习，要首先符合中国的相关法律法规；第二是模式采纳者共同体中相关利益主体围绕职业教育发展模式进行的相互学习以及对其模式内涵的深入了解，它决定了这套外来的职业教育发展模式能否实现合法化并被认同。一般来说，这两个层面上的学习在时间上是有先后顺序的，先是第一个层面的学习，然后是第二个层面的学习。中国近代以来职业教育发展模式的移植就是一个自上而下的模式建立过程。但在交往扩大的情况下，这个顺序并非固定的，在很多情况下，两个层面的学习是同步的，甚至第二个层面上的某些成员是先学习到的。这样的话，职业教育发展模式移植就不单单是一个从上而下的过程，也可能是自下而上或上下互动的过程。

职业教育发展模式移植并非模式的“全盘照搬”，而是一定模式根据不同的环境以及环境变化进行自我调适的过程，是“试错”的过程。在探索起步阶段，可供模仿学习的对象很少或基本没有，上级政府也没有出台相关的规范或政策文件，各创新者根据本地实际情况自主创新。江苏省无锡市职业教育发展模式“管办分离”变革就是通过模仿学习而扩散开来的，早期的潜在创新采纳者主要通过新闻媒体获知创新信息，后期的潜在创新采纳者主要通过对已有实践的考察、学习交流以及新闻媒体报道获知职业教育发展模式创新的相关信息，最后由地方主要党政领导做出采纳这种职业教育发展模式的决定。地方主要党政领导是实质上的模式变革决策者，地方政府是否采纳一个“新”的职业教育发展模式，取决于地方主要党政领导对该项模式变革可能产生的收益—成本的对比分析。如果收益大于成本，能够为其带来净收益，则该政府就会采纳此项模式变革；反之，则不采纳，等待观望尔后作定夺。

“模仿定律”指出，一项变革和已被接受的观点越接近，这种变革被采用的可能性越大。这就涉及变革扩散的微观机理问题，其实质是变革采纳决策过程中的认知调整过程。举例来说，地方政府在某一时刻采纳职业教育的“管办分离（成立教育局和学校管理中心，教育局管教育，学校管理中心办教育）”发展模式变革，所产生的收益主要由政治收益和社会收益两部分构成。前者表现为党政主要领导的职位升迁、声誉提高、知名度提升，等等；后者表现为地方主要教育发展指标如升学率、就学率、教育发展水平等快速增长，这是党政主要领导显示政绩的主要信号，最终还是表现为政治收益。成本主要由职业教育发展模式变革所引致协调监督和学习成本两部分。协调监督成本表现为党政主要领导排除、解决政府各部门，以及广大人民群众在新模式实施过程中的种种抵制活动所付出的努力和代价；学习成本表现为学习领会上级颁发的有关文件法规的努力，通过参观考察等方式学习其他地方的经验与教训，举办的内部讨论和各种培训等。其中协调监督的努力程度在总成本中占很大比例。

潜在的试图采纳新的职业教育发展模式的决策者的认知调整，主要通过决策者的学习—模仿过程实现。“管办分离”教育发展模式创新扩散过程中的学习—模仿主要发生在三个层面，因而形成了三种各具特点的学习—模仿机制。第一个层面是由中央到省市自上而下发布文件、颁发法规或法律，具有一定程度或完全的强制性。通过学习文件、法规，特别是上级政府召开的会议、高层领导视察谈话，能极大地改变新的发展模式的潜在采纳者的地方政府行为，更新其对变革收益的主观信念，能很快推动他们做出采纳新的模式的决策。相关配套文件法规的频繁出台也明显地推进了这一学习过程。第二个层面有两种形式：一种形式是地方政府之间的考察学习，主要表现为地方领导对新模式的模仿学习。比如说早几年就开始职业教育发展模式改革的深圳市和上海市的浦东新区，对我国其他地方政府改革职业教育发展模式都有很大的示范作用。潜在的新的发展模式采纳者通过实地调研、面对面的交流而学习，这是不同地区之间职业教育发展模式相互学习的主要形式，“示范作用”也正在于此。另一种形式是若干已开展“管办分离”的地方政府参与设立论坛或者联席会议，交流经验，旨在完善新的发展模式，属于创新性学习。第三个层面是地方政府内部学习，主要表现为党政主要领导对本地实情的调研、各职能部门的研讨、工作人员的业务培训等方面，也可以说是一个统一认识的过程。这些学习活动有助于降低职业教育发展模式创新的协调成本和学习成本。

衡量职业教育发展模式移植成功与否，有两个标准：1）被移植的职业教育发展模式是否能和现有的政治体制以及社会环境实现“耦合”。① 如青木昌彦所说，制度虽然是人为的，但并非任意设计或随意执行的产物。“只有相互一致和相互支持的制度安排才是富有生命力和可维系的。否则，精心设计的制度很可能高度不稳定。”②职业教育发展模式也是如此，比如20世纪早期，西方学校被移植到中国乡村，就因为不适应环境而经过了一段艰难时期。2）被移植的职业教育发展模式是否能被所有相关利益者（不仅包括治理对象，还包括治理者）普遍认同、认可，甚至成为某种程度的共识或价值观。实施的普遍化与作为价值的抽象化是密切联系的，只有被抽象化为价值观才能被所有利益相关者内化进他们的行动中，也才能够保持一种模式的生命力与活力。借助认知科学研究的成果，可以把“心智模式”理解为一个人的心灵在环境反馈之前对环境所做的预测与期望，在不断地与环境互动的过程中心智模式可以被修正、改进或被彻底否定，这主要取决于所做出的预期是否得到了环境反馈的检验。学习就是人类依据从环境中得到的反馈对心智模式进行修正的复杂过程。人类学习过程的特别之处就在于心智模式的修正过程是同“表征的重新描述”密切相连的。所谓“表征的重新描述”是指原先用以解决环境中某个特定问题的知识被重新安排以用来解决更大范围内的一系列问题。③ 正是由于一个地方的职业教育发展模式被证明确实促进了当地的职业教育和经济社会的发展，并且相关结果被另外一个地方的决策者接受，其价值观被职业教育活动行为者内化，所以才能对这些人的行为产生意义。易言之，一个地方的利益相关者对职业教育发展模式的接受和认可程度是决定不同地区之间职业教育发展模式移植成功的关键。

就地方职业教育发展模式移植的方式来说，激进自由主义的“休克式”战略仅仅局限于引进形式上的职业教育发展模式。但是，如前所述，每个职业教育发展模式包含的规则和制度体系有许多实现方式，这是由一个地方的文化和职业教育发展模式所依存的外部环境因素决定的。所以，区域职业教育发展模式移

---

① 从字面上来看，“耦合”并不难理解。作为物理学的一个基本概念，它是指两个或两个以上的系统或运动方式通过各种相互作用而彼此影响以至联合起来的现象，它是在各子系统间的良性互动下，相互依赖、相互协调、相互促进的动态关联关系。不过，经济学家们更喜欢用“耦合”来描述经济领域中的现象，希望通过对耦合原理的研究分析，寻找到两个或更多产业之间相互作用的最佳结合方式，使其相互促进，互为支撑，协调发展。本书在此定义基础上，认为若外来职业教育发展模式与内部环境差异较小，其耦合成本（Coupling Cost）就较低，就容易移植；反之，其耦合成本则较高，严重的时候可能会诱发发展模式的“移植失灵”。

② 青木昌彦：《比较制度分析》，周黎安译，上海远东出版社，2001年，第19页。

③ C. 曼特扎维诺斯、C. 诺斯、S. 沙里克：《学习、制度与经济绩效》，闫健译，《经济社会体制比较》，2005年第3期，第104页。

植的核心是其内涵而不是其形式,而职业教育发展模式的适当形变能够轻易地适应新的环境。

六、区域职业教育发展模式创新的学习行动

在我国,职业院校是职业教育发展模式创新的载体,它是为了因应经济社会发展对技术技能型人才的需要,也是为了适应职业教育改革的要求。地方政府建立这样的院校,就是希望它们能够培养企业和生产一线需要的技术工人,能够很好地缩短学习和工作之间的距离。带着对职业院校如何改革创新这样的问题,我们对南京工业职业技术学院、宁波职业技术学院、苏州工业园区职业技术学院、昆山花桥商务城中等专业学校等职业院校的办学历程进行了考察,再加上对中国近代以来职业教育发展历程的体认,笔者认为,组织学习这一视角能够比较好地解释区域职业教育组织的改革与发展。从组织学习的视角看,职业院校的成长路径不可能是预先规划好的,其成长是一个动态的组织学习过程,通过不断地反思和学习,总结并逐渐明确学校发展战略和路径,在前进中学会了适应环境,积累了经验,逐渐认清了发展目标,并最终把学校引导到一条快速而又可持续发展的道路上来。反映在职业院校改革与发展的实际上,即表现为"改革—失败与调整—正常发展"这样一种基本形式。而这一点与笔者对"中国职业教育发展一直是一个不断学习、纠错调整并转入正常成长的渐进过程"的判断是一脉相承的。

从分工的角度来看,现代社会的组织是为了完成某种特定任务而设置的一种机构,根据其承担职能的不同,组织有教育组织(比如学校)、经济组织(比如工厂)、政治组织(比如政府)、文化组织(比如艺术团)等之分。组织一经产生,便像生物体一样有一个不断生长和发展的过程,或由弱变强,或由小到大,或二者兼得。任何组织的成长都是一个动态过程,是一个组织根据内外部环境变化而不断进行适应性调整的过程。某种意义上,任何组织,尤其是在中国这样的外部环境极不确定的国家的组织,其成长都不可能完全依赖于预先确定的"路线图"即所谓的规划(这里并不是否定规划在组织成长中的作用,而是强调规划应该是有弹性的,应该能够因时、因地而调整),而极有可能表现为"行动—组织学习—成长"这样一种"刺激—反应"式发展路径,如图 7-7 所示。图 7-7 中有三个要件:行动、组织学习和成长。组织开展行动并从行动中获取过往经验;强调组织的反省能力和经验积累能力,以及相关经验在组织内的扩散与分享能力;在事后的行动中保留已被验证的过往的有益行动,并形成组织成长路径,终使组织健康快速成长,这一学习过程是动态的、交互式进行的。

在高度不确定性的生存环境中,"行动—组织学习—成长"是组织成长的基

本脉络，从南京工业职业技术学院、宁波职业技术学院、苏州工业园区职业技术学院、昆山花桥商务城中等专业学校的发展案例中能够看出这一点，其他职业技术院校的发展也说明了这一点。我们认为，在当前环境中，任何事先的、不切实际的发展规划都可能是纸上谈兵式的。职业院校只有行动，通过行动来体现“学中干”与“干中学”这样一种互动过程，才能真正达到可持续成长。

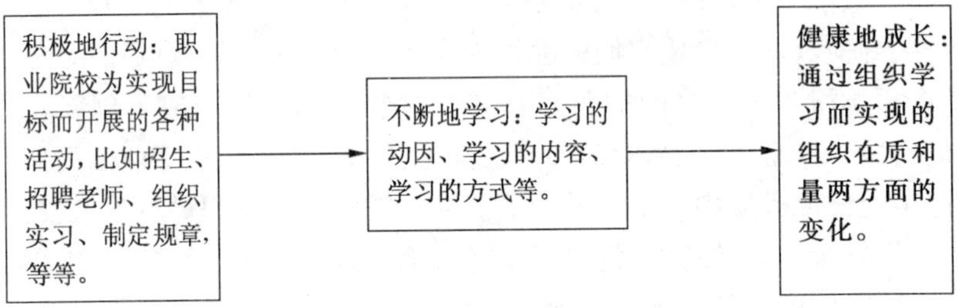

图 7-7　职业院校“行动—组织学习—成长”的分析框架

（一）行动——积极、主动、坚决地行动

从生物学上来说，行动是生物体在空间上的移动，比如一只老虎在瞬间“嗖”的一声窜出三米开外，这是生物学意义上的行动，行动对于生物的生存、成长十分重要。对于一个人或者一个组织来说，行动是个人或者组织为达到某种目的而进行的任何活动，包括外显的行动和内隐的行动。比如人驾驶、读书、步行、打球、动心思等行动，又比如组织开展的培训、招聘、促销、开会等各种活动。任何组织要成长就要行动，任何组织的成长都是积极行动、主动行动的结果，一个无所事事、没有行动的组织是不可能成长的。换言之，在人们无法对未来进行准确判断和规划的情况下，只有立马行动起来才是组织迈向外部环境并可能走向成功（也隐含失败风险）的必然选择。在这层意义上，组织行动可以看作是一个应急的过程，组织通过“干中学、学中干”，才能发现自身优势、劣势，并驱动组织成长。从理论上讲，职业技术院校是一个有着鲜明特点、明确目标的教育组织，它主要通过培养学生来获得社会的认同。为了培养学生，它将开展招生、基建、就业、实习、教学、教师培训、内部管理等一系列活动，这也是推动职业学校发展的重要途径。为了分析的方便，笔者把职业技术院校的行动大致分为内部行动和外部行动两种。

1. 外部行动。所谓外部行动主要是指组织为了获得外部资源和支持而开展的“走出去、请进来”的行动。职业院校是一种教育组织，它的运行需要资源，而这些资源几乎都存在于学校的外面，经费需要政府划拨、企业支援，师资需要对外招聘，学生实习需要对应的外部企业接受等，这些都需要职业技术院校走出去，采取主动的、积极的行动，获取组织发展的各种资源。南京工业职业技术学院、宁波职业技术学院、苏州工业园区职业技术学院、昆山花桥商务城中等专业学校到相关科研院所的走动、与政府的联动、与企业的互动就是比较典型的外部行动。比如宁波职业技术学院早在转制升格的时候,就与上海市教育科学研究院职业技术教育研究所建立合作关系,由职教所为宁波职业技术学院提供高职理论和教学方面的指导。另外,宁波职业技术学院面向全国知名高校、企业和研究机构延揽了30多位具有高级职称的人才担任系、部主任和学科带头人,初步形成了一支以教授、专家为主体的教学管理队伍。1999年,宁波职业技术学院创办机械系,可是创办机械系所需要的所有资源几乎都缺乏,师资、设备、厂房等都没有,怎么办?显然,等是等不来的。宁波职业技术学院领导把眼光放到校外,决定利用校外的丰富资源。经过几次碰壁以后,他们调整策略,首先取得学院所在地方政府的认同和支持,继而在政府牵线搭桥下,与当地有实力的企业联合办学,由企业提供车间、设备和专业教师。甚至系主任也由企业总工程师担任,教学目标、教学内容由学校和企业共同决定。同样,南京工业职业技术学院、苏州工业园区职业技术学院、昆山花桥商务城中等专业学校等也通过"走出去、请进来"的外部行动,积聚了成长的资本,明确了学校办学的定位,拓宽了职业院校办学的渠道,为学生开辟了就业的空间。

2. *内部行动*。就是职业院校内部的管理活动,是指围绕提高教育教学质量而开展的一系列内部管理活动,包括组织架构、建章立制、设定程序等。比如宁波职业技术学院开展的人事制度改革就是比较典型的内部行动。第一,宁波职业技术学院着力构建"小行政、大教学"的管理运行机制,精简院级行政机构,组建了行政、教学、党群三大办公室。第二,实行全员聘任制,公开岗位,竞争上岗,加强岗位意识,明确职责,设立了重大问题24小时内回复的"直通车"制度,实行合约管理,强调依法办事。第三,打破福利型分配制度,承认差别,强化多劳多得、责权利统一的分配观念。在分配政策的制定上向教学科研第一线、高层次人才和工作业绩突出的人才倾斜,尤其注重对某一领域有突出成果人员的奖励。学院还建立了督导制和教学质量动态考核制,加强教学常规管理。学院还相继开展了订单式教学和项目化教学活动。

学校组织的核心职能是培养学生,所以教育组织的一个重要的内部行动是对学生的教育活动。南京工业职业技术学院、宁波职业技术学院、苏州工业园区职业技术学院、昆山花桥商务城中等专业学校等院校为了培养学生的自信心,要求班主任老师指导每位学生制定自己的职业生涯规划,明确自己的学习和人生目标;还在校园里面建立学生创业街,让学生熟悉创业流程、提高创业能力。

总之,一个成长型的组织,必定是一个行动着的组织。一所成长型的职业院校,必定是一所丝毫不放松行动的学校。

（二）学习——持续、高效地学习

1. 组织学习。虽说“凡事预则立、不预则废”，组织成长需要一个发展方案来引领，需要一个未雨绸缪的蓝图来鼓舞员工，比如几乎每所职业院校都制定中长期发展规划，勾画蓝图、描绘愿景、鼓舞士气。但是，组织发展作为一个自发过程，其发展方案制订不会是一个严格的计划过程，实际上是一个通过行动并在行动中不断学习的自我调整和总结的过程，是一个“事后诸葛亮”的过程。在这一行动且学习的过程中，制订方案和执行方案的界限变得模糊不清、难辨彼此，是一个不断地制订、不断地调整、不断地执行的过程。组织学习过程更多地表现为集体学习，领导的作用不再是预想一些深思熟虑的东西，而是管理组织的学习过程，并在管理学习过程中寻找可能出现的发展方向、发展思路、发展策略。组织学习是形成组织竞争优势、提升组织业绩和增强组织创新能力的重要来源。组织学习为提升组织应对外部环境变化能力，进而调整并改变组织既有规则和战略等提供了基础。可见，组织学习能力是提升组织绩效的重要方面。学习是获取知识的过程，也就是说学习发生在知识取得、分享与使用的过程中，组织学习所涉及的层面包括：向何人学？在何处学？如何学习？

组织学习的来源主要包括两个方面：一是榜样组织和可编码的“共有知识”，对于职业院校来说，榜样组织既可以是做得好的院校，也可以是企业、政府机构、社会组织等；二是组织自身的过往体验并形成组织“内含知识”积累，每一个组织的成长都不是一朝一夕实现的，成长的每一个结点都是经验。在组织管理中，组织学习可以被描述为“向其他榜样组织看齐”，即从他组织成功经验和教训中来看待自身的成长。这是一条最为简单的学习路径，成本最低且收益可能最高。但是，组织不同于个人之处就在于，组织是一个资源的集合体。而任何一个组织的竞争优势，都来自于该组织自身所拥有的资源及资源特质，组织资源特质包括资源具有价值、稀缺性、难以模仿或复制、没有替代品，并能为组织带来持续的盈利等，它导致了组织长期竞争优势。资源的综合运用产生了组织的长期竞争优势。当一个组织向其他组织学习时，它所能得到的可能是有关组织管理的共有知识（指那些可用正式语言等进行编码并系统化、能被传播的知识），而非独特的组织经验，特定组织的经验是难以通过向其学习得到的。这就引致了组织学习的第二个源泉，即从组织过往的经验中学习。组织学习的根本在于通过组织自身的经验积累而不断地纠错与完善自身，其中“干中学、学中干”是组织学习的基本方法。譬如开发一种新课程，引进一项新技术、新方法，或者改造职业院校的组织机构，推行新的管理制度，都需要学校更新原有知识，吸收或创造出新知识。可以说，职业院校的每一项进步都是通过学习实现的。我们认为管理不可避免地要与过去经历中留下印象的过程密切相关，即使强调“思考和规划必须在行动之前”，这个规划也是在吸收以前经验基础上的规划。因此，组织学习行为可以描述为：首先是行动，没有行动，就不可能有过往经验的产生，也就不可能有积累；其次是经验总结和积累，即通过总结找出影响行动结果的重大因素，找寻组织运行的机制，辨明组织本身的“优势和劣势”；再次是保留有益的行动，并总结出组织成长中关键且有效的路径，正式形成组织成长策略。

2. 组织学习方式和举措。从组织学习过程及经验积累和分享能力看。职业院校组织学习的方式和举措主要有：第一，主要领导及其团队就学校走过的历程进行深入全面回顾、反省、研讨和剖析，并就其办学定位达成共识。比如宁波职业技术学院的领导们在建校伊始就基于对国内外职教发展经验的总结完成了对自身的定位，即学院的主要任务是培养高级技术应用型人才，其总的目标是为生产、建设、管理、服务一线输送具有综合职业能力和全面素质的高等技术人才。第二，学院领导、管理团队、教师到兄弟学校、企业、国外相关机构进行参观学习，借鉴、吸收并消化成功经验。比如宁波职业技术学院每年用于鼓励和支持教师到高校和企业进修培训的资金近百万元。第三，学院领导成员与学校管理团队积极参与学校以及各类型职业教育发展和改革议题的各种讨论会。第四，设立董事会、专业指导委员会等各种机构，通过这些机构吸收校内外人士参加，积聚各种信息和技术，并对其进行深入分析和吸收，组织学校教职员工就学院定位等问题进行讨论和意见收集、反馈。第五，聘请知名专家为学院发展顾问（比如宁波职业技术学院就聘请中国科学院院士、中国工程院院士、著名教育专家、教育行政部门退休领导为学院发展高级顾问），对学院发展战略进行研讨和咨询，通过咨询和内部沟通，就学校未来发展战略达成共识，并在学院内部进行大力宣导、沟通、反馈与修正。第六，为适应学院发展需要，借鉴其他企业组织架构和有效治理模式对学院进行深化设计、组织实施。第七，选择学院内部在教育教学方面成绩突出的二级学院（比如宁波职业技术学院的海天学院）作为典型样本，组织其他二级学院管理团队就成败得失进行相互学习、经验交流，促成其经验在组织体内的扩散和分享。第八，通过制定和修订学院章程、董事会议事规则以及其他规章制度，形成良好的董事会决策机制和决策程序，规范学院教职员工、学生的行为，加深师生员工对学院发展愿景的认知和理解，增强他们对学院的认同感，等等。

3. 领导者个人学习对院校成长的影响。“学习是有机体中普遍存在的适应环境的手段之一”①，但是，学习至少可以分为个人学习和组织学习两种类型。前者属于教育学和心理学的研究领域，着眼于新知识与旧知识的融通而实现个

① 中国大百科全书总编委会教育编委会编：《中国大百科全书（教育学）》，中国大百科全书出版社，1985年，第441页。

人内化的认知过程。后者则属于社会学和组织学的研究领域,更关注学习的动机与动力、学习的效果及其对学习行为的影响。

组织作为一个虚拟"人"是不会学习的,组织学习本质上是针对组织内部的个体或群体而言的;组织学习又不等同于将组织内部每个个体集中起来进行学习,而是指透过组织内部个体间的交流与互动、共同解决组织面临的复杂问题等所形成的组织学习氛围,它将组织个体的学习行为集聚为组织的群体经验并内嵌于组织之中,形成组织记忆。个人作为组织学习的最小细胞和学习型组织中的重要主体①,组织中每个领导者、管理者和员工的学习行为和能力对整个组织的学习能力和学习型组织的建设都有重要影响。职业院校的学习过程也大体会经历接触、接受、融会和创造性转换等阶段。在这一过程中,发挥关键作用的分别是以学院领导者和部分管理者身份参与其间的群体,他们以个体化的学习方式生成自身的认知变化,再经由管理活动而使习得的知识演化为更具制度形态的结果。领导者是职业院校战略方向和组织系统的决策者和设计者,领导者个人学习能力对整个学院在复杂变化环境下的可持续生存和健康和谐发展至关重要。我通过观察分析发现我国职业院校领导者的整体学习能力属于较强水平,按照从大到小的顺序,这 8 种学习能力依次为反思、获取知识、选择、推广、执行、发现、输出知识和知识管理能力。职业院校领导者个人学习能力对组织创新和组织绩效确实具有显著影响关系,这说明职业院校领导者个人学习对组织的可持续生存和健康和谐发展非常关键。

4. 重视组织学习成本问题。在这里需要强调的是有关组织学习中的学习成本问题。组织学习要承认并有能力承担学习成本。如前所述,组织在行动之前难以形成组织未来的"长远规划"。因此,先期行动、试错并承担风险损失在某种程度上就应当成为组织管理的常态,能被利益相关者所容忍。但从管理层角度来看,学习、试错并承担风险损失并不能成为组织不成功的借口,任何学习都要强调组织目标的最终实现——形成组织核心竞争力并将其转化为组织长期可持续的价值增值能力。组织学习应在潜意识中比较"学习成本"和"学习收益"间的关系,努力确保收益能吸收、消化成本。

在这里,学习成本是指组织学习过程中所发生的各种成本和代价,包括因发展方案不当、管理失败等原因所产生的直接或间接损失,以及组织纠错和自我修复过程中所花费的各种管理成本等,比如一些职业院校因为工作方案不当而延误了学院的发展就是学习成本。假设,聪明的管理者不会在同一件事上犯同样错误,因此学习成本会随着学习不断深化而逐步降低。学习收益则是透过组织

---

① 陈国权、李赞斌:《学习型组织中的学习主体类型与案例研究》,《管理科学学报》,2002 年第 4 期,第 51 - 60 页。

学习与创新而给组织带来的价值增值,它要求组织管理者在学习过程中,必须始终将目标锁定在"职业院校核心竞争力培植及持续增长的价值增值能力实现"这一目标上。学习收益直接或间接表现为:1）触发变革。通过学习成本的付出,进而触发组织反省并谋求组织变革,从而为未来发展谋求新的机会和动力。2）形成组织发展战略构想。通过学习积累,逐渐形成相对清晰的组织战略、管理思路。3）整合并高效利用资源。组织在学习和整合、利用资源的经验方面,主要体现在以下要点上:1）更加有效地将资源集中在战略焦点上;2）通过从经验中汲取知识和借用其他组织的资源来更高效率地积累资源;3）将某些资源转化到对组织的核心业务中去(如宁波职业技术学院通过后勤社会化改革而将更多资源集中在学院教育教学领域等),从而创造更高效益等。由此可见,组织成长就是组织学习的过程,是一个"学习成本产生—学习收益实现"的交互过程。

（三）成长——健康、可持续地成长

组织行为学认为,学习的过程是学习者的行为逐渐得到改变的过程①,任何学习都要强调组织目标的最终实现——形成组织核心竞争力并将其转化为组织长期可持续的价值增值能力。行为的改变以及组织核心能力形成的过程就是成长。成长是指随着时间的推移向着圆满成熟的生长,在量化的方面如身高的增长、经济的增长,或抽象的基础上更加注重积极面的生长,如一个系统变得更加复杂、生物体变得更加成熟完善。所谓组织成长系组织在其所处的社会环境中维持生存和繁荣的能力,而作为职业学院的成长主要反映在量和质两个方面的变化。之所以叫成长,在量的方面表现为学校办学规模的稳定增加,比如说校园面积的扩大、在校生数量的增加以及学校层次的改变(比如由中等职业学校升格为职业技术学院、由专科升格为本科)等,在笔者看来这些都是学校组织量的变化,这种成长虽然在某一时段是必要的,但这不是组织成长的全部,甚至不是组织成长重要的组成部分。我认为组织成长的重要一点是质量的提高,和普通学校主要评价学生的学业成就高低不同,职业院校评价学生主要看其是否适应当地经济社会发展的需要,是否是有动手能力、个性化和普遍化相结合的实用性人才。具体说来,职业院校在质的方面主要看学校之于"人"的成长的帮助和支持有多大,这个"人"包括教师、学生以及其他学院人员。一所好的职业院校成长理应包括教师的成长,当然更重要的是学生的成长,正如宁波职业技术学院坚持的学院一切工作都是为学生服务的;同时,学生的一切表现,又检验着学生的成色。

综上所述,通过对南京工业职业技术学院、宁波职业技术学院、苏州工业园区职业技术学院、昆山花桥商务城中等专业学校等职业院校从小变大、从弱变强

① 周雪光:《组织社会学十讲》,社会科学文献出版社,2003 年,第 174、177 页。

过程的观察,可以说组织学习贯穿职业院校变革过程的始终,这里有几点需要再强调:1)职业院校之所以不断学习的压力和动力均来自于外部环境的不确定性和独特知识的不可传播性;2)职业院校组织学习过程使得其发展方案的制订与执行之间不再存在明确的界限,二者是一个交互存在过程(不存在彼此先后顺序);3)职业院校的组织学习不单纯强调领导和管理层的学习与反省,更强调全院上下都要学习,学校要营造一种浓厚的学习氛围;4)职业院校的组织学习不仅是主动地从成功经验中学习、深化和总结,而且也要从失败中学习;5)职业院校管理行为的过程,遵循着"既有的行动—学习与总结—战略形成与再行动"这样一个路径,其本质在于为职业院校的健康成长培养创造、积累、利用知识的能力。

七、区域职业教育发展模式创新的社会资本

在《国家中长期教育改革和发展规划纲要(2010—2020年)》里有这样一句话,即要"支持一批示范性职业教育集团学校建设,促进优质资源开放共享"。由此可见,决策部门,起码是规划纲要的编写者们,认为职业教育集团是职业教育发展的一种值得鼓励和支持的形式。虽说如此,但是迄今未见比较深入的有关为什么要建设以及如何建设职业教育集团的解释。已有的关于建设职业教育集团的优势以及如何建设的论述大多集中在优势互补、资源合理利用、政府主导等方面,这些说法有道理但又似乎显得过于简单,也过于笼统了。试问难道不是职业教育集团就不用讲究优势互补、资源合理利用了吗?显然不是,那么职业教育集团到底指的是什么?为什么非要搞职业教育集团呢?如何建设职业教育集团?等等,这些问题都值得深入思考,如果这些问题得不到解决,职业教育集团建设就是一句空话。为了论述如何建设职业教育集团,就必须先界定职业教育集团是个什么东西。从构成上来看,职业教育集团是大量独立的、关联密切的职业院校与相关组织机构在一定地域范围内的集聚,从而形成的优势互补、充满活力的组织联合体。职业教育集团应该是职业教育与行业、企业、政府机构长期相互作用的结果,是职业教育自身发展的需要,不是临时拼凑的,也不应该是"乔太守乱点鸳鸯谱"的结果。具体说来,职业教育集团就是一个由若干组织基于某种机制的紧密联合体,这些组织包括职业院校、企业、培训机构以及政府机关等。构成职业教育集团的组织彼此相对独立,它们优势互补,存在相互之间交换各自缺少而对方拥有的资源的动机和诉求。在现阶段,职业教育集团内部组织成员应该在一定的地域范围内,彼此相距不能太远,太远了交流互动的成本就高。正常情况下,聚集在一个地理区域范围内的职业院校及其他组织机构为了各自的发展必定会有交流、合作的需要,尝到甜头的组织间合作也必定有从松散联系到紧密联系的要求,这种抱团发展的要求是职业教育集团成立并不断发展

的坚实基础。当然,仅仅有了这个"想要结合"的基础还不行,职业教育集团建设还需要一些条件。就现实中组成职业教育集团的职业院校、企业、政府机构、社会团体的发展来说,不仅需要经济资本(投入、财产等)、政治资本(政策支持),也需要社会资本。作为一种新的概念和分析工具;社会资本产生于20世纪70年代末的法国,流行于20世纪80年代中后期的西方学术界,于20世纪90年代得到国内社会学界的强烈关注并产生了大量的研究成果。目前,社会资本尚未有一个公认的定义,不同学者从不同角度对社会资本进行研究,较有代表性的包括从社会信任、社会规范、社会资源与社会地位、社会参与、社会关系网络,以及社会网络与社会支持的角度进行研究。

从职业教育集团持续发展来看,它需要社会资本,社会资本也能解决职业教育集团发展过程中经济资本不能解决的问题。社会资本就是职业教育集团内部各成员(组织及其组成人员)建立起来的以信任和特有交往规则为内涵的和谐的社会关系网络。① 职业教育集团利用外部关系网络获取社会资源,运用内部关系网络使获取的社会资源产生效益,通过促进职业教育集团内部各组织的发展来带动职业教育集团整体的发展。从理论上分析,职业教育集团内部各组织成员之间建立在互信、双赢基础上的良好关系,肯定有利于职业教育集团内部拥有不同资源的组织间的人才流动、信息和知识交流、设施设备的共享,这必定为职业教育集团内的企业、社会组织的技术创新和产业化、生产流程更新和人力资源能力的提升提供便利的条件,也必定助益职业院校基础能力和服务经济社会发展能力的提高,毕竟以职业院校为核心组建的职业教育集团,其目标之一是促进职业教育自身的可持续发展。

（一）社会资本能够促进职业教育集团内部组织间的彼此合作

职业教育集团社会资本,即职业教育集团内部各组织之间基于相对平等地位基础上建立的沟通网络,有力地保障了职业教育集团内部各组织成员之间的互惠互利。无障碍的信息交流、交换可以有效地减少各方为达成各自目标而开展合作可能带来的交易成本,也即社会资本因素降低了职业教育集团内企业与职业学校、职业学校之间、企业与企业之间、职业学校与政府机构之间合作过程中的成本和交易失败的风险,提高了合作交流的效率,从而推动了职业教育集团内部职业院校和企业的共同发展。除此以外,社会资本影响和推动职业教育集团的成长还表现在以下几个方面:1）社会资本影响职业教育集团的区域布局。职业院校所处的区域社会环境决定该地区的社会资本的初始存量,在其他条件不变的前提下,职业教育集团倾向于在具有较高的社会资本存量的区域中建立,

① 庄西真:《学校社会资本论》,《教育研究与实验》,2004年第3期,第15-19页。

因为区域社会资本存量的大小影响着职业教育集团的生存和发展。从目前的情况来看,在一个地区成立职业教育集团,首先是这个地区一定要有若干职业院校、企事业单位且其间的空间距离不能太远。其次是这些组织之间有一些主动和被动的交流。职业教育集团创立伊始组织间的交流是稀疏的,随着交流合作的日趋频繁,社会资本不断增加,社会资本的不断增加,反过来又促进了集团的发展。2) 社会资本的多寡影响职业教育集团发展的速度。在我国,职业教育集团建设的说法也已经有几年了,但是纵观各地已有(文件上)职业教育集团,发展得比较好的不多,不注重社会资本的积累当是其原因之一。实际调研发现,一方面,在其他影响因素恒定的情况下,社会资本越多,职业教育集团的发展也就越快;另一方面,一定空间内组织之间的社会资本越多,意味着各组织之间联系就越紧密,交流就越频繁,也必将降低职业教育集团内部组织成员之间的交换成本,促进各个组织的发展,进而促进职业教育集团的发展。3) 社会资本大大促进了职业教育集团内部的信息流动。组织管理学认为,组织内部激励相容("激励相容"理论假设在市场经济中,每个理性经济人都会有自利的一面,其个人行为会按照自利的规则行为而行动,在这种情况下,设计出来的一种使行为人追求个人利益的行为,正好与组织实现其价值最大化的目标相吻合的制度安排,在这里,行为人既可以是个体的人也可以是组织本身)的治理结构是防止信息不对称的手段,但是职业教育集团的规模总是有限度的,它不可能无限制地通过增加成员数量实现纵向一体化和横向一体化,签署正式的校企合作合同,通常是用来防止职业教育集团内部组织成员之间信息不对称所带来的危害,但实践证明,合同不是万能的,它本身就是在信息不对称的前提下签订的,具有不完全性。而基于信任、合作基础上的社会资本,有利于减少合同的不完全性,是克服职业教育集团信息不对称的有效手段。

社会资本有助于加强集团内各行动者的联系,促进他们之间的彼此了解,增加合作各方对持续合作的预期。因为职业教育集团存在社会资本的缘故,致使职业教育集团内部总体信任程度高,各组织借助网络结构就有可能获得可靠信息,而不是谣言,这就降低了在职业教育集团情况下,各单个组织搜寻合作伙伴和获得有用信息的成本。众所周知,如果信息公开透明、传递通畅,合作双方中的任何一方的机会主义行为就极不容易隐瞒,一旦曝光将使其遭受被孤立的危险,这就降低了将要合作的组织之间签约而不履约的风险。假设一个职业教育集团缺乏社会资本,集团内部合作主体之间很少联系,彼此缺乏信任,而互相欺骗成为正常现象,集团内部组织成员就必须花费大量的时间和财力甄别信息的真假,以确定对方适合不适合合作。为了合作而又防范对方的机会主义行为,合作双方就必须不断地讨价还价,从而增加了交换的费用,这样的职业教育集团注定是不会长久的。信任是交易与合作的基础与纽带,作为社会资本主要表征的信任大大促成并润滑着职业教育集团内部各方的交换合作。总之,社会资本促使职业教育集团内各组织成员之间建立了一种长期的信任关系,这种信任关系会促进职业教育集团内各行为主体长期而深入的合作。

(二) 社会资本能够促进职业教育集团内部组织间知识的转移

知识是组织起来的、系统的信息集合。当今社会,不仅个人发展需要一定的知识,组织发展也需要知识,知识是一个组织"基业长青"的重要条件。我们会经常被一种现象迷惑,就是因何同样类型的组织和不同类型的组织之间,在发展速度和发展质量上会有不同,一个组织(比如一所学校、一个工厂)比另外的组织表现得会更优秀一些。细究起来大半是因为发展势头好的组织既能够充分吸收、消化组织外的知识,又能够充分调动蕴藏在其组织内部各成员内心深处的个人知识,从而占尽组织知识之先机。分散的组织对其外部知识的搜寻整理需要大量的成本,作为紧密联系的职教集团有利于内部不同类型组织之间互相有效地学习、模仿、吸收、归纳、整理和转移既有(包括创新)知识,知识的便利转移和充分利用是职教集团得以建立并发展的原因之一。知识的转移涉及组织内部不同类型知识的转化以及组织间知识的转移。

知识是分类的,根据知识能否清晰地表述和有效地转移,有的学者把知识分为显性知识和缄默知识。因为笔者接触的资料使然,本书采用形式知识和暗默知识的划分。所谓形式知识就是以文字、数字、声音等形式表示的知识,也即能够明确表达的知识。它是以数据、公式、图形、磁带、产品说明书或手册等形式进行表征的,同时这些形式也可以与别人分享。一个人的形式知识可以很方便地用某种方式传递给他人。暗默知识属于看不见摸不着的知识,很难被明确表述出来。暗默知识具有高度个人化、难于形式化的特点。通过人与人之间交流来分享暗默知识不是一件容易的事情,因为它深深地植根于行动者的行为之中,受个体所处环境的约束,如某个人拥有的某种专长、技术,某个工作小组或团队的业务活动等,这一点在从事手工业的一些工匠身上表现最为突出。日本著名知识管理专家野中郁次郎等人在分析了日本企业的运作过程后认为,暗默知识与形式知识是可以互动转化的,而且转化是一个永无休止的循环过程,在此基础上他们提出了知识转化的四种模式,简称为"SECI"模型:1)共同化(Socialization),是从暗默知识到暗默知识的过程,是一个人通过创造共有心智模式不经语言直接从他人那里获得暗默知识的过程。传统学徒制中学徒工与师傅一同工作,不用语言而凭借观察、模仿和体验便可学得技艺就是这样的道理。野中郁次郎等用"共同化"一词主要是想强调暗默知识的交流在当今社会(现代化的企业和职业院校)是通过组织或团体成员的一起活动来进行的。2)表出化

(Externalization),是将暗默知识表述为各种概念、原理、命题的过程。它采用比喻、类比、概念、假设或模型等形式将暗默知识明示化,是知识转移过程的关键,因为知识的发展过程正是暗默知识不断向形式知识转化和新的形式知识不断生成的过程。3) 联结化(Combination),是一种把各种概念、原理、命题综合成知识体系的过程。这个知识转换过程包括将不同类型的形式知识彼此结合,个体通过用文件、电话交谈或计算机网络等媒介将知识联结在一起。通过对形式知识的整理、增添、结合和分类等方式可以催生新知识。在职业学校里(在任何学校里),通过课堂教学的方式所进行的知识传授即是教师掌握的形式知识转变为学生掌握的形式知识的过程。4) 内在化(Internalization),是把形式知识体现到暗默知识之上的过程。经过共同化、表出化和联结化三个过程的体验,把形式知识以共有心智模式或技术诀窍的形式内化到个体的暗默知识结构内,这些体验此时变成了有价值的资产。内在化意味着新创造的形式知识(组织知识)又转化为组织中其他成员的暗默知识。经过这样的过程,新知识得以在组织成员间传播。组织中的成员接收了这些新知识后,可以将其用到工作中去,并创造出新的暗默知识。内在化与通过做事来学习密切相关,是一个"做中学"和"用中学"的过程。这四个模式互为一体、相互转化,共同构成组织知识创新与积累的机制。①

上面讲了同一组织内部不同类型的知识之间的转化,单纯依靠一个组织的知识是远远不能够满足组织对新知识的需求的,一个组织还需要从另外的组织那里获取知识方能保证自己的发展。职业教育集团内部不同组织成员之间会有一个知识创新和传播的网络结构,不同的组织作为相对独立的行为主体成了这个网络结构上的一个个节点。各个节点之间的关系链条,既是知识、信息传递的通道,又是知识、信息在扩散过程中价值增值的链条。这个错综复杂的网络上的每一个节点与其他节点之间会发生直接或间接的关系。各个节点之间的关系有些是可以明显地观察到的,有些是无法直接观察到的,前者是显性关系,后者是隐性关系。能够观察到的节点之间流动传递的是可以编码的形式知识,不能观察到的节点之间流动传递的则主要是暗默知识。

职业教育集团内部组织间的知识转移可分为"三个层次、五种模式"。"三个层次"的第一层次是构成职业教育集团核心的组织——企业与职业院校之间的知识转移。第二层是职业院校、政府部门、支撑服务机构之间的知识流动。职业院校和政府部门主要从事知识创造、人才培养、提供管理和技术服务等,包括行业协会在内的社会组织,主要负责职业教育集团建设和发展过程中必需的支撑服务和协调活动。第三层是职业教育集团与其外部组织之间的知识转移,实

---

① 竹内弘高、野中郁次郎《知识创造的螺旋》,李萌译,知识产权出版社,2006年,第3页。

际上这三个层次的知识转移往往是搅和在一起的。

这里所谓的知识转移模式是指职业教育集团内部各组织成员之间一种结构性的联系，尽管可以从许多方面来理解和分析组织间的知识转移，但职业教育集团内部组织之间的知识转移大致有下面五种模式（见图7-8）：第一是两个组织之间的知识转移模式。虽然职业教育集团一般都有若干个不同类型的组织构成，但是集团内部基本的联系方式仍然以两个组织之间的关系为主。通常情况下，知识的转移是两个组织之间由于各自的需要而进行的。这种模式主要特征是横向水平上的直接联系，往往需要借助正式的契约关系。第二是第三方促进的知识转移模式。当职业教育集团内部两个组织不能发生直接的关系而彼此又互相需要的时候，就须要借助第三方——中介组织发生关系，通过第三方的媒介作用促进知识的转移。第三是多个组织之间的知识转移模式：职业教育集团内部三个（包括三个）组织聚集到一起形成一个联合体，各个成员共同努力促进彼此之间的知识转移。第四是集团外部力量推动的知识转移模式。有时候职业教育集团内部组织之间不发生知识的转移，但这不等于它们不需要新知识。这些新的知识需要集团外部组织提供，由集团外部的组织在职业教育集团内部推介某一些知识，促进外部知识（比如新技术、新工艺、新方法）在集团内部组织间流动。第五是职业教育集团内部组织之间知识转移的虚拟模式。现代信息技术的发展为职业教育集团内各个组织之间建立虚拟的联系提供了物质基础，集团内部各个组织通过现代信息技术（比如局域网）联结在一起，实现了“远程在场”的效果。计算机网络使每个组织都能即时得到技术和信息服务。需要强调的是上述五种职业教育集团内部组织间知识转移的模式本身无优劣之分，在一个职业教育集团内部的组织之间知识转移可能同时具有这五种不同的模式，其差别主要表现为知识转移的通道或者媒介不同。无论是何种模式，知识的转移都是职业教育集团内部组织成员之间的互动学习。

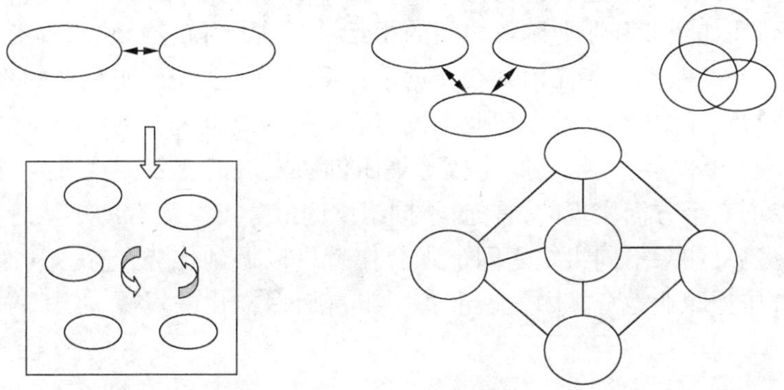

图7-8　职业教育集团内部组织间知识转移模式

"三个层次、五种模式"知识转移的结果是,组织间具有较强的信任关系和具有大致相同的价值规范的职业教育集团内部企业与职业院校之间、企业与政府机构间、职业院校之间知识转移的数量与效率都要明显地高于处于"孤立"状况下的企业、职业院校。从社会资本的角度看,职业教育集团的优势是集团内部组织间频繁无障碍的互动过程,促进了集团内部组织间知识和技术的快速有效流动、转化、扩散与应用。

(三)社会资本能够促进职业教育集团内各组织的集体学习

职业教育集团内部组织之间能够转移的知识,只有被各组织吸收、消化变为组织自己的知识才能发挥其促进组织发展的作用。这个转变过程就是集体学习。所谓集体学习是指在组织中形成进一步发展的共同知识基础,是组织在解决面临的技术和发展问题时开展的各种活动,是组织不断努力改变自身以适应持续变化的外部环境的过程。① 集体学习作为知识在空间中流动的工具,是社会行动主体之间各自积累的知识自由转移的过程。与传统的学习理论强调个人作为学习的主体不同,集体学习强调组织和群体作为学习的主体;强调集体成员的相互沟通与交流,在协作互动中促进集体目标的实现;强调个体在团队中不再是被动地接受知识技能,而是发挥各自特长去主动寻找解决问题的方法。集体学习虽然是从个体学习中借鉴的,但它不是一个组织或者群体内部个人学习的简单相加,而是一个"一加一大于二"的知识增生过程。集体学习的方式有很多种,诸如培训、书面交流、召开会议、有技巧的讨论、树立榜样、反思与反馈,等等。以职业教育集团为例,集体学习就是职业教育集团内部组织的知识积累、新知识的产生过程以及接受其他组织知识的过程。依靠每一个组织共同的规则与程序,使得组织内部的个体可以统一行动,进行集体学习。职业教育集团内的集体学习分为组织间集体学习和组织内集体学习。组织内的集体学习发生在组成职业教育集团的组成员内部,比如职业院校里面的集体学习、企业里面的集体学习。组织间的集体学习分为两种类型:一是职业教育集团内部不同组织之间的集体学习,比如企业和职业院校之间的相互学习、职业院校与政府机构之间的相互学习;二是职业教育集团内部存在竞争关系的同一类型的组织间的集体学习,比如企业与企业之间的学习、职业院校与职业院校之间的学习。通常说来,异质性组织间的集体学习是推动职业教育集团创新发展的有效因素,这种推动作用是通过以下三个方面实现的:首先,不同组织间的学习交流有助于认清各自存在的优势、劣势,如果不同组织之间加强合作就可以做到优势互补。其次,不同组之间的合作为职业教育集团发展准备了丰富而多样化的资源,尤其是各种类型

---

① 庄西真:《行动、组织学习与职业技术院校的成长——对宁波职业技术学院的初步观察》,《职教论坛》,2011 年第 21 期,第 18 - 22 页。

的知识资源。在发展进程和发展意识参差不齐的前提下，率先创新的组织往往能给后来创新的组织提供必要的技术支持。再次，由于改革创新建立在职业教育集团内部异质性组织的良好沟通上，不同组织的需求是相对明确的，从而可以保证其各自皆有良好的发展前景。在职业教育集团中，不同组织间的集体学习可以设计多种形式，比如互相派遣工作人员提供咨询、接受有针对性的培训、组建联合工作组，等等。职业教育集团内部组织间的集体学习之所以发生，很大程度上依赖于职业教育集团拥有的社会资本，也即组织与组织之间、人员与人员之间基于充分了解和信任基础上的密切联系。正是由于这样的联系既可以拉近组织间的距离和克服组织文化不同所带来的隔阂，也可以克服不同组织间以及组织内部知识获取和传播的障碍，职业教育集团内部各层次、各种方式的集体学习才得以顺利开展。

回过头去看，虽然不能说我国职业教育集团的发起完全是基于一定的社会网络，起码职业院校或者企业等组织的领导者之间的社会网络是职业教育集团兴起的因素之一，遵循从组织管理者之间的个人联系到组织之间结合的路径。从对类似职业教育集团的组织以及已有的职业教育集团的成长来看，社会资本既促进了职业教育集团由初始状态逐渐向纵深发展，也能保证职业教育集团内部组织成员由联系不密切的松散结合阶段向联系密切的紧凑结合阶段演化，即有关的法律法规等成文的正式制度和建基于血缘、亲缘、地缘之上的声誉机制、信用观念等非正式制度的双重约束确能使职业教育集团内各组织间建立彼此信任，有助于职业教育集团内各组织机构由被动合作向主动合作转变。从这个意义上我们说，社会资本能保证职业教育集团内部组织的合作由浅入深、由单一方面的合作深入到全面合作，并促使职业教育集团由萌芽状态向深入阶段转化。

最后，还要说明的是，社会资本不会自动产生，它也需要不断地培育和积累①，职业教育集团（或者区域政府机关）内部组织间、个人间通过各种形式的互动、交流、参与，以此加深彼此之间的了解、依赖和信任，在这个过程中社会资本也会越积累越多，社会资本的增加和职业教育集团的建设是一个相互促进的关系。

---

① 庄西真：《论学校社会资本的生成机制》，《当代教育科学》，2008 年第 12 期，第 9 - 14 页。

参考文献

1.《贵州将振兴特色食品产业》,新华网贵州频道,2011 年 2 月 12 日。

2. 贵州省人民政府办公厅:《贵州省“十二五”民族医药和特色食品及旅游商品特色产业发展规划》,《贵州省人民政府公报》,2011 年第 5 期。

3. 付小庆:《从适应性需求原则看我国职业教育专业设置出现的问题及建议》,《广东技术师范学院学报(社会科学版)》,2011 年第 2 期。

4. 易志军:《高职院校应围绕产业结构调整专业设置》,《中国校外教育》,2009 年第 11 期。

5. 宣春霞:《地方高职院校专业设置与区域产业升级对接实践分析——以健雄职业技术学院为例》,《经济与社会发展》,2011 年第 12 期。

6. 道格拉斯 · C. 诺斯:《制度、制度变迁与经济绩效》,杭行译,上海三联书店,1994 年版。

7. 包艳:《从“背离”到“互构”:制度实践的行动逻辑》,上海三联书店,2011 年版。

8. 王建廷:《区域经济发展动力与动力机制》,上海人民出版社,2007 版。

9. 汪曙霞:《改革开放中的地方政府:厦门变迁 30 年标本考察》,上海人民出版社,2009 年版。

10. 黄季焜:《制度变迁和可持续发展:30 年中国农业与农村》,上海人民出版社,2009 年版。

11. 乔治 · 马丁内斯-维斯奎泽、弗朗索瓦 · 瓦利恩考特:《区域发展的公共政策》,安虎森等译,经济科学出版社,2013 年版。

12. J. 罗杰斯 · 霍林斯沃思、罗伯特 · 博耶:《当代资本主义——制度的移植》,许耀桐译,重庆出版社,2001 年版。

13. 保罗 · C. 莱特:《持续创新:打造自发创新的政府和非营利组织》,张秀琴译,中国人民大学出版社,2004 年版。

14. 弗朗西斯 · 斯图克斯 · 贝瑞、威廉 · D. 贝瑞:《政策研究中的创新和传播模型》,钟开斌译;保罗 · A. 萨巴蒂尔编:《政策过程理论》,彭宗超、钟开斌等译,生活 · 读书 · 新知三联书店,1999 年版。

15. 陈红太:《当代中国政府体系与政治研究法》,经济日报出版社,2002年版。

16. 陈家刚:《地方政府创新与治理变迁——中国地方政府创新案例的比较研究》,《公共管理学报》,2004 年第 4 期。

17. 傅大友、袁勇志、芮国强:《行政改革与制度创新:地方政府改革的制度分析》,上海三联书店,2004 年版。

18. 国家行政学院研究室:《应赋予少数地方政府创新特许权》,《中国行政管理》,2003 年第 4 期。

19. 李怀祖:《管理研究方法论》,西安交通大学出版社,2004 年版。

20. 李立明、吴刚:《政府创新是全面提高行政效率的重要途径》,《政治学研究》,2001 年第 1 期。

21. 李习彬、李亚:《政府管理创新与系统思想》,北京大学出版社,2002年版。

22. 刘靖华等:《政府创新》,中国社会科学出版社,2002 年版。

23. 麦克尔 · 巴泽雷:《突破官僚制:政府管理的新愿景》,孔宪遂译,中国人民大学出版社,2002 年版。

24. 陈建军:《要素流动、产业转移和区域经济一体化》,浙江大学出版社,2009 年版。

25. 俞可平:《中国地方政府的改革与创新》,《经济社会体制比较》,2003 年第 4 期。

26. 俞可平主编:《地方政府创新与善治:案例研究》,社会科学文献出版社,2003 年版。

27. 张光雄:《政府创新的动力分析》,《行政与法》,2004 年第 8 期。

28. 张梦中、马克 · 霍哲:《案例研究方法论》,《中国行政管理》,2002 年第 1 期。

29. 王勇兵:《地方政府创新:制度空间与路径选择》,《学习时报》,2006 年 2 月27 日。

30. 吴建南:《公共管理研究方法导论》,科学出版社,2006 年版。

31. 陈振明:《公共管理学——一种不同于传统行政学的研究途径》,中国人民大学出版社,2003 年版。

32. 罗伯特 · D. 亚罗、托尼 · 西斯:《危机挑战区域发展》,蔡瀛等译,商务印书馆,2010 年版。

33. 吴江:《政府创新:深化行政管理体制改革的新思路》,《人民论坛》,2003 年第 4 期。

34. 小乔治·W. 唐斯、劳伦斯·B. 莫尔:《创新研究中的概念问题》,黄晓武译,《经济社会体制比较》,2004 年第 1 期。

35. 谢庆奎:《职能转变与政府创新》,《国家行政学院学报》,2002 年第 1 期。

36. 吟荒:《全球政府创新的因与果——伊莱恩·卡玛克博士专题演讲概述》,《上海行政学院学报》,2002 年第 2 期。

37. 俞可平:《创新型国家需要创新型政府——在第三届(2005—2006 年度)"中国地方政府创新奖"颁奖大会上的致辞》,《经济社会体制比较》,2006 年第 2 期。

38. 童星:《发展社会学与中国现代化》,社会科学文献出版社,2005 年版。

39. 伊恩·罗伯逊:《社会学》,黄育馥译,商务印书馆,1991 年版。

40. 雷·马歇尔、马克·塔克:《教育与国家财富:思考生存》,顾建新译,教育科学出版社,2003 年版。

41. 应国瑞:《案例学习研究——设计与方法》(第 2 版),中山大学出版社,2003 年版。

42. 钱民辉:《职业教育与社会发展研究》,黑龙江教育出版社,1999 年版。

43. 詹姆斯·G. 马奇:《决策是如何产生的》,王元歌、章爱民译,机械工业出版社,2007 年版。

44. 胡鞍钢:《中国:民生与发展》,中国经济出版社,2009 年版。

45. 张敦富:《中国区域城市化道路研究》,中国轻工业出版社,2008 年版。

46. 大野耐一:《丰田生产方式》,李颖秋译,中国铁道出版社,2006 年版。

47. 克里斯托弗:《1945 年以来的德国教育》,戴继强等译,人民教育出版社,2002 年版。

48. 西格法德·哈里森:《日本的技术与创新管理》,华宏慈、李鼎新、华宏勋译,北京大学出版社,2004 年版。

49. 弗兰克·道宾:《打造产业政策:铁路时代的美国、英国和法国》,张网成、张海东译,上海人民出版社,2008 年版。

50. 威廉·拉佐尼克:《车间的竞争优势》,徐华、黄虹译,中国人民大学出版社,2007 年版。

51. 凯瑟琳·西伦:《制度是如何演化的——德国、英国、美国和日本的技能政治经济学》,王星译,上海人民出版社,2010 年版。

52. 埃尔查南·科恩、特雷·G. 盖司克:《教育经济学》,范元伟译,上海人民出版社,2009 年版。

53. 克里夫·R. 贝尔菲尔德:《教育经济学——理论与实证》,曹淑江主译,中国人民大学出版社,2007 年版。

54. 汤姆斯 · R. 伯恩斯:《经济于社会变迁的结构化——行动者、制度与环境》,周长成译,社会科学文献出版社,2010 年版。

55. 南亮进:《经济发展的转折点:日本经验》,关权译,社会科学文献出版社,2008 年版。

56. 庄西真:《权力的滞聚与流散——地方政府教育治理模式变革的研究》,南京师范大学出版,2008 年版。

57. 谈松华、王建:《教育现代化区域发展模式研究》,北京师范大学出版社,2011 年版。

58. 王善迈、袁连生:《中国地区教育发展报告》,北京师范大学出版社,2011 年版。

59. 陆益龙:《定性社会研究方法》,商务印书馆,2011 年版。

60. 维克多 · J. 范伯格:《经济学中的规则和选择》,史世伟等译,陕西人民出版社,2011 年版。

61. 马早明、肖昌鑫等:《台湾高等技职教育政策研究》,广西师范大学出版社,2010 年版。

62. 迟福林:《中国:历史转型的"十二五"》,中国经济出版社,2011 年版。

63. 孙志河、刁哲军:《中国 2009—2011 年职业教育要事概录》,高等教育出版社,2013 年版。

64. 石伟平主编:《中国职业教育发展报告 2011》,华东师范大学出版社,2013 年版。

65. 安 · 弗洛里妮、赖海榕、陈业灵:《中国试验:从地方创新到全国改革》,中央编译出版社,2013 年版。

后　记

《孟子·滕文公上》说:“物之不齐,物之情也。或相倍蓰,或相什百,或相千万。”当今世界有200多个国家和地区,2 500多个民族,其历史背景、文化传统、经济条件、宗教信仰和价值观念等存在很大不同。各国国情千差万别,必然导致为这些不同国情服务的职业教育发展模式也不同。比较教育学研究的是国家或地区间教育发展模式的异同,通过预先设定的指标,搜集相关资料,分析国家或地区间,尤其是国家间教育相同的地方和不同的地方。在比较教育研究者的观念里,不同国家或地区之间的教育有相同的方面,更有不同的方面。换言之,不同国家和地区因为工业化进程、经济发展水平、人口数量以及人们对教育的认知等因素的不同,形成了各自的教育发展模式。虽然,在发展教育的目的上各个国家或地区也许没有多大差别,比如所有的国家和地区都承认发展教育是为了培养经济社会发展需要的人才,但是怎么来培养以及是否达到了预期的目标,在不同国家和地区却是不尽相同的。在职业教育领域,这种现象也是很普遍的,日本、德国和美国等都通过培养技能型人才成为制造业强国,可是,它们培养技能型人才的方式方法却不同,甚至说大相径庭也不为过。国与国之间是这样,在一个国家内部,尤其是像中国这样的大国内部不同区域(比如东、中、西部)之间也是如此。探讨我们国家不同地区之间职业教育发展模式的异同,解释为什么不同地区之间职业教育发展模式会有不同,这就是我申报国家社会科学基金“十一五”规划2010年度教育学一般课题“区域职业教育发展模式创新的案例研究”的初衷。2010年8月份收到课题下达通知书的时候,我着实高兴了一阵子,因为在高校里能够拿到个把课题,不仅可以完成学校规定的科研工作量,而且可以借此研究一些自己关心的问题,是一举两得的事情。接下来,随着课题研究的开展,最初的喜悦慢慢被课题研究进程中的挫折和迷茫代替,剩下来就是研究问题不明、资料难以搜集、时间无法保证的焦虑。所以课题结束时间一拖再拖,直至今年的11月份才勉强完成。

值此课题研究的最终成果——《区域职业教育发展模式创新的案例研究》书稿即将出版之际,我郑重向对本课题研究的顺利进行做出不同方式贡献的我的学生、朋友和同事们表示感谢。他们是我在南京师范大学指导的职业技术教育专业的硕士研究生李政、刘燕、刘星、杜连森、范平平、张秀、包晓丹、吕倩蕾、郝天聪等同学，全国教育科学规划领导小组办公室的王小明同志，常州幼儿师范学校肖加平校长，灌云中专校吴广顺校长，江苏理工学院刘猛博士、臧志军博士、孙建波老师、杜立云老师、潘洹老师、彭明成老师等，没有他们，课题研究还不知要拖多长时间才能完成呢。还有《教育发展研究》杂志社的翁伟斌先生，《教育研究与实验》杂志社的王学先生，《中国职业技术教育》杂志社的赵伟先生、席东梅女士、刘红女士，《职教论坛》杂志社的前社长陈建华先生、现任社长叶桉先生、肖称萍女士、殷新红女士、韩云鹏先生，《河北师范大学学报(教育科学版)》编辑部的宗健梅女士，中国人民大学复印报刊资料《职业技术教育》编辑部的谭旭女士，感谢他们“慧眼识珠”，使课题研究过程中的阶段性成果能够在他们供事的杂志发表或转载，这对我这样一个对于课题研究始终难窥堂奥的人来说，是莫大的鼓励。也要感谢那些为课题研究贡献了智慧的我看过的有关文献的作者们，虽然我们没有见面，但他们字里行间蕴藏的真知灼见，让我受益匪浅。在感谢的人当中理所当然包括我的老朋友，苏州大学出版社刘诗能先生，作为责任编辑，他为这本书的出版做了许多别人无法替代的工作，没有他的帮助也就没有大家现在看到的这本书。

作为一个专职研究者(这是我所在单位考核我科研工作量的时候经常提到的，以示我和那些既搞教学又搞科研的人的不同，实际上在学校尤其是大学里，教学与科研又怎么能分得开呢)，我如何来回报那些帮助过我、启发过我、提醒过我的朋友、学生、同好呢？那就是继续把职业教育研究这份工作做好。

庄西真
2013.12.16